JN436625

홍시

김병호 에세이

국립중앙도서관 출판시도서목록(CIP)

홍시 : 김병호 에세이 / 지은이: 김병호. -- 대전 : 오늘의
문학사, 2016
p. ; cm

ISBN 978-89-5669-750-5 03810 : ₩12000

한국 현대 수필[韓國現代隨筆]

814.7-KDC6
895.745-DDC23 CIP2016011681

바람 불어도, 비가 내려도,
가야 하는 멈출 수 없는 그 길의 이야기

홍시

김병호 에세이

오늘의문학사

‖ 차례 ‖

1부 노란 명찰

2부 푸르른 날

3부 뜨거운 훈장

1부

노란 명찰

파란 대문

우리 집 대문은 파란색이었다. 햇빛을 끌어당겨 눈이 부시었다. 침침한 골목을 밝혀주는 동화에 나오는 문, 요정이 드나드는 문처럼 보였다. 결이 곱고 커다랗게 우뚝 솟아 있었다. 아무리 바람이 불어도 머리 없는 머리를 박고 흩어졌다. 꼬리를 감추고 골목 안쪽으로 쫓겨나갈 뿐이었다. 우리 집 파수군인 셈이다. 볼품이 없는 이웃집 합판대문에 비해 파란대문은 눈을 찔렀다. 무언가 있어 보이는 듯 다른 집 대문과는 격이 달랐다. 그 당시에 귀한 파란색 페인트까지 칠한 것이라 나는 파란대문집 아이로 불리었다. 푸른색은 희망을 뜻하는 하늘색 같은 색감이어서 나는 신이 났다. 우선 문짝의 송판이 두꺼워서 육중한 무게감이 느껴졌고, 밋밋하지 않게 바탕 면에 나무판을 덧대어 입체감이 있었다. 그 시절에는 드물게 대문 상단에 황동의 고딕체로 LETTER 라고 박음질된 우편함까지 있었다.

골목길로 접어들면 멀리서도 보이는 파란대문은 동네에서 제일 좋은 선생님 집에도 없는 것이었다. 나는 자랑삼아 또래들에게 '야! 이거 봐라' 하며 종이를 접어 편지 투입구에다 넣고 문 안쪽에서 꺼내 보이며 파란대문을 자랑했고, 친구들도 부러워했다.

우리 집은 처음 이사 올 때만해도 다른 집들과 마찬가지로 담장은 검은 콜타르를 두껍게 칠한 판자를 듬성듬성 엮어 놓았고 대문도 송판으로 대충 만든 것으로 집안이 훤히 보이는 그런 집이었다. 그런데 어느 날 엄마가 낯선 사람들과 이야기를 하더니 며칠 후 블록 담과 산뜻한 파란색의 나무 대문으로 바뀌었다.

당시 우리 집은 부산 전포동 성북초등학교 부근, 지금의 문전교차로와 황령터널 진입 고가교 부근에 있었다. 내가 다섯 살이던 1959년 아버지가 돌아가시고, 일곱 살에 집을 줄여 이 곳으로 이사를 와서 엄마가 돌아가신 아홉 살까지 지냈으니 2년을 이 집에서 살았다. 아버지가 돌아가신 후 육남매를 떠안게 된 엄마가 왜 높은 담을 쌓고 육중한 대문을 달았을까. 그때는 몰랐으나 한참 세월이 지나서야 알 수가 있었다.

당시 남편을 먼저 보내고 혼자 남게 된 엄마가 할 수 있는 일은 많지 않았겠지만, 내 기억의 엄마는 참 많은 일을 했다. 범내골에서 교통부로 넘어가는 고가교 중간쯤에서 리어카에 땅콩을 팔았고, 좁쌀떡도 팔았고, 홍시도 이고 다니며 팔았다. 또 짬짬이 남의 집 일도 많이 했다. 그러나 그렇게 해서도 육남매를 먹일 수가 없었다. 점점 배를 곯는 날이 많았고, 구호 밀가루와 옥수수죽, 보리죽조차 하루 한 끼만 먹는 날이 많았다. 그래서 엄마는 이모부의 주선으로 담배 밀조를 했다.

그때도 담배는 전매사업이어서 민간에서 만드는 게 엄격히 금지되고 있었지만 암암리에 밀조된 담배가 유통되던 시절이었다. 엄마는 집에서 담배를 만들기 위해서 어려운 형편이었음에도 블록 담을 쌓고 높은 대문을 달아 외부인의 시선을 막은 것이었다.

얼마 후 우리 집 큰방에는 담배 잎을 잘게 자르는 프레스와 담배개피를 마는 기계들을 갖춘 제조 설비가 차려졌다. 먼저 프레스로 어른 얼굴보다 훨씬 큰 잎담배 묶음을 가느다란 실 정도의 두께만큼 잘게 자르면 나와 누나들은 잘려진 담배를 방바닥에 널어놓고 뒤적이며 수분을 말리고 거친 깍대기를 가려내었다.

적당히 건조되고 거친 잎줄기가 제거된 부드러운 것들을 담배말이 기계에 올리면 새끼줄이 꼬여 나오듯 기다란 개피담배가 나오는데 그것을 일 미터 정도의 크기로 자르면 1차 작업이 끝났다. 그런 다음 계량통에 백여 개를 넣어서 일정한 길이만큼 칼로 자르면 개피 담배가 완성이 되는 것이었다.

이 과정에서 가장 어려운 작업이 담배개피로 말아주는 공정이었다. 종이에 돌돌 말리면서 풀칠이 되어 나오면 풀이 빨리 건조되도록 숯불 다리미 밑을 스치듯이 통과를 하도록 되어있는데, 숯불이다 보니 일정한 온도를 맞출 수 가 없어 종이를 태우거나 풀이 마르지 않아 긴 담배

개피가 중간에 터져 버리는 경우가 종종 있었다. 이렇게 완성된 담배를 포장하고 전매필증까지 붙이면 큰 형님이 가방에 담아 소매상에게 공급했다.

그러나 엄마의 담배 밀조는 그리 오래가지 않았다. 불법이다 보니 낯선 사람들과 이모부가 몇 차례 다녀간 후 담배 만드는 기계는 없어졌다. 나는 예전처럼 친구들에게 파란대문을 자랑할 수 있었다.

아파트 생활이 보편화된 요즘, 길을 가다가 파란색 나무대문을 발견하면 그 옛날 남편을 떠나보내고 6남매를 책임져야 했던 울 엄마가 떠오른다. 누가 대문이라도 두드리면 호랑이보다 더 무섭다던 단속반일까 쿵쾅 뛰었을 엄마의 심장소리가 더해져 가슴이 먹먹해온다.

지금은 개발이 되어 위치조차 가늠하기가 쉽지 않은 그 옛날 우리 집. 몇 번이나 갔다가 찾지 못해 주변을 배회하다 텅 빈 가슴으로 돌아오는 파란대문 집이 아련하다.

(2014. 3. 9)

홍시

1

엄니는 홍시 장사를 했다. 마흔의 나이에 지아비를 잃고 육남매를 건사하는 길은 험했다. 문 나서면 길인데 길이 없었다. 항상 돌부리에 넘어지고 눅눅한 골목길을 걸어야 했다. 세상의 바깥을 서성이며 홍시 하나 파는 것이 어려웠다. 하루 종일 '홍시, 홍시 사이소'를 외치는 아우성에 고개가 떨어져 나가고 목이 잠길 뿐이었다. 벌이는 헐거웠고 때를 굶어가며 걸어가도 홍시를 사겠다는 손님은 드물었다. 발길마다 사람이지만 손님이 없었다. 5리를 걸어가도 쳐다보는 사람이 없었다. 10리를 걸어가도 눈길 한 번 주지 않았다. 가을 햇볕이 엄니의 얼굴을 홍시처럼 벌겋게 달구어 와도 허리 한 번 펼 수 없는 나날이었다. 장사는 다리 품값에도 미치지 못했다. 흘러내리는 땀을 훔치면서 내달렸다. 골목길에서 함지박을 내려놓고 신세타령할 처지가 아니었다. 집에 가면 어미가 되어야 했다. 문현동, 전포동 오르막길을 오르면서 허리가 접히고 다리가 꺾여도 어미가 되어야 했다.

저녁이면 파김치가 되어 돌아오지만 쉴 틈이 없었다. 육남매 저녁밥을 지어야 했다. 비록 보리죽에 나물 한 그릇이 전부였지만 우리들이 숟가락질하는 것을 보며 흐뭇해했으리라. 설거지를 끝내고 그동안 밀린 빨래를 했다. 방망이로 땀 덩이를 내리치면서 눈물을 뿌렸다. 해도 해도 쌓이는 빨래는 끝이 없지만 그 또한 어미의 길이었다. 집안 청소를 하고 나면 밤이 깊었다. 한 시도 엉덩이를 붙일 겨를이 없었다. 새벽 일찍 시장에 나가 홍시를 받아와 또다시 길을 나서야 했다. 오늘은 어디를 가야 하나. 그믐밤같이 캄캄하지만 막막한 빗장을 열고 횃불 같은 홍시 하나 파는 것이 어미의 길이었다. 바람 불어도 가야 하는 길, 비가 내려도 가야 하는 그 길을 멈출 수가 없었다.

어느 가을 아침이었다. 내가 새벽에 잠이 깨어 눈을 부스스 비비적거리며 내복 바람으로 마당으로 나오니 엄니가 마당 한편에 쪼그리고 앉아 널따란 함지에 홍시를 담고 있었다. 물러터진 것은 솎아내고 빛 좋은 물을 고르고 있었다. 평소 나는 '저것은 팔아야 하는 것이지 내가 절대로 먹어서는 안 된다.'고 생각했고 한 번도 먹은 적이 없었다. 하지만 그날은 배가 너무 고파 딱 하나만 달라고 졸랐다.

'아이고 추버라 감 장사! 감 하나 주면 안 춥지' 하고 노래를 불렀던 것이었다. 당시 이것저것 팔러 다니는 장사들이 많았다. 특히, 아낙들이 '감 사이소' 라며 함지를 머리에 이고 골목길로 들어서면 악동들이 뒤를 따라다니며 '감 사이소' 라고 흉내를 내거나 '아이고 추버라 감 장사, 감 하나주면 안 춥지'라고 외치며, 떼를 지어 놀리기도 했다. 엄니도 많은 날 골목길을 다니며 성가시고 속상했을 텐데, 그 소리를 여덟 살 막내에게 들었을 때 얼마나 속이 탔을까. 엄니는 흠이 있는 홍시를 두어 개 주었다.

2

엄니의 병이 중하여 부산 서면에 있는 이운영 내과에 입원을 했다. 병원 건물은 4층이었는데, 신기하여 옥상으로 계단으로 뛰어다녔다. 엄니는 숨을 헐떡거리며 나와 두 누나를 불러 앉히고 누워서 말씀하셨다.

'저 가시나 둘은 어디 식모살이라도 해서 묵고 살낀데, 우리 막내이는 우짜꼬. 우짜고.' 하며 손을 쓰다듬다 끝내 눈물을 지었다. 이미 장성해서 장가 갈 나이가 된 아들 녀석을 둔 내 심정이 이러할진데 그때의 엄니를 생각하면 추운 겨울날 맨가슴으로 삭풍을 맞는 것처럼 가슴이 아려온다.

그리고 퇴원 후 얼마 지나지 않아 엄니가 의식을 잃었고, 골목길 돌아 신작로에 있는 대학당 약국의 곱슬머리 뚱보 약사도 몇 차례 다녀갔다. 1963년 9월 2일, 음력으로 7월 15일, 닭 볏처럼 붉고 길게 늘어진 맨드라미꽃이 화단 가득 만발했던 날 엄니가 돌아가셨다.

장례 마지막 날, 영구차 뒷문이 열리고 관이 안치될 때 형들과 누나들은 울었다. 마치 울지 않으면 살 수 없는 것처럼 울었다. 이런 애끓는 울음 속에서도 나는 무덤덤했고 채호형이 흘린 눈물이 비포장 신작로의 푸석푸석한 흙바닥에 떨어지며 일으키는 먼지자국만 물끄러미 쳐다보고 있었다. 나는 화장터까지 따라가지 않았다. 어리기 때문인지, 경황이 없어서 나를 빠뜨리고 갔는지 모르겠다. 뽀얀 먼지를 일으키며 멀어져가는 영구차를 한참 바라보다 혼자 터덜터덜 골목길을 걸어 집으로 들어왔다.

텅 빈 방에 나는 혼자였다. 황량한 적막감이 내 몸 전체를 휘감으며 그제야 엄니가 돌아가신 걸 알고 다리 사이에 머리를 박고 한참동안 훌쩍거리며 울었다. 늦여름 오후의 햇볕이 마루를 건너 얼마 전까지 엄니가 누워계시던 자리에 하얗게 어룽어룽 부서졌다.

엄니가 가신 지 50년이 넘었다. 당신이 돌아가실 때의 나이보다 더 많은 나이가 되고서부터 부쩍 생각을 많이 한다. 다른 이들은 잘도 꾸는 엄니 꿈을 돌아가신 지 50년이 지난 지금까지 단 한 번도 꾼 적이 없다.

꿈속에서라도 엄니를 만나서 가실 때까지 눈에 밟혔을 막내의 장성한 모습을 보여주고 싶고, 내가 가진 것을 모두 다 털어도 갚을 수 없는 홍시 값도 드리고 싶다.

(2014. 5. 9)

찔레꽃

5월 어느 날 밤. 부산 삼촌댁에서 울산 외갓집으로 더부살이를 갔다. 큰 어머니가 앞장서서 길을 열었다. 그러나 정작 내가 갈 수 있는 길은 없었다. 인기척도 없고 개 짖는 소리도 들리지 않았다. 짐승도 해가 지면 둥지를 찾아 드는데 어디를 갈까. 낯선 길을 걸어가는 한 발 한 발이 무겁고 두렵기도 했다. 텅 빈 동굴 같은 벌판이 아가리를 벌리고 있었다. 귀신이 나올 것만 같았다. 외갓집에 가면 나를 반겨줄 것인가 하는 두려움에 풀이 죽어 무심결에 주위를 두리번거렸다. 그때, 신작로 옆 논밭 둑에 찔레꽃이 뽀얗게 피어 있었다. 꽃잎은 푸른 달빛을 받아 대낮처럼 밝았다. 달빛이 머문 자리마다 몽글몽글 꽃이 맺혔고 이슬 머금은 자리마다 잎은 싱싱했다. 찔레꽃은 달님과 속삭이는지 꽃

술이 하늘을 향하여 활짝 웃고 있었다. 달나라 이야기가 꽃잎에 스며들어 향기도 코를 자극했다. 꽃은 캄캄한 어둠을 틀어쥐고 오롯하게 메마른 계절을 견디고 있었다. 나도 모르게 꽃 덤불 속으로 다가갔다. 살랑이는 바람에 꽃이 춤을 추었다. 가지가 흔들릴 때마다 달빛도 출렁거렸다.

초등학교 2학년 여름 방학이 끝나가던 늦여름 어느 날, 시름시름 앓던 어머님이 4년 먼저 세상을 떠난 아버지 곁으로 먼 길을 떠나버리셨다. 졸지에 올망졸망 남은 여섯 형제는 1년 여를 견디다 결국 뿔뿔이 흩어지게 되었다. 나는 세살 위 누님과 부산 서면시장에서 채소장사를 하는 삼촌 집에 맡겨졌다. 이후 한 달여를 삼촌 집에서 기식하다가 누나는 계속 작은 집에 남게 되었지만 나는 울산 외가댁으로 가게 되었다. 삼촌댁도 다섯 남매나 되는 형편에 군식구를 둘씩이나 맡을 수는 없었을 것이다. 기왕 하나를 맡아야 된다면 열세 살 누나는 밥하고 빨래하는 일이라도 할 수가 있으니 쓸모가 있을 테지만, 나는 낯선 환경에 잔뜩 주눅이 들어 누나 치맛자락만 졸졸 잡고 따라 다니는 어리광쟁이였기 때문이기도 했을 것이었다.

마침 삼촌 집에 다니러 오신 큰 어머님께서 나를 외갓집에 데려다주게 되었다. 큰 어머님은 젊어 청상이 되어 가까운 일가붙이 집에 며칠씩 의탁을 하곤 했는데 그때도 삼촌댁에 오셨다가 졸지에 껄끄러운 역할을 맡게 되었다.

삼촌 집에서 점심을 먹고도 한참 있다가 기차를 탔으니 아마도 오후 서너 시쯤이 아니었을까, 부전역에서 출발한 완행열차는 쉬엄쉬엄 동해 남부선을 달려 어스름한 저녁에 큰 어머니와 마른버짐이 듬성듬성한 열 살 까까머리를 남창역에다 내려놓았다.

"자! 인자 어데로 가야되노?"

역사를 나오자 역 광장에서 큰 어머님이 물었다. 여덟 살쯤이었던가. 형하고 외갓집에 된장을 얻어오는 심부름을 한 적이 있어서 어렴풋이 길을 알고 있었고, 어차피 촌길이란 게 고만고만했기에 어렵지 않게 찾을 수 있을 것 같았다.

남창역에서 지금의 엘지 하우시스 맞은편 동네인 망양리 외갓집까지는 시오리길, 초행인 중늙은이와 열 살 꼬맹이의 걸음으로는 족히 두 시간은 걸리는 거리였다. 늦은 봄밤, 하등 바쁠 것도 반길 곳도 전혀 없는 두 사람의 밤길은 무거웠다. 역 광장에서 북쪽으로 조금 내려가자 신작로가 나왔다. 이제 이 길만 따라가면 되었다. 둥근달은 그새 제법 높이 떠올라 길가의 키 큰 버드나무를 푸르스름하게 비추고 있었다.

나는 큰 어머님을 자주 뵌 것도 아니어서 어렵기는 숙모와 매 한가지였다. 큰 어머님 역시 꼬맹이에게 무슨 할 말이 있었을까. 큰 어머님이 앞서고 내가 뒤따르고 두 노소의 어색한 동행은 휘영청 밝은 달빛과는 달리 탁한 연못에 가라앉는 납추처럼 무거웠다.

길게 늘어진 두 사람의 달빛 그림자와 짜그락짜그락 자갈길 걷는 발소리에 놀라 멈췄다가 다시 울어대는 개구리 소리만이 침묵을 깨곤 했다. 한 시간여를 걸었을까, 아마 온산 삼거리쯤이 아니었을까 싶다. 앞서가던 큰 어머님이 말했다.

"야야! 쪼매 쉬었다 가자."

큰어머니가 길가에 자리를 잡고 앉아 치마 속주머니 안에서 담배를 꺼내 불을 붙였다. 성냥 불빛에 비친 큰 어머님의 얼굴이 쪼글쪼글했다. 짧은 시간임에도 뒤따라 걸을 때와는 또 다른 서먹함이 불편해서 주변을 둘러보니 '아! 이게 뭔가!' 걸을 때는 몰랐는데 주변이 온통 찔레꽃으로 하얗다. 논밭 둑에 풀이 자랄 사이도 없이 베어내는 시절이다 보니 찔레꽃이 땅바닥에 다닥다닥 붙어서 푸르른 달빛을 받고 더욱 하얗게 널려있었다. 가만히 다가가서 꽃을 따려고 가지를 붙잡았다.

"아얏!"

가시에 찔렸다. 반사적으로 손을 홱 빼니 찔레꽃잎이 우수수 떨어졌다. 아픈 손가락을 입에 대고 '호오' 한 번 불고는 다시 한 송이를 따보았다. 그런데 이게 안 되었다. 꽃가지가 생각보다 질겨서 꽃은 꺾이지 않고 꽃잎만 흩어졌다. 몇 번을 되풀이해도 마찬가지였다.

담배 한 대를 다 태우도록 내가 하는 모습을 지켜보던 큰 어머님이 슬며시 꽃을 한 송이 따서 아무 것도 아닌 척 건네고는 다시 담배를 한 대 더 내어 물었다. 꽃송이를 받아 들여다보니 뽀얀 꽃잎이 참으로 앙증스러웠다. 돌배기 살갗처럼 여렸다. 밝은 달빛에 노란 수술도 선연히 보였다. 코끝에 가져가니 상큼하고도 달짝지근한 냄새가 났다.

꽃가지를 엄지와 검지로 잡고 오른쪽, 왼쪽으로 뱅뱅 돌려보았다. 꽃잎이 흩어졌다. 팔랑팔랑 떨어지는 꽃잎에 엄마, 누나, 형들 얼굴이 겹쳐졌다. 두어 잎 남은 꽃을 획 던져버리고 애먼 돌멩이를 주워서 논바닥으로 텀벙 던졌다. 개굴개굴 악을 쓰던 개구리들이 일순 조용해졌다.

"자, 인자가자."

담배를 다 태운 큰 어머님이 다시 앞장을 서고 나는 뒤따랐다. 찔레꽃이 서럽게 피어 있던 그날 밤길은 아득하기만 했다.

(2014. 3. 17)

빼빼 소나무

내 놀이터는 빼빼 마르고 가지가 굽은 소나무였다. 바람에 얼마나 두들겨 맞았는지 S자로 뒤틀렸다. 성한 곳이 없었다. 그래도 1m 정도 올라서면 사람이 앉을 수 있는 틈이 있었다. 바람 부는 대로 흔들리다가 저도 모르게 곱사등처럼 휘었고, 허공을 지탱하는 것이 위태롭게 보였다. 물기 하나 없는 황토밭에 뿌리를 박고 견디고 있었다. 바람의 갈퀴에 가지를 접고 몸통을 기울이며 살고 있었다. 돌이켜 보면 산다는 것은 바람을 견디는 것 아닌가. 산다는 것은 바람에 맞서는 것 아닌가. 피할 수 없는 길을 헤쳐 나가야 했을 것이다. 몇 개의 가지도 내어주고 이파리도 찢기면서 세월을 건너고 있었다.

점심 후 소 풀을 한 짐 해다 놓고 나무에 걸터앉아 윤규랑, 재춘이랑 학교 간 친구들을 기다린 지가 제법 되었다. 두시 반 기차가 '꽤액' 하고 지나갔으니 지금쯤 저 모퉁이에 나타나야 되는데, 남창 쪽으로 굽어진 신작로를 빠안히 쳐다보았다. '오늘은 학교가 늦게 마치는 날인가?' 소나무에 걸터앉은 엉덩이를 더 힘껏 굴려보았다. 나무가 휘청 휘청하며 아래위로 흔들림이 더 커졌다.

그 소나무는 망양 삼거리에 있는 외갓집 복숭아 과수원 울타리 곁에 있었다. 굵기는 내 다리통보다 조금 더 굵었는데 도로 쪽으로 조금 평평히 뻗어 나가다 위로 비스듬히 자라있었다. 과수원과 도로는 약 2m 정도 높이 차이가 있었다. 평평한 부분에 걸터앉아 나무를 구를 때 높은 곳에서 힘을 주면 더 크게 흔들려 재미가 있었고 내 외갓집 생활의 유일한 놀이였다.

초등학교 3학년에 외갓집에 맡겨진 뒤 그 길로 학교는 다니지 않았다. 아침에 일어나면 외사촌들은 세수하고 책가방 싸고 학교 갈 준비를 할 때, 나는 짚으로 엮은 망태를 메고 동네를 한 바퀴 돌며 소똥을 줍고 아침을 먹는 것으로 하루 일과를 시작했다.

그날 아침만 해도 그랬다. 밥상에 둘러앉아 밥을 먹는데 동갑이지만 나보다 생일이 몇 달 빠른 외사촌 귀조가 내게서 소똥 냄새가 난다고 찡그리며 지청구를 했다. 보통 소똥은 굳어있는 게 대부분이고 금방 배설한 것이라도 그렇지는 않은데 오늘 아침은 집을 나서자마자 집 뒤 타작마당 공터에서 대 여섯 무더기의 소똥을 발견했지만 상당히 물렸다. 안 담으려다 그냥 두면 다른 사람이 주워갈 게 분명해 몇 번 망설이다 망태에 담았다.

동네를 한 바퀴 돌며 소똥을 줍는 동안 물기가 배어나와 망태를 맨 옆구리가 축축해지면서 냄새가 좀 났지만 그게 뭐 대수랴, 그냥 밥상에 앉았더니 이 계집애가 냄새가 난다고 종알거렸다. 기가 죽어 머리를 푹 숙이고 숟가락질만 하는데 외할머니가 손녀를 나무랐다.

"니는 일도 안하는 가시나가 아침에 일하고 온 아 보고 뭐라카노? 사람 똥도 아인데 뭐가 어때서."

외할머니는 외갓집에서 유일한 내편이었다. 밤에 귀조, 정남이, 부남이와 서로 외할머니 옆에 자려고 자리다툼을 하면 그때마다 외손자인 나를 당겨서 한쪽 옆에 재우곤 했다. 외할머니에게는 내가 맡아보지 못한 외할머니 냄새가 났다. 나는 그 냄새가 좋아 더 외할머니 곁에 가려고 했다.

아침을 먹고 새끼 뭉치와 갈쿠리, 낫을 챙겨 뒷산에서 점심때가 될 때까지 솔잎을 긁어서 지고 집으로 내려오면 외삼촌도 외숙모도 농사일을 나가고 없어 외할머니와 둘만의 점심을 먹었다. "아이구, 김서뱅아, 김서뱅아, 마이 묵고 잘 살아래이." 밥을 더 덜어주며 엉덩이를 톡톡 두들겨 주는 외할머니의 손길이 참 좋았다.

다시 바지게를 지고 소 풀을 한 짐 해다 놓으면 한두 시쯤 되었다. 풀이 자랄 사이도 없이 베어내다 보니 풀 한 바지게 채우기가 힘이 드는데, 그날은 운이 좋았다. 마을 뒤를 흘러 회야강으로 합쳐지는 개울둑에서 수북한 풀 더미를 발견하고 금세 한 짐을 했다.

풀을 베다보니 얕은 물에서 피라미들이 떼를 지어 왔다 갔다 하는데 크기가 어른 손가락만 했다. 소쿠리를 개울물이 흐르는 반대 방향으로 놓고 옆을 돌멩이로 둑을 쌓았다. 텀벙텀벙 고기를 몰았더니 한 번에 20여 마리가 소쿠리 안에서 파드득거렸다. 물에서 텀벙거리니 늦여름 더위가 어디로 갔는지 없어졌다. 옷을 버려 비틀어 짜니 아침에 냄새나던 소똥도 같이 씻겨 내려갔다.

소 풀을 베어 놓고 나면 소 먹이는 것만 남았다. 학교에서 돌아온 아이들과 마을 앞을 지나는 철길 건너 '못안골' 저수지 둑 부근에 소를 풀어 놓으면 제가 알아서 풀을 뜯어 먹었다. 웬 종일 혼자였다가 소가 배를 채우는 동안 친구들이랑 형들과 같이 뒹굴며 어울려 노는 시간이 제일 기다려지는 시간이었다.

휘청휘청 나무를 구를 때마다 언덕 쪽으로 드러나 있는 소나무 뿌리가 움직였다. 가끔 뿌리가 흔들릴 때마다 붉은 황토 부스러기가 또르르 굴러 도로 쪽으로 떨어졌다. 외할머니는 부산 이모들 집에 가보는 게 꿈이었다. 외할머니도 빼빼 소나무처럼 등이 굽어 잘 걸을 수가 없었다. 내가 크면 돈을 벌어 택시에 외할머니를 모시고 부산 이모 집에 가는 생각을 자주했다.

남창 쪽으로 굽어지는 신작로 옆 재춘이네 기와막 부근에서 쬐끄만 머리가 몇 개 나타나더니 금세 커졌다. 재춘이도, 윤규도, 상길이, 상철이 형제도 보이고, 외사촌 귀조도 보였다. 나는 언제 친구들처럼 책보따리 메고 학교를 갈 수가 있을까. 친구들도 더 많고, 저들과 학교 오가는 길을 함께할 수 있을 텐데 하는 부러움도 들었다. 동네 친구들이 가까이 오자 반가움에 손을 흔들며 더욱 더 힘을 줘 소나무를 굴렸다. 빼빼 마른 소나무 가지 흔들리는 소리가 귓전에 '휙휙' 들렸다.

(2014. 3. 21)

노란 명찰

누나의 노란 명찰을 보면 가슴이 설렜다. 진노랑 바탕에 새겨진 내 이름도 갖고 싶었는데, 누구도 학교를 보내주지 않았다. 노란 명찰을 달고 학교 가는 꿈을 자주 꾸기도 했다. 명찰은 개나리꽃 같기도 하고 병아리 색 같아 갖고 싶었다. 가슴에 달면 햇볕을 받아 반짝거리는 것이 부러웠고 누나가 학교에 가면 나는 컴컴한 방에 갇혀 혼자 기다려야 했다. 골목에서 또래 꼬마들과 놀기도 했지만 대부분 학교 가고 딱히 함께할 동무도 없었다. 아무도 없는 빈방에 혼자 있는 것이 무엇보다 싫었다. 그러나 나는 출생신고가 일 년 늦게 되어 있어 취학통지서가 나오지 않았다. 동갑내기 막근이가 학교에 간다고 자랑을 했고, 나 역시 학교에 가고 싶었다. 막무가내로 엄마를 졸라 학교에 보내 달라며 떼를 썼다.

엄마가 내 손을 잡고 학교에 갔다. 교무실에 가는 게 아니라 누나 교실로 갔다. 선생님께 출생신고가 늦어 취학 통지서가 없다며 입학을 사정했다. 누나는 수업 중에 동생이 나타나자 '호야 저리 가라.' 라며 당황해 했다. 나는 신이 나 누나 주위를 맴돌았고 엄마는 선생님께 고개를 조아리며 간청을 하는 것 같았다. 그래서인지 그해 봄에 초등학교에 입학을 할 수 있었다. 노란 이름표를 훈장처럼 달 수 있는 순간이 다가온 것이다.

그때도 초등교육이 의무교육이었는지는 모르겠다. 그러나 기성회비를 포함한 잡부금을 제때 낼 수 없는 형편인지라 종종 불려나가서 벌을 서거나 손바닥을 맞는 등 내 기억 속의 선생님은 어렵고 무섭게만 느껴졌다. 돈을 내지 못해 두들겨맞는 것이 일상이 되었다. 꾸중을 듣고 손바닥을 맞는 일이 부끄러웠다. 2학년이 되고 엄마가 돌아가시자 그 정도는 더 심해져 급기야 나는 한 학기 정도 학교를 가지 않았다. 그러다 마산으로 이사를 갔다. 완월초등학교 3학년으로 전학을 했다.

마산에서도 회비를 못 내기는 마찬가지여서 벌을 받거나 손바닥을 맞는 게 수업이었다. 공부가 시작되기도 전에 매가 날아들었다. 학교 가기가 싫어졌음에도 계속 학교를 다닌 것은 급식으로 나오는 강냉이 빵을 받아먹을 수 있었기 때문이었다.

날이 갈수록 선생님의 회비 독촉이 더욱 심해졌을 때였다. 회비를 못낸 아이들 몇 명이 교탁 앞에 불려나가 다섯 대씩 손바닥을 맞는데 내 차례가 되었다.

지휘봉 같은 나무 막대에 한 번 맞으니 무척 아팠다. 두 번째 내려치는 회초리에 나도 몰래 반사적으로 손을 등 뒤로 획 빼버렸고 내 손바닥을 맞히지 못한 회초리는 다음 차례에 매를 맞으려고 손을 내밀고 있던 다른 아이의 오른손 검지를 치게 되었다. 어차피 맞아야 되지만 그래도 준비되지 않은 상태에서 맞았기 때문일까 갑자기 매를 맞은 녀석은 '아얏!' 하고 손을 틀어쥐었고 화가 난 선생님은 '이 자식' 하며 사정없이 내 어깻죽지를 내리쳤다. 웅크린 채 몇 차례의 매를 더 맞았고, 선생님은 내일까지 회비를 가져오지 않으면 학교에 오지마라고 고함을 질렀다. 가난이 허물이었다.

다음날이 되었다. 큰형의 사업실패로 당장 먹을 것도 없는 형편을 알기에 회비를 달라는 소리도 못했다. 아침에 학교 가는 길을 나섰지만 도살장 가는 길이 이러했을까. 학교 담벼락을 서성거리다 결국 학교에 들어가지 못하고, 뒷산으로 올라 길 옆 무덤가에 앉았다. 멀리 운동장에 아이들이 조그마하니 보였다. 교실에 있을 때는 몰랐는데 왜 그리 시간이 더디 가는지 점심시간까지가 하루 온종일보다 더 길게 느껴졌다. 점심시간이 지나 하교시간쯤 산에서 내려와 집으로 터덜터덜 걸어갔다. 뱃속에선 꼬르륵, 꼬르륵 소리가 났다. 학교에 안 간 것을 알면 큰 형에게 혼날 게 뻔한데 집으로 갈 수도 없고 그렇다고 다시 학교로 갈 수도 없고, 집 밖에서 얼쩡거리다 마당으로 나온 작은누나와 마주쳤다. 풀이 죽어있는 나를 보고 누나가 무슨 일이냐 물었고 나는 자초지종을 이야기했다.

그날 밤 한참 혼을 낸 큰형은 교과서를 찢어버렸고 그날로 다시는 학교를 가지 않았다. 그때가 3학년이었다. 당시 완월초등학교는 학년별로 명찰색을 달리하였는데 3학년이었던 나는 노란 바탕천에 검은 글씨로 '완월교 김병호'라고 새겨진 명찰을 점퍼 상의에다 박음질해서 입고 다녔었다. 이후 큰형과 헤어져 외갓집에서 생활할 때도 여벌의 옷이 없어 그 옷을 주로 입었다. 노란 명찰이 좋아 즐겨 입었을 것이다.

외갓집에서 맞이한 첫 겨울이었다. 큰방에서 외할머니랑 고등학생인 외사촌 시철이형, 동갑인 귀조, 동생인 정남이, 부남이와 같이 무언가를 하며 약간의 다툼이 있었다. 풀이 죽어있는 나를 위한다고 외할머니가 나를 두둔하는 말을 한 것으로 기억이 된다. 그러자 시철이 형이 경멸하는 표정으로 나를 몰아붙였다.

"야! 너는 학교도 안 댕기는 게 학생 맹키로 명찰을 달고, 완월교 김병호! 니가 임마 학생이가?"

그 순간 기가 죽어지내던 내게 더 내려갈 곳이 있었을까? 심한 모멸감과 서러움에 얼굴이 벌겋게 되었다. 그 자리에서 점퍼를 벗어 손톱으로 명찰을 뜯었다. 그러나 촘촘히 재봉된 명찰은 손으로는 쉬이 떨어지지 않아 이빨로 물어뜯는데 눈물이 줄줄 흘렀다.

한 번 끄트머리가 뜯긴 명찰이 마침내 떨어져 나갔다. 투두둑 떼어 낸 노란색 명찰을 방 한가운데 있는 화롯불에 던져 넣었다. 노란색의 명찰이 점점 불그스름해지면서 오그라들더니 '팍'하고 불이 피어올랐다. 불의 바깥은 붉었지만 가운데는 환한 노란색으로 타올랐다. 흐르는 눈물에 노란 불꽃이 아른거리며 입학식 날 설레는 마음으로 달았던 노란리본 색과 닮았다는 생각이 들었다. '완월교 김병호' 라는 글씨가 점점 사그라졌다. 나일론 명찰이다 보니 까만 연기가 실처럼 피어오르다가 새파란 불길이 마지막으로 힘없이 일렁이더니 불이 꺼졌다. 노란 명찰은 타서 재가 되어 방안을 날아 다녔다.

(2014. 3. 28)

동천

'동천(東川)'이라는 시내가 있었다. 동천은 나를 부르고 나는 동천으로 갔다. 물고기가 헤엄쳐 개천을 오르내리는 것이 신기했다. 물은 푸르고 은빛 송사리는 햇빛을 받아 더욱 반짝거렸다. 날렵하게 생긴 것이 빠르기도 빨랐고, 두 눈은 크고 몸은 나선형으로 미끈했다. 꼬리를 찰랑거리면 순식간에 앞으로 갔다. 내 발걸음보다 빨리 가다가 수초 속에 숨기도 했다. 한 참을 두리번거리면 송사리 떼가 덤불 밖으로 나와 한가롭게 헤엄을 쳤다. 나는 빠끔히 쳐다보고 송사리를 따라 개천의 위아래를 내달리곤 했다.

"옴마야, 이기 뭐꼬!"

내가 고기를 잡느라고 들고 있던 소쿠리를 후다닥 던져버리고 튀어 나왔다. 급한 마음과는 달리 물속이라 다리가 따라주지 않아 고꾸라져 버렸다. 생쥐 꼴이었다.

"꺄악, 엄마야!"

내 앞에서 발로 수초더미를 휘젓던 누나들도 놀라기는 마찬가지였다. 물뱀이었다.

나는 일곱 살에 전포동 성북초등학교 아래 동네로 이사를 왔다. 커다란 트럭 한 대 정도가 쉬이 다닐 수 있을 정도로 제법 넓고, 60여 미터 정도 되는 골목길 중간쯤에 우리 집이 있었는데 양쪽으로 대여섯 집씩 십여 가구가 대문을 마주보고 있었다.

이곳으로 이사를 와서도 나는 여전히 두 누나들을 쫄쫄 따라 다녔다. 계곡에서 빨래를 하는 누나들을 따라가 돌 아래 숨어있는 가재를 잡기도 했고, 밤이면 가족들과 신작로 한가운데에 설치된 대전차 장애물에 올라가 시원한 바람을 맞으며 은가루를 뿌려놓은 듯한 밤하늘에 별을 바라보다 잠이 들기도 했다.

집에서 범내골 방향으로 조금만 내려가면 동천이 흐르고 있었다. 하천 폭은 30여 미터 남짓하고 수심은 그리 깊지는 않지만 가운데는 제법 시퍼런 물이 흘렀다. 그 동천 위에 바닥이 군데군데 구멍이 숭숭 뚫려져 있는 나무로 만든 낡은 다리가 있었는데 사람들은 이 다리를 '썩은 다리'라 했고 그 다리 아래를 '썩은 다리걸' 이라 했다.

다리 위에서 내려다보면 물이 맑아서 강바닥이 투명하게 다 보였고,

어떤 때는 몸을 흔들며 이리저리 헤엄쳐 하천을 건너는 물뱀도 보였다. 나는 괜한 적의감에 물뱀을 향해 돌을 던지거나 다리 위에서 오줌발을 겨누곤 했다.

평소에 맑고 깨끗하던 동천에도 장마철이거나 비가 많이 오는 날에는 상류에서 온갖 것들이 떠내려 왔다. 세간뿐만 아니라 판잣집도 개나 돼지 같은 짐승도 떠내려 왔다. 또 비가 올 때면 눅눅한 구린내가 나곤 했는데 윗동네 사람들이 분뇨를 내다 버려서 냄새가 난다고 형들에게 들었다. 그럴 때면 우리는 동천을 똥천이라고 불렀으며, '비 오이까네 똥천에 벤소 치는갑따!' 하며 코를 쥐어 잡고 킥킥 거리곤 했다. 그러나 그도 잠시 비가 그치고 하룻밤만 자고나면 동천은 언제 똥천이었나 싶게 예전처럼 맑은 물이 흘렀다.

나는 누나에게 썩은 다리걸에 가자고 졸랐으나, 누나는 나물을 손질해야 된다면 내 손을 뿌리쳤다. 나물은 보리죽을 끓일 때 쓰는 식량이었기 때문이다

"너무 덥다. 선선한 썩은 다리걸에 가서하면 된다 아이가. 가자. 응?"

"언니야! 가자."

작은 누나도 동조를 했다. 잠시 망설이던 큰누나는 못이기는 척 마루에 풀어 놓았던 산나물을 커다란 대나무소쿠리에 담았다. 집 밖으로 나오니 한낮의 햇살이 뜨거웠다.

그늘에 들어가자 기세등등한 햇볕도 맥을 못 추었다. 시원한 바람이 아래쪽에서 불어왔다. 누나들과 둘러앉아 산나물을 다듬었다. 산

나물이래야 밭둑에 넝쿨처럼 나있는 흔하디 흔한 들풀이었는데 세 명이서 다듬으니 금방 바닥을 보였다. 나물을 다듬는 내내 물고기들이 간헐적으로 텀벙 텀벙 소리를 내며 물 위로 튀어 올랐다. 그렇지 않아도 나물 다듬기가 슬슬 지겨워지던 참이었다. 슬그머니 일어나 물가에 쪼그려 앉아 물속을 살피니 제법 큰 송사리들이 떼를 지어 왔다 갔다 했다.

"누부야 소쿠리 함 주바라!"

큰누나의 허락도 기다리지 않고 내가 나물 소쿠리를 들고 물속으로 들어가서 물고기 한 마리를 들어올렸다.

"봐라, 고기 잡았다"

내가 상기된 표정으로 소쿠리를 내밀었다.

"엄마야, 이쁘다"

누나들도 환호했다. 고무신에 물을 한가득 담아 잡은 물고기를 넣었다. 은빛 비늘이 반짝거리는 날렵하게 생긴 물고기가 신발 속에서 파드닥 물을 튀겼다.

"들어온나. 누부야! 그 쫌치서 함 훌치바라."

잠시 망설이던 누나들도 손으로 치맛자락을 올려 잡고 물로 들어왔다. 그리고 송사리를 두어 마리정도 더 잡았을 때였다. 한 장소에서 오래 푸닥거리다 보니 고기들이 도망을 가버려 아래쪽으로 몇 미터를 더 내려갔다. 고기 잡는 재미에 흠뻑 빠져 내려쬐는 햇볕 따위는 잊은 지 오래였다.

"누부야! 고 앞에 함 밟아봐라."

누나들은 내가 가리키는 지점의 수초더미를 발로 휘저었다. 내가 소쿠리를 수초 속으로 깊숙이 넣었다가 물 위로 '획' 들어 올렸다. 대소쿠리 살 사이로 물이 주르륵 떨어졌다. 들어 올린 소쿠리의 무게가 평소와 달랐다. 고기가 들었나 보려고 소쿠리를 보는 순간 '옴마야 이기 뭐꼬?' 하고 고함을 지르는 동시에 소쿠리를 냅다 위로 던졌다. 소쿠리 속에는 시커먼 뱀 한 마리가 들어 있었다. 번들번들한 것이 기다란 몸을 꿈틀거리며 소쿠리 밖으로 나오려하고 있었다. 누나들도 놀라 물 밖으로 튀어 나갔다. 한낮 뙤약볕에 나왔음에도 온몸에 소름이 땀띠처럼 돋아 있었다.

그날 밤, 나는 꿈을 꾸었다. 동천에는 물고기가 우글우글했고 소쿠리를 넣는 족족 커다란 물고기가 잡혔다. 나중에는 고기가 스스로 내게 달려와 잡히기도 했다. 강가에는 잡힌 물고기가 수북했다. 은비늘을 번쩍이며 꿈틀거리던 물고기들이 어느 순간 뱀이 되었다. 시커먼 비늘이 징그럽게 번들거리는 뱀 수십 마리가 꿈틀거리며 내게로 기어오고 있었다. 놀라 도망을 가려는데 발걸음이 안 떨어졌다. 겨우 한 걸음을 떼면 뱀은 그보다 훨씬 더 빨리 다가왔다.

그때 문득 다리 위에서 뱀에게 오줌을 누니 도망을 갔다는 생각이 들었다. 안 되겠다. 바지를 내리고 뱀을 향해 오줌을 갈겼다. 오줌 줄기에 맞은 뱀들이 좌우로 흩어졌다. 그러나 그도 잠시 오줌줄기가 약해지자 흩어진 뱀들이 다시 혀를 날름거리며 다가왔다. 큰일이었다. 도망을 가려고 해도 발이 안 떨어졌다. 스멀스멀 다리 위로 기어오르는 것을 뿌리치려고 제자리에서 발을 털다가 잠에서 깨어났다.

다행이다 싶은 것도 잠시 등이 축축했다. '아뿔싸, 또 쌌구나!' 오줌을 얼마나 쌌는지 등과 엉덩이는 물론 허벅지의 연한 피부가 퉁퉁 불어있었다.

(2014. 5. 2)

유년시절의 편린들

1

전포동 제일제당 뒤에 우리 집이 있었다. 널따란 신작로 건너편에는 군수기지 정비창이 보였고, 길보다 내려앉은 낮은 곳에 웅크리고 있었다. 서향이라 해질 무렵이면 집안 가득 햇볕이 많이 내리 쬐였다.

본채와는 별도로 도로 쪽에 작은 방이 있었는데, 방이라고 하기는 뭣한 건물로 송판으로 벽을 만들어 지은 판잣집이었다. 신작로 쪽으로 창문이 나있어서 방안에서도 바깥을 볼 수 있었다. 잠을 자거나 밥을 먹는 등 일상생활은 본채에서 했지만 낮에는 이 작은 방에서 혼자 지냈다.

프라이팬을 만드는 규칙적인 망치소리를 들으며 방에서 뒹굴었다.

이따금 지나가는 자동차 소리에 일어나서 까치발로 창밖을 내다보며 차가 안 보일 때까지 뒤꽁무니를 좇았고, 가끔 길을 가는 사람들과 시선을 마주치기도 했다.

서향이다보니 남쪽으로 난 창문으로 들어오는 햇볕이 약해질 무렵이면 서쪽 벽의 나무옹이가 떨어져 나가서 생긴 동전만한 구멍으로 빛줄기가 들어왔는데 나의 시선은 빛줄기를 따라다녔다. 처음에는 메추리 알만한 동그란 빛이 구멍 가까이의 방바닥을 비추다가 시간이 지날수록 점점 방 한가운데로 이동했다. 동그란 빛이 이동하는 궤적을 따라다니는 재미와 그 빛줄기 속에서 반짝이며 떠다니는 먼지를 손으로 잡아보는 것이 그 시절 내 오락의 한 부분이었다. 그러다가 종내 방 건너편 끝 즈음에서 빛이 약해지면서 저녁이 되었고 어둠이 내려앉았다.

본채의 구조는 기억나지 않지만, 당시 대부분의 집들이 그러하듯이 나무기둥과 지붕은 함석을 이어 붙인 집이었을 것이다.

2

길 건너에 군수정비창이 있어서 종종 군인들을 볼 수가 있었다. 아버지가 돌아가시고 나서 엄마는 군인들을 상대로 뭔가 돈이 되는 일을 하셨던 것 같다. 군인들이 수시로 몇 명씩 드나들며 우리 집에서 밥을 먹고 가곤 했다. 아마도 군인들이 가져온 쌀로 밥을 해주고 얼마간의 사례를 받았던 것으로 생각된다. 그리고 정비창이다 보니 공공연히 뒤로 빼돌려지는 물자가 제법 있었다. 우리 집 안마당 담장 밑에는 군

용물품들이 상당량 보관되어 있었다. 주로 자동차 타이어와 무언지 모를 드럼통이었다. 이런 것들을 보관해주고 얼마 가량의 보관료를 받지 않았을까 추측해본다.

보관된 군수품은 한동안 있다가 사라졌다가 또 며칠이 지나면 들어와 있곤 했다. 드럼통에는 아래 부분에 명주실처럼 가는 구리선이 마치 가죽 허리띠 모양으로 어른 손바닥 한 뼘 정도 늘어져 있었고, 그 끝에는 지우개만한 납덩이가 붙은 정전기 방지 접지선이 매달려 있었다. 그리고 언제부터인가 그 접지선이 나의 중요한 군것질거리가 되었다.

납작한 돌멩이를 접지선 밑에 받치고 작은 돌멩이로 콕콕 내려찍어 접지선을 떼어 내었는데 그 접지선 1개만으로도 상당한 양의 엿으로 바꿀 수가 있었다. 그러나 바닥에 있는 드럼통에서는 좀 수월했지만 2단으로 쌓여있는 드럼통에선 바닥에 돌을 놓을 수가 없기에 손으로 돌을 받치고 접지선을 찧어 냈다. 엿으로 바꾸어 먹을 생각에 이런 작업은 오래도록 계속되었다.

3

우리 집 주변 이웃으로 장근이, 막근이 형제만 기억이 난다. 막근이가 내 또래였기에 종종 이 두 형제를 따라다녔다. 집 뒤로 100여 미터만 가면 동해 남부선 철로가 있었다. 우리들은 철로에 귀를 대고 진동을 듣고 어디쯤 기차가 온다는 것을 미리 짐작을 하였고, 커다란 못이나 철사를 철길 위에 올려두었다가 기차가 지나가서 납작해지면 칼을 만들어 가지고 다니기도 했다.

때로는 철길 위를 떨어지지 않고 누가 오랫동안 걸어가는지를 겨루기도 했다. 그러다 철길 놀이가 심심해질 즈음이면 부대에서 나온 폐기물 더미에서 장난감으로 쓸 만한 것들을 찾으려 쓰레기 더미를 뒤지기도 했다.

종종 누나들을 따라 제일제당에서 연료로 쓰고 나온 폐 갈탄 더미도 헤집고 다녔다. 갈탄더미를 뒤져 아직 연소가 될 수 있는 것을 주워 연료로 사용했는데 이것은 초등학생 또래 아이들의 주요 일거리이기도 했다.

아직 석탄기가 남아있는지 구분을 하지 못하는 나는 아무것이나 주워 담다가 누나들에게 핀잔을 받기도 했다. 그도 시들해지면 갈탄을 줍고 있는 누나들 뒤로 살금살금 다가가 꺼칠꺼칠한 갈탄을 주워 누나들의 단발머리 뒤 목 부분에 갖다 대었다가 위로 스윽 끌어올리면 연소 되다만 구멍이 숭숭 뚫려 있는 갈탄 틈 사이에 머리가 끼어 깜작 놀라며 따가워했다. 이런 짓궂은 장난을 치다 누나들에게 맞아서 울기도 했다. '엄마한테 일러 줄끼야.' 누나들은 당황하며 나를 달랬다. 집에 와서도 한참동안 내 주변을 맴돌며 엄마에게 고자질할 기회를 안 주려고 눈치를 살피곤 했다.

엄마는 아버지 없이 크는 막내가 불쌍해서인지 많이 감싸고 '오냐오냐' 하면서 키웠다. 나는 엄마의 비호를 무기로 누나들에게 대여섯 살까지 업혀 다니며 어리광을 부렸다. 아버지가 돌아가시고 나서도 전포동 제일제당 뒷집에서 그렇게 2년을 더 살다가 일곱 살인 1961년경 전포동 성북초등학교 아래 동네로 이사를 했다. 그렇게 눈물 없고 걱정 없었던 시절이 끝이 나고 있었다.

(2014. 4. 25)

용학이 아재

나는 종종 용학이 아재를 따라다녔다. 또래들은 다들 학교에 가고 없기 때문에 주로 혼자서 집 가까운 야산에서 깔비를 했는데 워낙 너나없이 긁어 내다보니 점심 전에 나무 한 짐을 하기가 어려웠다. 그래서 용학이 아재와 어른들을 따라 나선 것이었다.

어른들은 더 깊은 산으로 들어가서 나무를 했고 나무도 더 빨리했다. 그러나 내가 보기엔 길만 멀다뿐이지 깔비가 더 많지는 않았다. 부지런히 긁어모았지만 평소에 훨씬 못 미치게 양이 적었다. 꾀를 내었다. 나뭇단 속에 청솔가지를 넣기로 했다

나무 짐은 먼저 바닥에 새끼줄 다섯 가닥을 깔고 그 위에 청솔가지를 잘라서 줄 위에 가로로 조밀하게 걸쳐 놓았다. 그런 다음 긁어모아

놓은 깔비를 갈퀴로 시루 떡판 모양으로 간추려 청솔 가지 위에 좌우로 차곡차곡 쌓았다. 이때 간추린 깔비덩이를 서로 조금씩 겹치게 쌓으면 나중에 잘 흐트러지지 않았다.

다섯 단 정도를 쌓고 나뭇단 바깥을 솔가지로 두른 다음 새끼줄 세 가닥으로 동여매면 나뭇짐은 완성이 되었다. 그러나 그날은 아무리 눈대중을 해도 4단 정도의 양밖에 되지 않았다. 부족한 부분을 보충하기 위해서 청솔가지를 더 꺾었다. 원래 소나무를 자르는 것은 금지하고 있지만 어쩌랴. 깔비를 두 단 정도 쌓고 그 위에 청솔가지를 두둑이 넣었다. 그리고 그 위에 깔비를 두 단 더 올리니 나뭇짐의 크기가 나왔다.

오른쪽 무르팍으로 나뭇짐을 쿡쿡 누르며 새끼줄을 조이니 부피가 좀 줄어들었지만 그래도 평소보다 더 컸다. 갈퀴를 들어 나뭇짐 양 옆을 내리치자 삐죽삐죽 튀어나온 깔비가 착착 들어가고 각이 잡히며 나뭇단이 근사하게 꾸려졌다.

흡족한 미소를 지으며 갈퀴를 새끼줄 사이에 쑤셔 넣고 낫도 나뭇짐 위에 날이 보이지 않게 꽂아 넣었다. 마지막으로 두 가닥 새끼줄로 탄탄하게 질빵을 만들었다. 손을 넣어 당겨보니 간격이나 탄력이 적당했다.

주변을 둘러보니 어른들도 나뭇짐을 거의 꾸렸다. 짐을 꾸린 어른들이 담배 한대를 다 태우고 모두 일어섰다. 용학이 아재를 선두로 맨 마지막에 내가 섰다. 산길을 내려와 개울 둑길로 접어들 때부터 나뭇짐의 무게가 어깨를 짓눌러 왔다. 깔비가 모자라서 심으로 넣은 솔가지가 문제였다.

조금 무거울 것이란 예상은 했지만 무게가 만만찮았다. 무게에 졸린 어깨가 아파서 자주 추스르다 보니 새끼줄이 늘어져서 나뭇짐이 뒤로 쳐지고 그럴수록 더욱 무거워졌다.

"자 인자 쪼매 쉬었다 가자!"

용학이 아재가 말했다. 나뭇짐을 내려놓으니 조여 오던 어깨가 시원해지며 일제히 피가 통하는 느낌이 들었다. 한겨울임에도 나뭇짐을 벗은 등짝의 옷이 축축했다. 양동들에서 불어온 차가운 바람이 얼굴을 스쳤다. 등줄기를 타고 흐르던 땀이 순식간에 식었다.

용학이 아재는 그 시절 내 우상이었다. 내 또래 동무들에게 용학이 아재를 이야기할 때면 '우리 용학이 아재' '우리 용학이 아재' 하며 '우리' 란 말을 꼭 붙여 말했다. 용학이 아재는 길 건너 '마아마을'에 살았는데 내가 외가에 간 그해 겨울에 당시로는 꽤 많은 나락 열세 섬에 외갓집 머슴으로 들어왔다.

용학이 아재는 내가 부르는 호칭이 아재이지 스물다섯의 총각이었다. 떡 벌어진 어깨에 골격이 컸다. 내 허벅지만한 팔뚝이 힘을 쓸 때면 불끈불끈 근육이 도드라져 나오고 검붉은 얼굴에 힘도 장사였다.

소달구지에 나락 가마니를 가볍게 번쩍 들어 실었고, 나뭇짐도 다른 집 머슴들보다 한 뼘 정도는 더 컸다. 그런 무거운 나뭇짐을 지고도 성큼성큼 호랑이 걸음을 걸었다. 내가 조그만 나무 질빵을 메고 뒤 따라

가며 용학이 아재 나뭇단을 올려다보면 그 높이가 까마득했다. 나는 그런 아재를 아이들에게 자랑을 해댔다.

"우리 용학이 아재 나뭇단 봐라!"

아재는 농사일은 뭐든지 잘했다. 수일이 집 옆 밭을 논으로 바꿀 때였다. 높은 곳은 깎아 내리고 낮은 곳은 메우기를 소하고 며칠간 씨름을 하더니 뚝딱 논으로 만들었다. 그때 외삼촌은 '어이! 참 잘 했네', '욕봤네' 라고 칭찬을 하였고 동네 어른들도 모두 논을 잘 만들었다고 칭찬을 했다. 그때마다 내가 칭찬을 받는 양 우쭐해 했고, 나도 크면 용학이 아재처럼 상머슴이 되어야지 생각을 했다.

용학이 아재는 예의도 있었다. 외할머니와 외삼촌은 물론이고 동네 사람들에게도 깍듯했다. 머슴기간이 끝난 뒤에도 명절이면 외할머니에게 세배를 하러 오곤 했다.

아재 방은 사랑채 옆에 딸린 작은 머슴방이었는데 동네 머슴들이 자주 놀러 와서 새끼를 꼬곤 했다. 아재를 무척 따랐던 나는 담배 연기 자욱한 머슴방 구석에서 같이 새끼를 꼬며 머슴들이 웃으면 영문도 모른 채 나도 같이 따라 웃었다.

용학이 아재는 옛날이야기도 곧잘 해 주었다.

"안 있나, 그때 오래비가 살짝 몰래 빠져나와 마악 ~ 산모퉁이를 돌아 도망을 치는데 은제 따라왔는지 여동생이 오래비, 오래비 같이가요 하고 막 쫓아 오능기라, 을매나 빠른지 옷자락이 막 잡힐똥 말똥 할 때 그때 오래비가 매고 간 괴나리 봇짐에서 빨간 구슬을 꺼내 갖꼬 뒤로 팍~ 떤진기라! 구슬은 반드시 뒤로 던져야 되능기라, 그라이까네 뒤가 시뻘건 불바다가 생기고 여동생은 간데가 없고 커다란 '여시' 한 마리가 불 속에서 오래비 같이 가요, 오래비 같이 가요 하며 시뻘건 혓바닥을 날름날름 한단 말이야."

빨간 구슬 파란 구슬 같은 옛날이야기를 자주 들려주었다. 몇 번을 들은 이야기임에도 잔뜩 긴장이 되어 손에 땀을 쥐고 이야기를 들었고, 이야기의 절정부분에서 '우와' 하고 놀래키면 '꺄악' 비명을 지르며 방구석에 밀쳐둔 이불 속으로 숨어들었다가 그대로 다음날 아침까지 잠이 들기도 했다.

이후 용학이 아재는 1년의 기간이 끝나 아재 집으로 돌아갔다. 가는 날 나는 타작마당까지 따라갔다.

"잘 있거래이, 니는 잘 살끼다. 니는 잘 살끼다."

용학이 아재는 나의 어깨를 쓰다듬어 주었다. 나는 길모퉁이에 서서 아재의 모습이 점으로 사라질 때까지 쳐다보고 있었다.

(2014. 5. 8)

남창 15리, 덕하 10리

빗줄기는 점점 더 강해졌다. 철길 건너로 보이는 남창 들판이 세찬 빗줄기와 버물어져 푸르기도 하고 흐릿하기도 했다. 불과 한 달여 전에 모내기를 했나 싶었는데 하루가 다르게 쑥쑥 자라던 벼 잎사귀 사이에서 나락형태의 뻣뻣하게 생긴 대궁이가 고개를 내밀며 싸락눈 같은 하얀 꽃을 피우고 있는 여름날이었다.

그날은 아침부터 바람이 마을을 훑고 가더니 점심때가 다 되어가는 즈음부터 거먹구름에 매달린 비의 알갱이가 휘날리기 시작했다. 사촌들과 동네 동무들은 모두 면 소재지에 있는 국민학교를 갔지만 나는 평소와 같이 마을 앞 못안골에서 내려오는 개울둑에서 소 풀을 베다 비를 만났다.

외할매나 용학이 아재, 어른들은 모두 들에 나가고 없었고, 외숙모만 점심준비를 하다 걱정스런 표정으로 하늘을 쳐다보곤 하셨다. 학교가 마칠 시간이 다 되어 가는데도 비는 그칠 기미를 보이지 않고 점점 더 강해졌기에 동갑내기 외사촌인 귀조의 하굣길 걱정 때문이었다.

부엌에서 간간이 밖을 내다보던 외숙모는 내게 좀 이른 점심을 먹게 한 후 귀조의 우비를 가져다주라는 심부름을 시켰다. 신작로에 나가서 남창 쪽으로 곧장 가면 면이 나오는데 면에서 제일 큰 창고 옆이 국민학교니까 창고 앞에서 기다리다가 귀조를 만나서 같이 오라는 것이었다.

우비라야 짚으로 엮은 도롱이와 요즘 우산만큼 크기의 대나무 삿갓이 전부였다. 오전에 소꼴을 벨 때 입었던 축축한 옷에다 귀조에게 줄 것까지 도롱이 두 개를 겹쳐 두르고 삿갓을 한 개는 머리에 쓰고 한 개는 손에 들고 길을 나섰다. 그렇게 해서 비오는 여름날 남창까지 15리 길의 여정이 시작되었다.

당시는 면의 명칭보다는 역의 명칭으로 지역을 구분하기도 했었는데 그래서인지 그때나 지금이나 사람들은 면에 간다고 하지를 않고 남창에 간다고들 한다.

어른들은 평소 남창 15리, 덕하 10리라는 말을 했다. 외갓집이 있는 망양리에서 남창역까지는 15리길이고, 덕하역까지는 10리길이라는 말이었다. 거리로만 보면 덕하가 가까웠지만 망양리는 온양면에 속해 있었기에 국민학생들은 온양국민학교를 다녔다. 그리고 5일장도 남창 장을 이용했다. 아마도 행정구역이 온양면인데다가, 덕하역을 가려면 마을 옆을 흐르는 회야강을 건너야 하는데 지금처럼 다리가 없고 징검다리가 놓여있다 보니 물건을 이고지고 건너다니기가 불편하기 때문이기도 하였을 게다.

삿갓 위로 빗방울 떨어지는 싸르락 싸르락 소리가 벌레가 기어가는 듯 부드러웠다. 짚으로 만든 도롱이는 단단하게 빗방울을 잘 막아주었다. 마을 앞 외할배 산소가 있는 소로를 벗어나 망양삼거리 쯤을 나서자 남창 쪽으로 비스듬히 굽은 신작로가 나타났다. 비 오는 날 신작로는 사람 한 명 다니지 않고 적막했다. 길 양 옆으로 아이스케이크를 거꾸로 꽂아놓은 형상의 버드나무는 그 큰 키로 떨어지는 빗방울을 온몸으로 맞고 있었고 벼 이삭이 한참 자라고 있는 논에서는 개구리 소리만이 요란했다.

외갓집에 와서 한 번도 면소재지에 가 본 적이 없었다. 작년 봄 외갓집에 처음 올 때 큰 어머니와 함께 밤길을 걸어온 게 전부였다. 당연히 초등학교가 어디 있는지 알지 못했다. 다만 '신작로를 따라가면 남창역이 있는 면이 나오고 큰 창고가 있는데 바로 옆이 학교니까 창고 앞에서 기다리고 있다가 귀조가 나오면 같이 돌아 오거라.'는 외숙모의 말을 되새겼다. 그리고 역사 바로 옆에 있던 커다란 창고가 생각도 났다. 아마도 외숙모가 말하는 창고가 그 창고일 것이라고 생각을 하며 자갈길을 걸어갔다.

면까지 도착하는 데는 두 번의 어려움이 있었다. 처음은 재춘이네 기와막을 지나 10여분을 걸어 지금의 엘지하우시스 공장 옆 주목산업이 있는 곳에서부터 온산삼거리 못미처까지 사이에 있는 약 1킬로미터 정도의 산 옆길을 지나가는 것이었다.

이 길은 산 옆에 바로 붙어 있었는데 비가 올 때나 밤길을 혼자 걸을 때면 '갈가지'가 나타나서 흙이나 돌멩이를 던지기도 하고 사람을 따라오며 머리 위로 폴짝폴짝 재주를 넘어 정신을 빼놓았다가 사람이 쓰러지면 잡아먹는다고 했다.

또 한 곳은 온산삼거리를 조금 지나서 있는 '굴만디'를 지나는 것이었다. 굴만디는 요즘 해마다 옹기축제가 열리는 외고산마을 일원을 지칭했는데 마을 앞과 신작로 사이에 계곡처럼 가파른 10미터 정도의 절벽이 있고 아래에 동해남부선 철길이 있었다. 그 철길에 길이가 50여 미터 가량 되는 터널이 있었는데 사람들은 이 터널을 굴이라 불렀고 굴이 있는 지점이 지대가 높기 때문에 굴과 높다는 뜻으로 굴만디라고 불렀다.

굴은 남창 방면에서 보면 오른쪽으로 비스듬히 휘어져 있었고 굴이 시작되기 몇십 미터 전부터 계곡이 이어져 있어서 실제 길이보다 훨씬 길어 보였다. 한낮에도 컴컴하고 천정에서 물방울이 뚝뚝 떨어지는 음침하고 귀기가 흐르는 굴이었다. 면소재지를 가기 위해서는 반드시 굴만디를 지나가야 했다.

그 굴 속에는 '토째비'가 살고 있는데 굴을 지나가는 사람을 보면 나타나서 씨름을 하자고 했다. 이 토째비가 얼마나 힘이 센지 아직까지 아무도 토째비를 이긴 사람이 없다고 했다.

빗줄기는 계속되고 있었다. 삿갓에 떨어지는 빗방울이 처음에는 끝을 타고 떨어지더니 한참을 비에 젖자 이제는 삿갓 중간 중간에서 물이 흐르고 머리와 얼굴에도 빗물이 흘러 내렸다.

드디어 '갈가지'가 나온다는 산길 옆으로 접어들었다. 산 길 입구로 접어들기 전 길가에서 제법 묵직한 돌멩이를 하나 주워들었다. 갈가지는 서 있는 사람은 잡아먹지 않는다 했다. 갈가지가 나타나 아무리 정신을 혼미하게 하더라도 넘어지지만 않으면 된다고 마음을 다잡으며 만약 갈가지가 나타나면 돌멩이로 맞설 요량이었다.

산길 초입을 들어서자 오금이 저려왔다. 차박차박 걷는 내 발자국 소리에 연이어 뭔가가 따라오는 느낌이었다. 머리끝이 쭈뼛쭈뼛 섰다. 뒤 돌아보면 안 된다는 생각과는 달리 걸음을 멈추고 뒤를 홱 돌아보았다. 아무것도 없었다. '휴! 다행이다!' 싶으면서도 뒤통수가 근질근질했다.

비가 내리고 어둠은 사방에 널브러져 있었다. 보이는 것도 없고 생각도 없이 그저 길을 가는 것이었다. 가슴이 쿵쿵거리기 시작했다. 비 소리에 놀라 심장이 더욱 뛰었다. 발걸음은 재빠르게 옮기는데 거리는 줄지 않았다. 발과 발이 서로 부딪치고 다리가 후들거렸다. 비 소리가 뚝뚝거릴 때마다 누군가 뒷덜미를 잡는 듯 숨을 쉬기도 어려웠다. 가늘게 숨을 들이쉬면서 발 디디면 길인데 길이 보이지 않았다.

어디선가 갈가지가 숨어 있다가 불쑥 나타나면 어쩌나, 가면 갈수록 가슴이 벌렁거렸다. 이게 아닌데 하고 마음을 고쳐먹어도 머릿속은 하얗게 변해갔다. 현기증까지 몰려왔다. 질펀한 땅바닥에 주저앉을 수도 없고 어디 쉬어갈 곳도 없었다. 사방이 어둠이고 공포의 그림자가 드리워져 있었다. 이 지옥 같은 산길을 벗어나려면 한참을 더 걸어야 했다. 무서운 마음을 없애기 위해 이미자의 '동백아가씨'와 박재란의 '산너머 남촌'을 불렀다. 그 외에도 내가 아는 노래 몇 곡을 더 불렀지만 노래는 무서움을 없앨 수 없었고 거저 옹알이를 하는 것뿐이었다. 그렇게 마음을 졸이며 겨우 어둠의 늪을 통과했다.

온산삼거리를 지날 즈음 '꽤액' 하는 기적을 울리며 기차가 덕하 쪽으로 지나갔다.

저기 굽어진 곳, 기차가 돌아서 나온 곳이 토째비가 나온다는 굴만디였다. 멀리서도 시커멓게 입을 벌린 귀기서린 모습의 굴 입구가 보였다. 토째비는 굴 안에 오는 사람만 막아서서 씨름을 하자고 한다하니 굴 안에만 가지 않으면 될 것이다. 그러나 굴로는 가지 않더라도 굴 위로는 지나가야 하기 때문에 또다시 두려움이 밀려들며 팔에 소름이 돋아났다.

갈가지가 나타나는 길과는 달리 굴만디를 지날 때는 노래를 불러 시끄럽게 하면 오히려 토째비가 나타날까봐 까치발로 '굴만디'를 지났다. 신작로는 온산삼거리에서 완만한 오르막이 시작되어 굴만디에 이르러 정점을 찍고 내리막길이 시작되었다.

굴 위에 이르자 멀리 신작로 옆으로 길게 뻗은 철길과 삼각형의 각진 지붕을 이고 있는 남창역사와 시커먼 창고 건물이 빗속에서 멀리 아스라이 보였다. '됐다' 저기가 면에 있는 창고구나 싶었다. 멀리 장터도 보이고 민가들도 몇 채 보였다. 굴만디를 지나오니 나도 몰래 안도의 숨이 나왔다.

창고를 보고 걸음을 재촉했다. 창고는 남창역사 옆으로 약 10미터 정도 떨어져 있었다. 창고 앞쪽에 있으면 귀조가 온다고 했고 문이 있는 쪽이 앞쪽이다 싶어 열려 있는 문으로 살며시 들어갔다. 창고 앞쪽은 철길과 마주보고 있었다. 처마 밑으로 들어가서 삿갓을 벗었다. 빗줄기는 점점 더 강해지고 있었다. 말 그대로 달구비가 퍼부어 대고 있었다. 빗줄기 때문에 들판 건너 마주 보이는 산이 잿빛으로 희미하게 보였다. 창고 지붕에서 떨어지는 낙숫물이 비스듬히 포물선을 그리며 아이들 오줌줄기마냥 연이어 주르륵 떨어지며 바닥에 홈을 만들어 내고 있었다.

그러는 사이 기차가 네 차례 지나갔다. 두 번은 덕하 쪽에서 내려왔고, 두 번은 서생 쪽에서 와서 덕하 쪽으로 올라갔다. 사람이 타지 않는 화물 열차는 정차를 하지 않고 기적만 한번 '꽤액' 보내고 역을 그냥 지나쳐 갔고, 사람이 타는 객차는 정차를 해서 사람을 내리고 또 사람을 태우고 사라져 갔다.

역에서 약 두 시간을 기다렸을까, 그럼에도 학교를 다녀오는 아이는 커녕 창고 앞으로 다가오는 단 한명의 사람도 만나질 못했다. 그럼에도 이상하다는 생각이 들지 않았다. '면에서 제일 큰 창고 앞에서 기다리면 된다.'고 했으니까 조금만 더 기다리면 귀조가 오겠거니 생각하고 있을 때 잿빛 작업복에 철도 마크가 있는 모자를 쓴 역무원이 다가

왔다. 평소에는 선로 보수작업을 하는데 그 날은 비가 와서 역내 대기실에 있다가 밖으로 나와 보니 웬 조그만 아이가 창고 처마 밑에서 비를 맞고 있어서 다가온 것이었다.

"야, 니 와 여게 있노? 니 집이 어데고?"

역무원이 물었다.

"야. 집은 망양인데예, 학교 마치고 오는 아(兒)비옷 갖다 줄라고 기다리고 있심더"

내가 역무원을 쳐다보며 대답했다.

"사람을 기다릴라믄 역에서 기다리야지 창고서 기다리면 우짜노? 몇 시 차로 오는데?"

역내에 있는 창고에서 기다리고 있으니 기차를 타고 오는 학생을 기다리는 줄 알고 역무원이 다시 물었다.

"아인데예, 기차타고 오능기 아이고 학교 마치고 바로 오능긴데예."

내 대답에 역무원은 잠시 고개를 갸우뚱하더니 다시 물었다.

"어느 학곤데?"

"면에 있는 온양 국민학곤데예, 4학년이라예."

스무고개 같은 문답 끝에 겨우 상황을 알아차린 역무원의 얼굴에 난감한 표정이 나타났다.

"온양국민학교 같으면 학교로 가야지 여기 있으믄 우짜노?"

"우리 외숙모가 큰길로 쭉 가다가 면에서 제일 큰 창고 앞에서 기다리면 학교 마치고 온다 카던데예."

아직까지도 일이 어떻게 잘못된 것인지를 모르는 천진한 대답이 내 입에서 나왔다.

"학교는 여기가 아이고 조 밑으로 좀 더 내리가민 있능기라, 그 옆에 농협 창고가 있다 아이가, 거기서 기다리야 되능긴데 니가 역 창고로 잘못 온긴기라. 지금 시계가 몇 신데 학교는 벌써 마쳤을 끼다."

그제야 사단이 난 줄 알고 가슴이 철렁 내려앉았다. 역무원의 말대로 역에서 나와 장터를 지나 조금 내리막길을 내려오자 국민학교가 있었고 학교와 붙어서 역에서 본 창고보다 훨씬 큰 창고가 있었다.

그러나 이미 학교는 파하였고 아이들도 모두 집으로 돌아간 뒤였다. 참으로 난감하고 앞이 캄캄했다. 귀조에게 우비를 주지 못해서가 아니었다. 또 심부름을 잘못했다고 야단맞을 걱정이어서도 아니었다. 올 때야 어찌어찌 왔지만 갈 때는 여럿이 가면 괜찮을 줄 알았는데 '토째비'하고 '갈가지'가 나오는 15리 빗길을 혼자 걸어갈 생각을 하니 발걸음이 떨어지지 않았다.

비가 와서 시간은 잘 모르겠으나 낮보다는 어두워지는 게 다섯 시쯤 되어가는 모양이었다. 비가 오는데다 어두워지기라도 하면 반드시 '토째비'나 '갈가지'가 나오게 마련이었다. 잔뜩 걱정스런 마음에 휘적휘적 바쁜 발걸음을 재촉했다.

외갓집 삽작문을 열고 들어가자 한바탕 소동이 벌어졌다. 외할매가 얼마나 걱정을 하셨는지 마루에 계시다 마당까지 내려와서는 손을 잡고 이 늦게까지 어디에 있다가 왔느냐고 야단을 쳤다. 울먹거리며 역에 있는 창고에서 기다리다가 나중에야 잘못된 줄 알고 학교 앞 창고로 갔지만 학교가 모두 마친 뒤라서 그냥 돌아왔다고 기어들어가는 목소리로 웅얼웅얼했다. 내 말을 들은 외할매는 "아이구 이늠의 손아, 조금만 기다리다 그냥 오지. 그 긴 시간을 기다릿단 말이가." 라며 속상해 하다가 곧바로 외숙모에게 고함을 쳤다.

"야~가 뭘 안다고 길도 모리는 아를 혼자 보냈단 말이가? 아가 길을 잊아뿌면 우짤라고 그란단 말이고, 응?"

귀조는 저대로 비를 홀딱 맞고 왔다고 잔뜩 화가 나서 부어 있다가 내가 마당으로 들어서자 눈을 흘겼다. 나 때문에 집안 분위기가 싸늘해졌으니 큰 잘못을 저지른 것 같아 몸 둘 곳이 없었다. 이때 외양간에서 소죽을 끓이고 있던 용학이 아재가 슬며시 손을 당겼다.

커다란 가마솥에 잘게 썬 짚과 등겨 등을 넣어 끓인 여물에서 구수한 냄새가 났다. 도롱이를 벗고 젖은 몸으로 불앞에 앉으니 몇 시간 동안 비를 맞았던 몸이 풀리며 추위가 가셨다. 온 몸에서 김이 무럭무럭 피어올랐다. 부지깽이로 불을 뒤집던 용학이 아재가 불을 앞으로 당겨 주었다.

"그래 좀 기다리다가 안 오믄 그냥 오등가 안하고 이때까지 기다릿다 말이가, 쯧쯧!"

혀를 차며 머리 뒤통수를 쓰다듬어 주었다. 아재의 꺼칠한 손바닥의 촉감에 마음이 풀어지며 눈물이 주룩 흘러 내렸다. 나는 한참을 훌쩍거렸고 용학이 아재는 내 어깨를 토닥여 주었다.

(2015.4.13)

큰 누부야

외갓집에 와서 처음 맞이하는 늦가을이었다. 아침에 일어나면 마당 한편으로 제법 하얗게 서리가 내리기 시작했고 나무를 하러 가다보면 길가 무덤의 잔디가 누렇게 변해가는 시기였다.

그날 오후 마을 뒤를 지나는 철길 너머 왼쪽에 있는 산에서 나무를 한 짐 해서 질빵을 지고 좁다란 논둑길을 비틀비틀 걸어오다 그만 발을 잘못 디뎌 논바닥에 발이 빠져 버렸다. 추수를 마친 논은 말라 있었기에 괜찮겠거니 하고 발을 디뎠는데 하필이면 질척한 곳에 발을 디뎌 발목부근까지 뻘에 빠져 버렸다.

나뭇단을 내려놓고 발을 빼내어보니 양말은 물론이고 발목 위 부분까지 질퍽한 흙이 묻어 있었다. 그대로는 갈 수가 없어서 흐르는 냇물에 양말을 빨고 바지에 묻은 흙을 씻었다. 서리가 내리는 늦가을 즈음이다 보니 시냇물의 냉기에 발목이 시려왔다. 다시 나뭇짐을 메고 무거운 발걸음으로 돌아오다 망양삼거리 부근 무덤가에서 잠시 쉬어 가려고 나뭇단을 내렸다.

무덤은 길가에서 내 키 정도 아래로 내려앉아 있어 나뭇단을 내려놓을 때나 짐을 질 때도 일어서기가 좋은데다 정남향으로 따뜻한 햇볕이 오랫동안 내려 쬐여서 나무를 해오거나 소 풀을 지고 올 때에 종종 쉬어가는 곳이었다. 나뭇짐을 등받이 삼아 비스듬히 기대어 해바라기를 했다.

따스한 가을 햇볕을 쬐니 포근했지만 좀 지나 땀이 식으니 젖은 바지가 찬바람에 날리며 차가웠다. 이대로 집에 들어가면 옷을 버렸다고 야단을 맞을 수도 있는 일이었고, 무엇보다 다리에 척척 감겨오는 차가운 바지의 촉감이 싫었다. 문득 불을 피워서 바지를 말리고 가는 게 좋을 것 같다는 생각이 들었다.

아직 해는 중천에 떠 있었다. 동네 아이들도 아직 학교에서 돌아오지 않을 시간이라 집에 가봐야 아무도 없을 터였다. 나뭇가지들을 주워 모으고 말라서 누렇게 된 잔디를 손가락으로 긁어모았다. 잠시 만에 한 움큼의 잔디를 모으고 상의 안주머니에서 성냥을 꺼내었다. 모닥불 주변에 엉덩이를 땅에 붙이고 앉아 한쪽 발을 들고 양말과 바지를 말렸다. 열기를 받은 양말과 바지에서 김이 모락모락 났다. 순간 뜨거운 느낌이 있었지만 이렇게 말리면 금세 다 말릴 수 있을 것 같았다.

그때였다. 불길이 좀 더 커졌다. 갑자기 세찬 바람이 불었기 때문이었다. 순식간에 서너 개의 불씨가 날아가더니 잔디 위에 불이 붙기 시작했다. 머리끝이 쭈뼛하며 겁이 덜컥 났다. 말로만 듣던 산불을 내가 낸 것이었다. 요 며칠 전에도 마을 뒷산에 산불이 났는데 다행히 큰 불은 아니었지만 불을 낸 사람을 잡아 징역을 보내려고 지서에서 마을을 수소문하고 다닌다는 흉흉한 말을 들은 터였다.

여기 저기 옮겨 붙은 불은 까만 흔적을 남기며 면적을 넓혀갔다. 얼른 윗옷을 벗어 두드려 불을 껐지만 서너 군데 동시에 붙은 불을 혼자 끄기에는 역부족이었다. 엉엉 울면서 여기저기 뛰어 다니며 불을 껐다. 한 곳의 불을 끄다보면 다른 곳의 불이 커지고, 그 곳을 끄다보면 또 다른 곳의 불이 커졌다. 급기야 주변의 숲으로 옮겨 붙을 판이었다.

"이기 뭔일이고, 야야 우째된기고."

같은 동네 명자 아버지가 뛰어 오셨다. 들에 갔다가 마을로 돌아가는 길에 내가 불을 끈다고 뛰어다니는 것을 보고 달려왔다.

다행히 더 이상 바람은 불지 않았고 불은 크게 번지지 않아 명자 아버지와 함께 불을 끌 수가 있었다. 짧은 시간이었지만 산소의 잔디 이십여 평을 태웠다. 봉분도 반 정도가 타서 흉물스럽게 되었다. 불은 껐지만 얼마나 놀랐는지 다리가 덜덜 떨리고 울음이 그치지 않았다.

명자 아버지는 평소에는 말이 없는 분이셨다. 마을에서 마주칠 때 인사를 하면 '오냐' 한마디면 끝이신 분이셨는데 "니가 그랬나, 우짤라고 이리 불장난을 하노." 하며 야단을 쳤고, 나는 머리를 푹 조아린 채 훌쩍훌쩍거렸다. 정신을 차리고 나니 이제 더 큰 걱정이 생겼다. 명자 아버지가 산불을 냈다고 외갓집에 말을 할 것이고 외삼촌의 엄한 얼굴이 떠올랐다.

나뭇짐 질빵을 메고 터덜터덜 마을길로 접어들었다. 멀리 우물가 너머 외갓집 감나무 꼭대기가 보였다. 집에 들어가는 게 도살장을 찾아 가는 기분이었다. 등에 짊어진 질빵의 무게에 어깨가 조여왔음에도 외갓집에 들어가는 길이 좀 더 멀었으면 하는 마음으로 가득했다.

골목길로 접어들어 문 앞에서 한참을 망설이다 사립문을 살며시 밀었다. 그런데 집안 분위기가 좀 달랐다. 부엌 쪽에서 사람들의 목소리가 들리고 마루 앞 댓돌 위에 낯선 신발도 여러 켤레가 보였다. 손님이 왔나 의아해하며 나뭇단 무게에 허리를 굽히고 머리를 숙인 채 마당을 가로질러가는데 부엌 쪽에서 '호야' 하고 나를 부르는 소리가 들렸다. 순간 가슴이 철렁 내려앉는 느낌이 들며 그 자리에 우뚝 멈춰 서 버렸다.

내가 '병호야'가 아닌 '호야'로 불리는 것은 엄마가 살아 있을 때 누나와 형들이 '호야'로 불렀기 때문이었다. 놀란 얼굴을 들어 쳐다보니 정말 뜻밖에도 양순이 큰누나가 부엌을 나오면서 나를 부르고 있었다.

엄마가 돌아가시고 나서 형제들이 흩어질 때 둘째 채호 형은 군 입대를, 당시 열아홉이던 셋째 길호 형은 부산 부암동에 있는 로구로 공장에 취직을 했다. 넷째이던 양순이 누나는 양돈과 양계업을 하는 부산 가야동 큰 이모 집에 의탁을 했고 다섯째인 작은 누나와 막내인 나는 큰 형을 따라 마산으로 갔었다. 그렇게 헤어져 있다가 내가 삼촌 집에 한 달여를 있을 때 작은누나랑 가야동 이모 집으로 가서 담 너머로 큰 누나를 잠시 만나본 게 다였는데 그 큰 누나가 온 것이었다.

누나는 나를 보자마자 눈물부터 터뜨렸다. 어리광쟁이 동생을 오래간만에 만난 것도 있겠지만 하필이면 그날 산불을 끈다고 뛰어다녔으니 몰골이 말이 아니었다.

검댕이가 잔뜩 묻은 데다 흘러내린 눈물자국으로 얼굴은 얼룩덜룩했고 윗옷을 벗어 불을 끈다고 옷 또한 누더기가 되었다. 상거지의 몰골이었다. 내 손을 잡고 눈물을 흘리는 누나와 달리 나는 오랜만에 큰 누나를 만나니 조금 쑥스러웠지만 좋기도 해서 입을 헤벌리고 수줍은 웃음을 지었다.

잠시 후 큰방 문이 열리고 가야동 이종 사촌들의 얼굴들이 보였다. 이모 집에 의탁을 하고 있던 큰 누나와 이종사촌들이 외갓집을 다니러 온 것이었다. 큰 누나는 마을 입구 우물가로 나를 데리고 가서 머리를 감기고 손발을 씻겼다. 검댕이 씻기면서 시커먼 물이 줄줄 흘러내렸다. 모처럼 큰누나의 어깨를 짚고 서서 세숫대야에 발을 담그고 누나가 씻겨 주는 대로 발을 맡겼다. 누나의 방문으로 산불사건은 묻혀버렸다.

큰 누나가 올 때 바지를 한 벌 사가지고 왔다. 명절도 아닌데 새 옷을 입게 되었다. 바지는 고동색 계통의 코르덴 바지였는데 새 옷의 포근한 감촉이 큰 누나 손길 같았다. 다만, 오른쪽 옆구리 부분이 주변과 달리 좀 딱딱한 느낌이 있다고 생각이 들었지만 아마도 고무줄 매듭부분이리라 생각하고 지나쳤다.

누나가 가고 며칠이 지난 어느 날 나무를 하다가 옆구리 부분의 딱딱한 느낌을 참을 수 없어 고무줄을 다시 묶을 요량으로 허리 부분을 뜯었다. 낫 끝으로 한 올, 한 올 2~3센티미터 정도를 뜯어내자 이게 뭔가. 고무줄에 돌돌말린 십 원짜리 지폐가 두 장이나 나왔다. 가슴이 콩닥콩닥 뛰며 누가 보나 싶어 얼른 손에 쥐고 주변을 둘러보았다.

이모 집에서 더부살이를 하던 누나가 나를 만나러 온다고 어렵사리 구했을 돈으로 바지를 사고 지폐를 꼬깃꼬깃 접어 넣어둔 것이었다. 행여 누구에게 들킬세라 표시가 나지 않게 다시 바느질을 하며 큰 누나는 무슨 생각을 했을까. 어린 막냇동생을 만나러 간다는 기쁨에 설레었을까. 아니면 뿔뿔이 흩어져 더부살이를 하는 형제들의 처지를 생각하며 비통해 했을까. 올해로 큰누나가 세상을 떠난 지 십년이 지났는데 당시 열여섯 살 즈음이던 큰 누나의 흉리는 어떠했을까.

누나랑 같이 보낸 하룻밤은 금세 지나가 버렸다. 그날 아침은 소똥을 주우러 나가지도 않았다. 아침상을 물리자마자 외삼촌이 소를 끌어내어 질매를 소등에 얹었다. 이종사촌들과 누나를 소달구지에 태워 남창역까지 데려다 주기 위해서였다. 이별의 시간이 다가온 것이었다.

잠시 후면 누나는 가야했다. 제발 시간이 좀 늦게 갔으면 하는 내 마음과는 달리 "자 인자 구루마에 타라." 하는 외삼촌의 목소리가 들렸고 모두들 달구지에 올라탔다. 큰 누나도 울음을 참느라 눈이 빨개진 채 내 손을 한 번 꼬옥 잡았다.

외삼촌이 소 코뚜레를 잡고 당겼다. 마당에서 삽작문을 통과해서 꺾어진 골목으로 나가려면 달구지를 몇 번 앞뒤로 움직여야 했고 코뚜레가 잡힌 소는 거친 콧김을 내뿜으며 더듬더듬 발을 옮겼다. 그 모습을 보고 있는 내 옆에서 외할머니가 내 손을 꼭 붙잡고 있었다.

소달구지가 집 마당을 벗어나자 집 뒤 타작마당 공터에서 배웅을 하려고 외사촌들과 외숙모가 뒤를 따랐다. 나도 누나를 배웅하려고 발걸음을 떼려고 하는데 외할머니가 잡고 있던 손에 힘을 주면서 잡아당겼다.

"니는 가지 말거라."

나는 순간 당황했다. 다른 사람들은 타작마당에서 배웅을 할 테지만 나는 그 보다 더 먼 동네 끝에 있는 망양삼거리까지는 배웅을 하려던 참이었기 때문이었다.

"저기 삼거리까지만 갔다 올께예, 외할매!"

내가 불안한 눈으로 외할머니를 쳐다보며 말했다.

"안된다. 니는 여게 있거라."

오히려 한 손으로는 어깨까지 눌러 잡았다. 그러는 사이 구루마는 집 뒤를 돌아나가서 외삼촌의 '이랴' 하고 소를 부리는 소리도 들리지 않았다.

"외할매 그라믄 타작마당까지만 갔다올께예."

내가 눈물을 그렁거리며 외할머니에게 애원했지만 외할머니의 태도는 단호했다. 배웅을 마친 외숙모와 외사촌들이 집안으로 들어왔다. 외사촌들을 보는 순간 이제는 배웅하기는 글렀다는 생각과 함께 억울한 마음이 치솟았다.

부산까지 누나를 따라 가겠다고 나설 생각은 손톱만큼도 없었다. 또 따라나서서도 안 된다는 것도 알고 있었다. 다만 누나랑 좀 더 같이 있고 싶었고 누나가 가는 모습을 좀 더 보고 싶었기 때문이었는데 외할머니가 그 마음을 몰라준 것이다. 외할머니는 내가 철없이 누나를 따라가려고 떼를 쓸까봐 억지로 막은 것이었다.

"외할매 따라갈라꼬 하능기 아이라까네예."

그만 참았던 울음이 터져 나왔다. 평소에 기가 죽어 의사표현도 잘 못하던 녀석이 통곡을 하며 몸을 흔들자 의외의 행동에 외가 식구들의 눈이 동그래졌고 주춤거리며 나를 잡고 있던 외할머니의 손이 느슨해졌다.

어디서 그런 용기와 힘이 나왔을까 그 순간 외할머니의 손을 뿌리치고 후다닥 밖으로 뛰쳐나갔다. 삽시간에 나를 놓친 외할머니는 당황해하며 "야 이눔의 손아 그가 어디라고 니가 따라간단 말이고." 하는 외할머니의 쉰듯하면서도 애끓는 목소리를 들으며 골목길로 내달렸다.

타작마당을 왼쪽으로 해서 우물가를 지나고 미나리 밭을 거쳐 외할아버지 산소가 있는 지름길로 달렸다. 늘 다니는 길이었기에 눈을 감고도 다닐 수 있지만 다리가 따라주지 못했다. 몇 번이나 앞으로 곤두박질을 쳤다.

과수원 탱자나무 울타리 부근을 지날 즈음부터 숨이 턱에 차올라 가슴이 터질 것 같은 통증이 느껴졌다. 멀리 빼빼 소나무가 보이고 넘어질 듯 헉헉대며 망양삼거리 언덕에 도착했다. 다행히도 아직 소달구지는 재춘이네 기와막을 지나 철길 옆을 느릿느릿 지나가고 있었다.

혼신을 다해 달려서인지 바로 서 있을 수가 없었다. 빼빼 소나무를 잡고 허리를 숙였다. 내쉬는 숨길에 심장이 튀어 나올 것 같은 느낌과 함께 우웩 하고 구토가 나왔다. 그 사이에도 소달구지는 덜커덩거리며 서서히 멀어지고 있었다.

멀리 소구루마에 탄 이종사촌들과 고개를 숙이고 있는 큰 누나가 조그맣게 보였다. 좀 더 잘 보일까 빼빼 소나무 가지까지 올랐다. "큰 누부야!" 하고 불렀지만 울먹임만 내게로 돌아왔다.

외갓집의 늙은 소는 느릿느릿 신작로 모퉁이를 돌았다. 처음에는 소가 조금씩 없어지더니 곧이어 달구지와 큰 누나도 보이지 않게 되었다. 큰 누나가 진짜로 간 것이었다. 나는 오랫동안 빼빼 소나무에 앉아 누나가 사라진 길을 향해 손을 흔들었다.

(2015. 5. 11)

가지 못한 길

내 유년 시절, 외갓집은 상당한 부농이었다. 논밭 외에도 당시에는 드물었던 복숭아, 배 과수원도 있었고 또 커다란 양수기로 회야강 물을 퍼 올려 인근 논에 공급을 해주고 추수철에 곡식으로 물 값을 받기도 해서 집안마당에 커다란 나락 저장고가 몇 개씩이나 있었다. 따라서 농사일에 끝이 없었다. 병약하고 가부장적인 외삼촌이 농사일을 많이 한 것 같지 않았다. 머슴은 있었지만 가계는 오롯이 외숙모의 몫이었지 않나 싶다.

지금 생각해보면 자상함이라고는 전혀 없는 외삼촌, 숨통을 조이는 농사일뿐만 아니라 외갓집 여섯 남매의 뒷바라지와 시어머니의 시집살이까지 한 몸으로 받아내어야 했던 외숙모의 삶은 힘든 세월이었으리라. 거기다 수시로 이불에 오줌을 싸대는 나까지 있었으니, 어려움이 더했을 것이다.

날이 밝아 모두 들로 학교로 나가고 나면 나 혼자 집에 남아 있다 보니 자연스레 외숙모의 스트레스가 내 쪽으로 향하곤 했다.'아이고 내가 뭔 죄가 많아 내 새끼도 건사를 못하는 데 남의 새끼 오줌빨래까지 받아내야 되노?'라는 신세타령이 이어졌다.

어느 날 아침을 먹고 마을 앞 개울둑을 다니며 소 풀을 한 짐 베어 집에 왔을 때였다. 집안에는 아무도 없었다. 마당 한편에 하릴없이 쪼그리고 앉아 있는데 바로 아래 외사촌 여동생인 정남이가 밖에서 놀다가 들어왔다. 또래들은 모두 학교 가고 없기 때문에 평소에도 나는 정남이랑 자주 놀았다.

그날도 정남이랑 같이 놀다가 말다툼이 있었고 따박따박 달려드는 정남이를 내가 한 대 쥐어박아 버렸다. 정남이가 울음보를 터뜨렸고 때마침 들에서 돌아온 외숙모에게 이 광경을 고스란히 들키고 말았다. 외숙모를 본 정남이는 더 큰 소리로 울었고 외숙모의 눈꼬리가 올라갔다.

"니가 하능기 뭐꼬. 이제 아까지 뚜드려 패나. 그랄라카믄 나가라."

외숙모의 불호령이 쏟아졌다. 순간 얼굴이 화끈거렸다. '니가 하능기뭐꼬'는 괜찮았으나 '나가라'는 소리가 가슴을 찔렀다. 귀조나 정남이에게 '너거 집에 가라'는 소리는 가끔씩 들었다. 다툼을 하다가 그 말이 나오면 모든 다툼은 종결이 되었다. 대꾸할 말이 내게 없었다. 그

말만 나오면 나는 꼬리를 내려야 했다. 그렇지만 외숙모에게서 '나가라'는 소리를 듣는 건 처음이었다.

정남이를 울린 것도 그렇지만 나가란 소리에 할 말을 잃고 방으로 들어왔다. 더부살이가 죄였다. '좋다, 나가자, 나가면 될 거 아이가' 나가면 더 이상 구박도 받지 않을 것이고 한편으로 내가 없어져 버린 것을 안 외숙모가 마음 아파하지 않을까 생각했다. '나가자. 나가서 지난 가을에 다녀간 큰 누나를 찾아가자'고 마음먹었다.

하지만 누나한테 가려면 기차를 타야 하는데 차비가 없었다. 잠시 생각을 하다가 부산까지 걸어가지 뭐, 며칠이 걸리든 철길을 계속 따라가면 부산이 나올 것이고 초여름에 접어들어 날도 춥지 않으니 잠은 가다가 마을 근처에 있는 짚더미 같은 곳에서 자고, 밥은 이집 저집 얻어먹으면 되겠다고 마음먹었다.

아직까지는 아침저녁으로 제법 쌀쌀했다. 길에서 자려면 추울 것 같아 옷을 두껍게 입어야겠다는 생각이 들었다. 옷 시렁에서 검정색 겨울 국민복 두벌을 꺼내어 입었다. 두벌을 겹쳐 입으려니 옷이 잘 들어가지 않아 소매 단을 몇 번씩이나 잡아당기며 겨우 입었다. 양말도 두 켤레를 겹쳐 신었다.

방문 틈으로 살며시 밖을 내다봤다. 외숙모의 눈을 피해 대문을 나섰다. 부산까지 간다고는 마음먹었지만 막상 집을 나서자 외톨이였다. 지난 여름 비 오는 날 귀조에게 우비를 갖다 주러 혼자 남창역까지 다녀온 일이 있었다. 그때와 달리 날씨도 맑아서 갈가지나 토째비도 나오지 않을 것이다. 그래도 신작로를 혼자 걷는 것은 두려운 일이었다. 가끔씩 쳐다보는 길 옆 숲속은 컴컴하고 어두웠다. 바람이 불어 숲에서 스르륵 소리가 날 때면 괜스레 뒷목이 뻣뻣해지며 오금이 저려왔다.

이렇게 삼십여 분을 걸었을까, 온산삼거리를 못 미쳐 왼쪽으로 굽어지는 모롱이를 돌아서자 저 만치 앞에 궤짝을 지게에 짊어진 사람이 걸어가고 있었다. 빠른 걸음으로 따라 잡아 보조를 맞추었다. 가까이 다가가서 보니 외가 동네에도 가끔씩 들르는 엿장수였다.

그는 퉁퉁한 얼굴에 사람 좋아 보이는 인상의 30줄 정도 되어 보였는데 나무상자 위에 엿판을 얹어 지게에 지고 이 마을 저 마을을 다니며 엿과 고물을 바꾸었다. 나는 동네아이들이 엿과 고물을 바꾸어 먹을 때 옆에 있다가 공짜로 얻어먹은 적도 있었다.

낯선 아이가 다가와 걸음을 맞추는 것도 그렇지만 계절에 맞지 않는 겨울옷을 입고 땀을 삐질거리는 모습이 이상했는지 엿장수가 말을 걸어왔다.

"니 어데 사노?"

"망양 사는데 예."

"근데 어데 간다꼬 이리 혼자 가노."

"부산 갈라꼬예."

"몇 살인데 니 혼자 부산까지 간단 말이고?"

이야기를 하며 계속 걸음을 걷던 엿장수가 온산삼거리 부근 커다란 버드나무 그늘 밑에 지게를 받쳤다. 목에 걸친 허연 광목 수건으로 땀을 훔친 그는 엿판을 열어 가위를 몇 번 철컹철컹 하더니 손가락만한 크기로 자른 엿을 내게 주었다. 그리고는 지게 목발 사이에 주저앉아 주머니에서 봉초 담배를 꺼내어 조그만 신문지에 말았다. 담배가 말린 신문지 끝자락을 혓바닥으로 침을 한번 묻히자 돌돌 말린 담배가 완성되었다.

불을 붙이고 깊숙이 연기를 빨아들인 후 내 뱉은 엿장수가 다시 말을 걸었다. "부산에는 와 가는데?" 나는 엿을 한 입 문 채 엿장수에게 외숙모에게 야단을 맞아서 누나가 있는 부산을 가려고 집을 나왔다고 말했다 . "부산은 우째 갈끼고, 기차 타고 갈끼가? 차표 끊을 돈은 있능기가?" 하고 물었다. 돈이 있을 턱이 없었다. 기어 들어가는 목소리로 '기차표 끊을 돈은 없고 걸어서 부산까지 갈낍니더.'라고 했다. 엿장수는 어이가 없다는 표정으로 나를 쳐다보더니 열두 살 꼬마 아이가 가기엔 며칠이 걸리는 먼 길이라며 그냥 외가로 돌아가라는 말을 했다.

"아니라예, 다시는 외갓집에 안갈끼라예!"

내가 단호하게 말하자 엿장수가 난처한 표정을 지었다.

"진짜로 꼭 부산에 가야 되겠나?"

"예! 진짜 갈끼라예."

"그라면 부산까지 걸어서 간다는 것은 며칠이 걸릴지 모르니까 내캉 남창역으로 가자, 내가 역까지는 데려다줄 테니 역에 가서 있다가 부산 가는 기차에 살짜기 올라타삐라, 그래가꼬 부산까지 가능긴기라, 만약에 차표가 없다고 걸리면 사정을 해봐라 그 수뿐이다."

그는 도둑 기차를 타라고 했다. 엿장수 말을 듣고 보니 그것도 괜찮은 것 같았다. 나는 고개를 끄덕였다.

역이 가까워 올수록 점차 걱정이 되었다. 처음 생각대로 며칠이 걸리든 걸어서 간다고 마음먹었을 때는 몰랐는데 엿장수 말대로 도둑 기차를 탄다고 생각하니 덜컥 겁이 났다. 표를 사지 않고 역을 통과하기도 어렵고, 기차에 올라탄다고 해도 승무원에게 들키지 않고 부산까지 가기는 어려운 일이었다.

점심때가 훨씬 지나서인지 연신 뱃속에서 꼬르륵 소리가 났다. 외갓집을 나온 것이 후회가 되었다. 그렇지만 이미 발걸음을 내디뎠고 다시 돌아갈 수는 없는 상황이었다. 엿지게를 진 엿장수의 느릿한 발걸음에 맞추어 터덜터덜 힘없는 걸음을 걸을 때였다. 굴만디 위로 자전거 한 대가 나타나더니 내려오고 있었다. 외가동네 혜옥이 아버지였다.

혜옥이는 나하고 동갑인 여자아이였는데 혜옥이 아버지는 외가동네에서 유일하게 자전거를 가지고 계신 분이었다.

동네에서 마주칠 적마다 '안녕하싱교, 진지 드싯능교' 하고 꼬박꼬박 인사를 했고, 그때마다 근엄한 표정이었지만 '오이야' 하고 답을 해주었던 분이다. 혜옥이 아버지는 내가 외갓집에서 더부살이를 하고 있다는 것을 잘 알고 있었다.

자전거가 가까이 다가왔을 때 평소와 같이 고개를 꾸벅 숙이며 인사를 했다. "어르신 장에 댕겨 오시능교?" 혜옥이 아버지도 나를 보고는 자전거를 멈추며 "오이야, 어데 가능기고?" 하고 물었다. 아무 대답을 못하고 우물쭈물 하고 있을 때 "이 더븐 날에 옷을 그리 입고 어데 가능기고?" 재차 물으며 나랑 엿장수 얼굴을 번갈아 쳐다보았다. 옆에 있던 엿장수가 대신 이야기를 했다.

"야가 돈도 없이 부산으로 간다카네요."

길이 먼 부산까지 갈려면 걸어가는 것 보다 기차를 타고 가는 게 좋을 것이라는 것과 도둑기차를 태우기 위해 역까지 데려다 주는 길이라고 이야기를 했다. 이야기를 들은 혜옥이 아버지의 인상이 변하더니 냅다 엿장수에게 야단을 쳤다.

"아무것도 모리는 아가 집을 나와가 부산을 간다고 하면 달래서 집으로 돌려보낼 생각을 해야지 뭐라고? 도둑기차를 타고 가라꼬 갈키줏단 말잉교? 그기 어른이 되갖꼬 할 말잉교?"

"내가 집에 가라고 캐도 야가 안 갈라캐서……."

말끝을 흐리는 엿장수를 혜옥이 아버지는 "보소 당신 그마 가소." 소리쳤다. 야단을 맞은 엿장수는 황급히 그 자리를 떠났다. 이제는 혜옥이 아버지와 단둘이만 남게 되었다. 혜옥이 아버지가 내 팔을 잡으며 말했다.

"니가 혼자 어딜 간단 말이고, 집에 가자."

"아니라 예, 안 갈끼라예."

내가 고개를 푹 숙인 채 잡힌 팔을 슬며시 빼려고 했다. 그러자 혜옥이 아버지의 표정이 근엄하게 변하며 호통을 쳤다. "어디서 안 간단 말이고? 어른이 가자하믄 냉큼 따라 와야제, 빨리 자전거에 타라" 야단을 듣고 순순히 자전거 짐칸에 올라탔다. 자전거는 신작로 자갈길을 덜컹거리며 달렸다. 내가 두 시간이 넘도록 걸었던 길을 자전거는 금방

달려 외가동네에 도착했다. 타작마당에 나를 내려준 혜옥이 아버지는 빨리 들어가라는 말을 남기고는 동네 안쪽으로 사라졌다.

막상 타작마당에 도착은 했지만 갈 곳이 없었다. 호기롭게 집을 나왔지만 다시 집으로 들어간다는 건 부끄럽고 자존심이 허락하지 않았다. 그렇다고 다시 부산으로 가야겠다는 생각은 더욱 없었다. 며칠 동안 걸어서 부산까지 간다는 게 생각처럼 쉬운 게 아니란 것을 알았고 도둑 기차를 탄다는 것도 용기가 없었다. 집으로 들어갈 수도 없고 부산으로 갈 수도 없고 진퇴양난이었다.

그 자리에 서서 잠시 동안 망설이고 있는데 외갓집 앞 골목에서 인기척이 들렸다. 행여 외갓집 식구들에게 들킬까봐 타작마당 옆에 있는 보리밭으로 황급히 뛰어 들어가 몸을 낮추었다. 앞집 재춘이 엄마가 커다란 소쿠리를 옆에 끼고 골목을 나오는 소리였다. 다른 사람들에게 들키지 않은 것에 안도를 하며 보리밭고랑에 쪼그려 앉아 몸을 감추었다.

한참을 보리밭에 쪼그려 있으려니 다리도 저리거니와 두 겹이나 껴입은 옷이 몹시 불편했다. 바지를 버리더라도 밭고랑에 엉덩이를 대고 주저앉았다. 배에서는 연신 꼬르륵 소리가 났다. 시간은 흘러 저녁때가 되었다. 햇살의 따가움이 약해졌다. 왜 집을 나왔는지 후회가 막급했다.

밭고랑에 잠깐 졸고 있을 때였다. 타작마당 쪽에서 "병호야이! 병호야이!"하고 부르는 소리가 들렸다. 언뜻 정신을 차려 보니 외할머니가 타작마당에 서서 보리밭 쪽을 향해 나를 부르고 있었다. 나를 찾는 외할머니를 보자 반가운 마음에 얼른 일어나서 달려 나갔다.

(2015. 6. 20)

쇠뭉치를 훔치다

"이 새끼들 거기 안서나?"

뒤통수에서 고함소리를 들으며 마산 중앙극장에서 서성동으로 내려오는 내리막길을 고꾸라질 듯 내리 뛰었다. 길 양옆으로 술집과 식당들이 즐비했고, 중간 중간 헌책방과 잡화상의 네온과 간판불이 도로를 환히 밝히고 있었다.

후다닥 뛰는 아이를 보고 일부는 비켜주기도 했지만 간혹 길 가던 사람들과 부딪히기도 했다. 내리막을 달리는 소리가 양 길가에 부딪혀 금방이라도 목덜미를 낚아채는 것 같은 느낌이 들었다. 한 이백여 미터를 달려 내려오다가 허름한 술집 모퉁이를 돌아 골목길로 숨었다. 담벼락을 한손으로 잡고 턱까지 차오르는 숨을 고르며 뛰어온 길을 조심스레 빠끔히 내다봤다. 아무도 따라오는 사람이 없었다. 지나가던 행인들이 쫓기는 듯한 내 몰골이 이상한 듯 힐끗 눈길만 주고 갈 뿐이었다. 그제야 마음이 놓여 정신을 차렸다. 온몸이 땀으로 젖었고 오른쪽 고무신 엄지부분이 찢어져 발가락이 삐쭉 나와 있었다. 낡은 부분을 실로 꿰매어 신고 다녔는데 도망치다보니 또 뜯어진 모양이다. 그러나 그렇게 뛰었음에도 발단이 된 쇠뭉치는 버리지 않고 계속 들고 있었다.

큰형의 사업은 완전히 실패하여 이미 더 내려갈 곳이 없는 듯했다. 이미 망해버린 것을 알고 있었기에 거래처에서 납품대금을 받아내기는 어려웠다. 부산에서 이사 올 때 가져온 것 중에서 이미 돈이 되는 것은 모두 처분을 했고, 몇 차례 내다 팔 때마다 소중하게 보관했던 형님, 누나의 상장 뭉치들까지도 몇 권의 책과 함께 팔아서 얼마간의 양식을 장만했다. 그때쯤 나와 작은 누나는 길거리에 담배꽁초를 주우러 다녔다. 3.15회관 주변이나 부림시장 초입에 가면 담배가루를 나무됫박으로 파는 노점상들이 있었다. 꽁초를 까서 필터와 종이를 분리한 다음 담배가루를 가져가면 얼마간의 돈을 주었다.

그날 사건은 이렇게 시작이 되었다. 해가 지고 어두워지자 평소와 같이 집을 나섰다. 3.15 회관을 거쳐 시외버스 터미널 쪽으로 방향을 잡았다. 버스 터미널 부근은 사람들의 왕래가 많아 담배꽁초가 많은 편이었다. 대합실을 거쳐 터미널 뒤쪽 정비소 부근을 지날 때쯤 정비소 앞에 내 팔 길이 정도 되는 시커먼 물체가 보였다. 가까이 다가가서 보니 기다란 쇳덩이였는데 그때는 몰랐으나 자동차 쿠션역할을 하는 평 스프링 조각이었다. 아마도 정비소에서 부러진 스프링을 교체하며 바닥에 떨어뜨린 모양이었다.

순간, 가슴이 쿵닥거렸다. 그간 누나랑 그릇이며 책들을 팔러 헌책방이나 고물상 출입을 수차례 하였기에 저 쇠뭉치를 팔면 제법 돈을 받을 수 있고 우리 식구가 몇 끼를 해결할 수 있는 봉지 보리쌀이라도 살 수 있다는 것을 알기 때문이었다. 주변을 둘러보니 보는 사람이 아무도 없었다. 얼른 주웠다. 제법 묵직한 무게가 느껴졌다. 누가 눈치챌까봐 뛰지는 못하고 잰 걸음을 하였으나 궁둥이가 오리처럼 뒤뚱거렸다.

기쁜 마음에 담배꽁초 줍는 것도 중단하고 집으로 향했다. 금덩이를 주운들 이리 좋을까. 걸어가는 발걸음이 날아갈 듯 가벼웠다. 시외버스정류소를 벗어나 중앙극장과 3.15회관 가는 길이 만나는 삼거리쯤에 왔을 때였다. 갑자기 누군가가 "야, 임마!" 하면서 바지 뒤춤을 움켜잡았다. 깜짝 놀라 뒤돌아보니 "너 이 새끼 이거 어디서 훔쳤어?" 하며 다짜고짜 뒤통수를 때렸다. 내가 겁이 잔뜩 들어 "훔친 것 아인데예, 저 앞에서 주운 것인데예" 라고 말하자, "이 새끼가 어디서 거짓말이고!" 하면서 또 뺨을 때렸다. 눈에서 불이 번쩍 일며 정신이 얼얼했다. "이 새끼 따라와!" 하면서 나를 끌고 갔다. 잔뜩 겁을 먹은채 따라간 곳이 중앙 극장 옆 골목이었다. 그 곳에는 이미 15~6세쯤 되어 보이는 아이들 4명이 붙잡혀 와 있었고 스무 살쯤 되어 보이는 청년이 아이들을 윽박지르고 있었다. 나중에 안 것인데 이들은 시외버스터미널 일대를 주 무대로 하는 소매치기들이었다. 길거리를 배회하거나 행색이 초라한 아이들을 노려 소매치기단에 넣고자 끌고 온 것이었다.

먼저 끌려온 4명과는 달리 열 살짜리 조그만 꼬마를 끌고 오자 그 청년이 눈살을 찌푸리며 "야 인마! 뭐 이런 쬐끄만 거를 델꼬오노." 하고 인상을 썼다. 나를 포함한 다섯 명이 담벼락에 일렬로 섰다. 그때 나를 끌고 온 소매치기가 핀잔을 받아서일까 "똑 바로 안서나 이 새끼들아!" 하며 먼저 온 아이들의 배를 주먹으로 사정없이 때렸다.

갑자기 배를 맞은 아이들 몇은 주저앉기도 했지만 한 명이 그 소매치기에게 달려들었다. 맞고만 있을 줄 알았다가 의외의 반항에 그들은 당황했고 순간 잡혀와 있던 아이들이 사방으로 튀었다. 그 틈에 나도 냅다 뛰었다. 당황한 소매치기들의 "이 새끼들 거기 안서나!" 하는 고함소리를 뒤로 들으며 죽을힘을 다해 뛰었다.

골목길에서 주변을 살피며 조심조심 나왔다. 몇 차례 얻어맞아 빰이 아팠지만 문제 되지 않았다. 소매치기들에게 들키지 않고 집으로 가느냐가 중요했다. 쇠뭉치를 몸에 바짝 붙여 걸을 때 최대한 보이지 않게 하고 골목골목으로 숨어가며 집으로 향했다.

도망친다고 전력을 다해 뛰었기에 발에 땀이 나서 고무신이 미끈거리는데다 터진 오른쪽 신발 때문에 걸음걸이가 부자연스러웠다. 걸음을 내딛는 발가락에다 고무신을 걸어 '휙' 던지니 저만치 날아가서 떨어졌다. 맨발로 땅바닥을 걸으니 미끈거리는 땀이 없어져, 잠시지만 걷기가 수월했다.

멀리 사창가 술집과 여관 간판불이 보였다. 여관까지만 가면 그 모퉁이 골목 중간쯤에 우리 집이 있었다. 골목길을 돌아서 다시 한 번 큰길 쪽을 빠끔히 내다보니 아무도 따라오는 사람이 없었다. 골목중간 가로등 불빛 밑을 지나며 쇠뭉치를 내려다보았다. 쇠뭉치의 무게가 배부르게 느껴졌다.

(2014. 4. 5)

소풍

그날따라 삶은 고구마가 일찍 다 팔렸다. 도매상에서 받아온 뻥튀기도 모두 다 팔려 누나의 바지 주머니가 불룩해 보였다. 열세 살 어린 여자애가 고구마를 삶아 팔 생각을 했을까. 장사를 하게 된 동기는 가난 때문이었다. 어머님이 돌아가시자 큰형은 부산 집을 정리하고 마산으로 이사를 했다. 그리고 형님친구의 소개로 의료약품 도매업을 시작했지만 일 년도 되지 않아 사업은 실패했고 둘째형은 군 입대를 했다. 셋째형과 큰누나는 부산 공장으로, 친척집으로 떠나버리고 마산에는 큰형과 열세 살, 열 살이던 작은누나와 나 이렇게 세 명만 단칸방에 남게 되었다. 그러나 큰형은 며칠씩 집을 비우기 일쑤여서 대부분의 시간을 누나와 나 둘만 있었다.

당시 나는 마산고등학교 부근 완월초등학교에 다녔다.

학교에서 소풍 가는 날이 발표되었다.

"누부야, 우리학교 소풍간단다."

"우짜노, 오빠야도 없는데……."

그동안 '우리 오빠야 오면 갚아 드릴께예.' 하고 외상으로 가져다 먹은 동네 가게에서는 노골적으로 눈총을 받고 있었고, 하루 두 끼도 못 먹는 형편이었기에 소풍은 먼 나라 이야기였다. 혹시 큰형이 오면 소풍을 갈 수 있을까 싶어 밤늦도록 기다렸지만 큰형은 오지 않았다.

마산으로 이사를 오면서 나는 3학년으로 전학을 했지만 초등학교 5학년인 누나는 전학을 하지 않았고 그것으로 학교는 끝이었다. 그래서일까 동생의 소풍은 꼭 보내 주고 싶었나보다. 가게에서 외상으로 고구마를 받아다가 집에서 삶았다. 그리고는 집 앞 골목길 모퉁이에 사과궤짝에다 보자기를 깔고 그 위에 삶은 고구마를 올려놓고 팔기 시작했다.

당시 우리가 세 들어 살던 동네는 마산 서성동 3.15회관 철길 부근이었는데 밤이면 빨간색 조명을 켠 조그만 술집들이 도로를 따라 빽빽이 있었다. 그 뒷골목에 마산하숙, 영이여인숙 등의 간판이 즐비했다. 지금 생각하면 말이 술집이고 하숙이지 사창가였다. 그래서 손님들은 오후 늦잠에서 깬 부스스한 얼굴의 아가씨들이 대부분이었지만 의외로 장사가 잘되어 뻥튀기 과자도 같이 팔았다. 이렇게 며칠을 팔자 외상으로 가져온 고구마 값을 갚고도 얼마간의 돈이 모였다.

소풍 전날이었다. 소풍을 갈 수 없다는 생각에 심드렁하니 튀어나온 입을 하고 방바닥에 벌렁 누워 있는데 작은 누나가 불렀다.

"호야 가자."

"어데 가는데."

"니 내일 소풍 가는 날 아이가?"

"맞다, 와?"

"시장가자. 소풍 가구로."

나는 벌떡 일어났고 입이 귀에 걸렸다. 그길로 누나 손을 잡고 폴짝폴짝 깨금발까지 뛰면서 장을 보러 나섰다. 소풍을 갈 수 있다는 기쁨에 발장단도 쳤다. 시장을 몇 바퀴를 돌면서 사과도 사고, 살까 말까, 들었다 놨다 하다 감도 몇 개를 사고, 사이다 한 병, 건빵 한 봉지도 샀다. 그 외에도 몇 가지를 더 사가지고 와서 밤늦도록 소풍 보자기를 묶었다 풀었다 했는데 정작 소풍은 어디로 갔는지 기억이 안 난다. 얼마 후 누나와 헤어지게 되어 그 소풍이 내 유년 시절의 마지막 소풍이 되었다. 그때 시장에서 샀던 사과, 사이다, 건빵들은 어려움 속에서도 오누이의 정을 이어가려고 했던 작은 누나의 애틋한 정이 아니었을까 싶다.

그 열세 살 누나가 이제는 아들, 딸 모두 출가를 시켰지만 지금도 식당일을 하고 있다. 이번 일요일은 만사 제쳐놓고 누나 집에 가서 소주 한 잔하고 짐짓 취한 척 "누부야!" 하고 한번 매달려 봐야겠다.

(2014. 3. 17)

세 번의 기도

1. 누이의 차멀미

"하느님 아부지! 제발 작은 누부야가 토하지 않도록 해 주시이소. 작은 누부야가 토하지 않도록 해주신다면 앞으로 교회에도 잘 나가고 주일학교도 열심히 다니겠습니더."

누이는 13살이고 나는 10살이었다. 버스가 출발하고 나서 얼마 후부터 얼굴이 노래져 가지고 연신 머리를 앞으로 숙였다 폈다하며 괴로워했다. 눈은 퀭하니 움푹 들어가 풀기마저 빠져 있었다. 어지러움을 호소했다. 속에 반란이 일어난 듯 배를 잡고 어찌할 바를 몰랐다. 뭔가 불길한 예감이 다가왔다. 생전 처음으로 하느님에게 간절한 기도를 올렸다. 이때처럼 간절하게 기도를 올린 것은 처음이었다.

사업에 실패한 큰형은 어느 날 작은누나와 나에게 옷가지가 든 조그만 보따리를 들게 한 후 부산으로 가는 시외버스에 태웠다. 부산 삼촌집에 먼저 가서 있으면 이 곳 일을 마저 정리하고 보름 후에 우리를 데리러 오겠다고 했다. “서면 못미처 광무교 부근에 있는 시외버스 정류소에 내려서 하천을 따라가면 삼촌집이 있는 거 알제?” 하는 큰형의 다짐과 함께 내 손에는 건빵 한 봉지가 들려졌고, 작은누나에게는 버스표와 50원짜리 지폐가 한 장 쥐어졌다.

버스에 오르자 둘이 같이 앉을 자리는 없었고 출입구 앞쪽의 일인승 의자만 1개가 비어 있었다. 의자에는 내가 앉고 누나는 바로 옆 엔진커버에 걸터앉았다. 나는 모처럼 타는 버스에 은근한 흥분이 되어 있었다. 버스는 마산 시가지를 벗어나 꼬불꼬불 고갯길로 접어들었다.

차창 밖으로 보이는 산에는 울긋불긋 진달래가 만발해 있었다. 정류소를 몇 군데 더 들렀고 그때마다 사람들이 올라타서 버스 안이 제법 붐비기 시작했다. 누나가 앉은 엔진 커버에도 두어 사람이 더 엉덩이를 걸치고 앉아 있었다.

창원을 벗어날 때부터 말이 없고 불편해하던 작은 누나가 ‘호야, 자리 좀 바꾸자, 속이 이상하다’ 해서 쳐다보니 차멀미로 얼굴이 창백해져 있었다. 얼른 자리를 바꾸어 앉았다. 그 순간에도 버스는 부르릉 굉음을 내며 비포장 국도를 덜컹거리며 달리고 있었다.

시간이 지날수록 작은누나의 멀미 상태는 더욱 심해져갔다. 앞좌석 등받이에 머리를 숙였다가 한숨을 내쉬며 머리를 들고 하는 폼이 여간 괴로워하는 것 같지 않았다. ‘누부야가 여기서 토하믄 우짜노, 큰일이다. 이 사람 많은데서.' 내가 걱정스레 물었다. "괜찮나?" 얼굴이 노래진 누나가 죽겠다며 힘들어 했다. 한 시간을 더 넘게 달렸을 게다. 버스가 진영 정류소에 도착했다. 10분 후에 출발할 것이니 변소 다녀올 사람은 시간 맞춰 오라는 소리에 밖으로 나왔다. 버스 뒷 타이어 옆에 쪼그려 앉아 연신 헛구역질을 해대는 작은누나 옆에서 나는 아무것도 할 수없이 멀뚱히 서 있었다.

그때도 진영은 단감이 많이 났던 모양이다. 대여섯 개씩 묶은 단감 꾸러미를 팔러 다니던 아주머니가 쪼그려 앉아 헛구역질을 하는 누나를 보며 "아이고 야가 멀미를 하는가베. 야야, 니가 누부야 등을 좀 두드려 주거라."고 하는 말에 누나 등을 토닥토닥 두드렸지만 별반 차도는 없었다.

다시 버스는 출발했다. 사람들은 더욱 많아져서 누나가 앉아있던 옆자리까지 서서가는 사람들이 생겼다. 진영을 출발한 지 얼마 지나지 않았을 때였다. 누나의 얼굴은 더 창백해졌고 누나가 토하지 않게 해 달라는 나의 기도도 간절해졌지만 결국 '우웩'하는 소리와 함께 누나는 한 무더기의 토사물을 토하고 말았다.

오물이 이곳저곳으로 튀었고 순식간에 냄새가 버스 안에 퍼졌다. 사람들은 눈살을 찌푸리며 옆으로 물러섰다. 참으로 난감했다. 허탈했다. 내가 그렇게 간절하게 기도를 했는데도 기어이 구토를 하다니, 간절하게 기도를 하면 하나님이 다 들어주신다고 주일학교 선생님께서 말씀 하셨는데…….

분비물은 누나 옆에 서있던 군인의 빛나는 군화 위에 집중적으로 토해졌다. 토사물을 덮어 쓴 군인은 처음에는 얼른 발을 빼더니만 곧 운전석 옆에서 걸레를 가져와 신발과 바닥을 닦았고, 봉지를 가져와서 작은누나에게 주며 등을 두드려 주었다. 작은누나는 멀미와 부끄러움에 귓불까지 빨갛게 되었고 나는 옆에 앉아서 누나의 멀미가 그치기를 기다리는 것 외에 할 수 있는 것은 아무것도 없었다. 지겨운 차멀미는 계속되고 버스는 오랫동안 달려가고 있었다.

2. 형님을 기다리며

어떻게 삼촌 집으로 찾아갔는지 모르겠다. 삼촌 집은 서면시장에서 채소장사를 하는 삼촌, 숙모, 경호, 영호 형과 나와 동갑인 진호, 아래로 동생인 정희, 정임이 등 5남매였다. 난데없이 찾아온 우리를 보고 삼촌과 숙모는 참으로 기가 막혔을 듯하다.

"큰 오빠야가 보름 후에 정리하고 데리러 온다 카데예."

"오기는 뭘 와, 보름 후에 올 놈이 아 들을 이리 보낸다 말가? 두고 봐라 오는가 봐라."

작은 누나의 말에 삼촌이 화가 나서 고함을 질렀다. 작은누나랑 나는 죄인이 되어 겁을 잔뜩 먹고 고개를 푹 숙이고 있었다. 나는 이즈음부터 밤에 잠을 자다 오줌을 싸는 것이 부쩍 잦아졌다. 밤에 오줌을 싸지 않으려고 저녁때는 아예 물을 먹지 않았고 잠이 들지 않으려고 모두가 잠든 깜깜한 밤에도 눈을 부릅뜨고 있기도 했다.

그러다 깜박 잠이 들면 아차 잠이 들었구나 하며 눈을 뜨곤 했지만 결국은 얼마 못가서 잠이 들곤 했다. 그렇게 조심을 했음에도 불구하고 일주일에 한 번 꼴로 일어나 보면 등이 축축할 정도로 오줌을 쌌고 흠뻑 젖은 요와 이불을 내다 널며 애꿎은 누나까지 죄인이 되었다. 그때마다 나는 큰형이 올 날을 손꼽아 기다렸다.

드디어 삼촌 집에 온 지 보름째 되는 날이었다. 그 즈음 삼촌 집에서 밥이나 설거지 등 간단한 부엌일은 작은 누나가 했다. 숙모가 새벽시장에 나가야 하기 때문이었다. 아침밥을 푸며 누나는 큰형이 오면 먹을 밥으로 제일 위에 보리쌀이 덜 섞인 밥을 한 그릇 가득 퍼서 보자기로 돌돌 감아 아랫목 이불 속에다 묻었다. "누부야, 빨리해라." 내가 아침 설거지를 하는 누나를 계속 재촉했다. 빨리 시외버스 정류소에 큰형 마중을 나가자고 보챘다.

그 무렵 큰 어머님이 삼촌 집에 와 계셨다. 큰 어머님은 젊어 혼자 되어 가까운 일가 집에 며칠씩 의탁을 하곤 하셨는데 그때도 삼촌 집에 오셔서 우리와 함께 있게 되었다. 큰형의 밥그릇을 이불 속에 묻는 누나를 보며 '글씨, 올라나 에그 쯧쯧.' 하며 혀를 끌끌 찼다.

삼촌 집에서 걸어 10여분 거리에 있는 광무교 앞 시외버스 정류소는 간이 정류소였다. 살랑살랑 부는 봄바람을 맞으며 작은누나 손을 잡고 형을 마중 나가는 발걸음이 솜털같이 가벼웠다. 형을 만나서 무얼 하겠다는 생각은 없었다. 형만 만나면 예전처럼 큰누나, 작은누나, 형들이랑 모여 살 수 있을 것으로 생각했기 때문이었다.

시외버스는 빨간색이었다. 정류소에 도착해서 오직 빨간색 버스가 나타나기만을 눈에 힘을 주고 지켜봤다. 오래지 않아 저 멀리서 버스가 나타났다.

“누부야, 저기 버스 온다. 저거 시외버스 맞제?”

내가 누나를 쳐다보며 손으로 버스를 가리켰다.

“그래, 맞다.”

누나도 상기된 목소리로 맞잡은 손에 힘을 주며 말했다. 점점 가까이 다가온 버스는 시외버스가 맞았다. 그런데 이상했다. 정류소에 정차를 하려면 속력을 줄여야 하는데 가까이 다가오면서도 속력을 줄이지 않더니 그냥 지나쳐 가버렸다. 아마도 간이 정류소다 보니 내릴 사람이 없어서 그냥 통과한 모양이었다. 누나와 나는 지나가 버린 버스 뒤꽁무니를 물끄러미 쳐다보았다.

“저차는 여기 대는기 아잉갑따.”

“그런갑따.”

내 말에 누나가 버스 뒤꽁무니에서 아쉽게 눈을 돌리며 말했다. 잠시 후 또 한 대가 나타났다. 이번에는 정차를 했고 우리는 뚫어져라 문을 쳐다봤다. 이윽고 문이 열리고 내린 사람은 한복 두루마기를 입은 영감님과 젊은 남녀 두 사람이 전부였다. 큰 형은 없었다.

‘그래 아직 아침 아이가, 이 시간에 부산에 도착할라믄 마산에서 꼭 두새벽에 출발해야 하는데 택도 없다. 아직까지 마산에서 출발을 안 했을 수도 있능기다.’ 이렇게 생각을 하니 마음에 한결 여유가 생겼다. 시외버스는 계속 오고 갔다. 버스가 도착할 때마다 문을 뚫어져라 쳐다봤지만 형의 모습은 없었다. 어느덧 점심시간을 훨씬 넘기고 있었다.

"누부야 배 고푸다."

내가 작은 누나를 쳐다보며 찡그렸다. 오래전부터 배가 고팠지만 큰형이 오면 같이 먹으려고 참고 있었는데 시간이 너무 지나 버렸다.

"호야 집에 가서 밥 묵고 다시 오자."

내가 보채자 누나가 말했다. 우리가 없는 사이 큰형이 오면 어쩌나 걱정되었지만, 우리도 찾아왔는데 어른인 큰형이 못 찾을까 생각하며 돌아와 늦은 점심을 먹었다. 허겁지겁 밥을 먹는 동안에도 행여 형이 올까 귀에 신경을 곤두세우며 기다렸지만 형은 오지 않았다. 한편, 마음속으로는 다행이다 싶은 생각도 들었다. 마산에서 먼 길을 오는데 마중 나와 기다리지도 않고 우리끼리 밥을 먹고 있는 것을 보여주는 것은 결코 내가 원하는 바가 아니었다.

설거지 하는 누나를 채근하여 다시 정류소로 뛰었다. 오후에도 버스는 계속 다녔고 버스가 도착할 때마다 사람들이 내렸지만 그 속에 큰형은 없었다. 초조한 가운데 시간은 자꾸 흘렀다. 어느 듯 어둠이 내리고 있었다. 봄날의 짧은 해가 떨어지자 으스스 한기가 들기 시작했다. 그날 저녁 "그래, 내가 뭐라카더노? 안올끼다꼬 내가 안 카더나?"는 큰 어머니의 말씀에 "그래, 올 놈이 아 들을 이리 보낸단 말가!" 삼촌이 고함을 버럭 질렀다. 나는 삼촌의 역정을 들으면서도 큰형이 오늘 못 온 이유는 아직 마산에 일이 남아 있기 때문이라 생각했고 내일은 반드시 올 것이라고 생각했다.

다음날 아침, 누나가 또 밥을 한 그릇 퍼서 아랫목 이불 속에 묻을 때

나는 내 생애 두 번째의 간절한 기도를 했다. '하늘에 계신 하느님 아부지시여, 어제 큰형이 오기로 했는데 무슨 일이 있는지 안 왔습니더, 오늘은 꼭 오도록 해 주시이소.'

큰형이 온다고 한 다음 날, 그러니까 삼촌 집에 온 지 16일째 되는 날이었다. 전날보다는 기다리는데 여유가 있었다. 오늘은 반드시 큰형이 올 것이라는 믿음이 있었다. 어제는 피치 못할 사정으로 못 왔으니 오늘은 올 것이고 또한, 내가 하느님께 간절하게 기도했기 때문에 확실히 올 것이라 생각했다.

정류소 바로 옆에 광무교가 있었다. 다리를 경계로 윗부분은 복개가 되어 있었는데, 복개 지점의 하천은 족히 내 키의 서너 배나 높아 무서웠지만 아래를 내려다보며 물속으로 돌멩이를 던지는 여유까지 부리면서 곧 나타날 큰형을 기다렸다.

그러나, 오전 중에 가졌던 확신과는 달리 점심시간이 벌써 지났는데도 큰형은 나타나지 않았다. 수도 없이 많은 버스가 지나갔다. 버스 문이 열릴 때마다 뚫어져라 쳐다봤지만 큰형은 없었고 부산으로 오던 날부터 계속되던 삼촌의 말이 불길한 예감으로 다가왔다. '보름 후에 올 놈이 아(兒)들을 이리 보낸단 말가!' 결국 그날도, 다음날도, 그 다음날도 큰형은 오지 않았다.

3. 생이별

며칠이 흘러갔다. 삼촌 집에 온 지 한 달여가 다 되어 가는 어느 날 저녁이었다. 저녁을 먹고 잠시 졸았다. 꿈인 듯 생시인 듯 웅얼웅얼하는 소리가 점점 또렷해지더니 숙모의 목소리가 들렸다.

"우리도 아가 이리 많은데 언제까지 야들을 이리 둘낀교?"

"그럼 우짜겄노? 양순이는 저거 큰 이모한테 가 있고, 야들 전포동 이모도 그 집도 아 들이 많은데, 어이 참!"

숙모의 말에 삼촌의 탄식이 이어졌다. 잠이 확 달아났다. 작은 누나랑 내 이야기였다. 그렇지만 일어날 수가 없었다. 가만히 자는 척했다. 그날 이야기는 삼촌 집도 자식이 다섯이나 되는데 둘 다 맡을 수는 없다는 것이었다. 작은 누나는 밥도 하고 빨래도 할 수 있으니 삼촌 집에 계속 있도록 하고 나는 울산 외갓집으로 보내자는 이야기를 하고 있었다.

잠은 이미 천리만리 달아나 버렸지만 몸을 움직일 수가 없었다. 내가 자리에서 일어나 어색한 분위기를 만들어서는 안 될 것 같은 생각이 들었다. 정신은 말똥말똥 한데 눈을 꼭 감고 자는 척 하고 있으려니 온몸이 뒤틀렸다. 이가 있는지 몸이 가려웠지만 긁을 수도 없었다. 침 넘기는 소리가 들킬까봐 삼키지 못했고 숨소리도 크게 낼 수 없었다.

"그라모 내일 형수가 아를 저거 외가에 좀 데리다 주이소."

"야, 그라지요."

삼촌의 말에 큰 어머니가 대답했다. 이렇게 나는 작은누나와 떨어져 외갓집에 보내기로 결정이 되었다. 그날 저녁 세 번째 기도를 했다.

다음날 오후 늦은 점심을 먹었다. 누나는 다른 때보다 밥을 더 많이 퍼 담았다. 하느님은 이번에도 기도를 안 들어 주셨다.

'진짜로, 진짜로 인자 교회에 안 다닐끼다. 내가 교회를 가나봐라.'

나는 아무 말 없이 밥을 꾸역꾸역 퍼 넣었다. 밥맛도 모르고 그냥 삼켰고 몇 번이나 목이 메어 물을 들이마셨다.

울산으로 가야할 시간이 다가오고 있었다. 길도 없는 길을 가야 할 순간이었다. 막막한 겨울 들판에 홀로 선 기분이었다. 오전에 작은누나가 훌쩍이며 싸놓은 내 옷 보따리 위에 봄 햇살이 초라하게 내려 쬐고 있었다.

(2014. 6.7)

2부

푸르른 날

금표 · 은표

지게도 없이 허공 중에 간장통을 매달고 계단을 올랐다. 한 말을 옮기지만 몇 걸음 나아가자 한 섬처럼 어깨를 짓눌렀다. 승모근이 삐거덕거리고 신경이 떨어져나가는 것 같았다. 간장이라는 것이 단순히 시커먼 물이 아니었다. 햇빛과 물과 바람과 불이 녹아 있는 우주라는 생각이 들었다. 아니 지구라는 생각이었다. 어깨 위에서 자전을 하는지 계속 출렁거렸다. 내 발걸음보다 훨씬 빠른 속도로 돌아갔다. 돌고 도는 말 통의 꽁지에는 관성이라는 짐승이 달라붙어 더욱 나의 발길을 휘감았다. 이게 아닌데 하는 사이 놈이 앞서가고 나는 그를 쫓아가느라 종종걸음이었다.

어깨 근육이 무너지는 소리가 들렸다. 팔이 떨어져 나가려고 허공을 허우적거렸다. 그래도 가야만 했다. 가야만 사는 것이었다. 입에서 거품을 물고 그냥 가는 것뿐이었다.

머리가 빙빙 돌기도 하고 등줄기가 떨어져 나가는 것 같기도 했다. 이제 겨우 동네 초입계단을 올랐을 뿐인데 등줄기에 땀이 흥건히 고였다. 전신이 부르르 떨렸다. 다리에는 힘이 풀어져 무릎이 자꾸 꺾였다. 갈까 말까 생각 끝에 한 걸음 또 가 볼까. 오른 다리가 걸음을 옮기면 왼 다리가 몸을 회수했다. 휘청 또 휘청 계단을 올랐다. 마치 술에 취한 사람처럼 갈지자로 휘적휘적 나아갔다.

열아홉 살 즈음이었다. 야간학교를 졸업하려면 몇 개월은 더 학교를 다녀야 했다. 주간에는 무엇이던 벌이를 해야 하는데 학교를 다니며 일자리를 잡기가 쉽지 않아 전전긍긍하고 있던 때였다. 당시 우리 학급에 김복용이라는 학우가 있었다. 학우라기보다는 나보다 일곱 살 정도 나이가 더 많아 형이라고 불렀는데 그 형도 배움의 기회를 놓쳐서 우리랑 같이 공부를 했다. 복용이형은 졸업을 일 년여 앞두고 자퇴를 했다가 수업이 끝난 어느 날 학교에 나타났다. 오랜만에 복용이형을 만나 반갑기도 하여 친구들과 양정동 버스정류소 앞 분식집에 둘러앉았다. 형은 곧 결혼을 해서 살림집이 딸린 세탁소를 운영할 예정이라고 했다. 세탁소 개업 전에 지금 하고 있는 간장소매 장사를 인수받을 사람을 물색중이라고 했다.

그 이야기를 들은 내 귀가 솔깃했다. 내가 관심을 보이자 형은 내가 인수를 한다면 다른 사람보다 좋은 조건에 인계를 해주겠다는 제안을 했다. 그러면서 자기가 하고 있는 간장 장사에 대해서 이야기를 했다. 이야기는 급진전되었다. 거래처를 모두 넘겨주고 형이 받아야 할 외상값의 50% 수준에서 내가 모두 인수하는 것으로 결정을 보았다.

간장 운반용 짐자전거 한 대와 인수해야하는 외상값의 50%를 포함해서 당시 십만 원 이상의 자금이 필요했는데 문제는 내가 가진 돈이 전혀 없다는 것이었다. 할 수 없이 둘째 채호 형에게 도움을 요청했다. 장사를 해서 돈을 갚을 테니 자금을 융통해 달라고 했다. 이번만큼은 틀림이 없다며 며칠째 끈질기게 졸라 돈을 마련하여 이틀에 걸쳐 인수를 받았다.

제일 먼저 들른 곳은 간장 대리점이었다. 대리점에 들러 복용이형의 구역을 인수하게 되었다는 인사를 하고 물건을 구입하는 것이었다. 대리점은 부산진구청 뒤 조그만 단층점포에 있었는데 점포 출입문에 맞추어 가로로 제법 커다랗게 '오복간장 대리점' 이란 간판이 걸려있었다. 안으로 들어가니 시큼한 간장냄새와 함께 벽면 가득 20리터들이 간장통이 천정까지 빼곡히 쌓여 있었다. 그곳에서 대리점 사장에게 사정사정해서 소매를 할 수 있도록 승낙을 받았다.

그런 다음 복용이형의 거래처를 인수 받으러 나섰다. 서면에서 가까운 전포동부터 시작하자고 했다. 복용이형이 뒤에 탄 자전거를 운전해서 전포동 보생고무 건너편 철길 윗동네에 도착했다. 그곳부터 자전거는 더 이상 갈 수 없는 계단길이 나타났고 이때부터 본격적인 인수가 시작되었다. 복용이형이 주머니에서 조그만 수첩을 꺼내었다.

그것은 간장을 판 날자와 받아야 될 금액이 빼곡히 적혀있는 외상 장부였다.

'계단 둘째집 0월 0일 금표 한 되 2,000원', '빨간 대문집 0월, 0일 은표 한 되 1,000원', '영숙이 집 0월 0일 은표 2되 2,000원' 등 이렇게 복용이형만이 알 수 있는 방법으로 외상 장부가 기재되어 있었다. 그리고 구불구불한 골목 좌우의 집들을 지나며 이집은 은표간장, 몇 집 건너 저 집은 금표간장을 넣어야 된다는 식으로 하루에 걸쳐 전포동을 인계받았다.

다음날은 아침부터 저녁까지 거제리 정묘사 동네와 초읍동, 그리고 가야동까지 인계를 받았다. 가야동을 끝으로 인계를 마친 형은 '잘 알겠제? 그라믄 나는 가볼란다. 열심히 잘 해보거래이.' 하며 어깨를 한 번 툭 치고는 훠이훠이 가버렸다. 이틀에 걸쳐 달동네 4개동의 꼬불꼬불한 길을 돌며 이 집이 간장을 먹고, 다음 집도 간장을 먹고 하는 식으로 인계를 받으니 주마간산이 따로 없는 게 과연 내가 몇 군데를 받았는지 벙벙한 게 정리가 되지 않았다.

어쨌든 인계는 받은 것이고 다음날 아침 대리점문이 열리길 기다려 간장 두 말을 구입했다. 다른 종류의 간장들이 있었는지는 모르겠으나 금표간장 한 말과 은표간장 한 말을 구입했다. 은표간장 한 말은 5,000원에 구입해서 한 되에 1,000원에 팔고, 금표간장은 500원이 비싼 5,500원에 구입해서 한 되에 2,000원에 파는 것이었다. 복용이형도 금표가 마진이 높으니 금표를 많이 권하고 팔아야 된다는 귀띔을 하기도 했다.

간장 두 말을 자전거에 싣고 먼저 전포동으로 향했다. 그제처럼 계단아래에 자전거를 주차하고 한 말은 어깨에 메고, 한 말은 오른팔로 들고 계단을 올랐다. 그런데 나는 몰랐다. 간장 한 말이 이렇게 무거운지 정말 몰랐다. 말 통을 어깨에 멜 때부터 묵직한 무게가 전해져왔는데 그깟 간장쯤이야 하고 무시했던 나의 무지를 알아차리는데는 5분도 채 걸리지 않았다.

간장은 염도가 있기 때문에 한 말에 23㎏ 정도가 되었다. 간장 한 말을 어깨에 올린 다음 나머지 한 말을 한쪽 팔로 들고 허리를 펴려고 했는데, 내 의지와는 달리 몸이 일어서 지지가 않았다. 겨우 힘을 내어 걸음을 내디뎠다. 불과 열 계단을 올랐을 뿐인데 어깨를 짓누르는 무게와 팔 관절이 떨어져 나갈 것 같은 고통에 제자리에 멈추어 섰다. 별것 같아 보이지 않던 계단을 오르며 펴지지 않는 무릎 관절로 다시 몇 계단을 더 오르다 결국 동시에 두 말을 옮기는 무식한 짓을 포기하고 한 말씩 옮기기로 마음을 고쳐먹었다.

오르막에서 굴러 떨어질 것 같았다. 이를 앙다물고 한 발 한 발 올라갔다. 숨은 목구멍을 넘어와 코와 입을 들쭉날쭉이었다. 계단을 오르지만 어디로 가야할지 몰랐다. 어디가 어딘지 모르는 것이었다. 길이 끊어지고 판잣집이 나오고, 판잣집도 없는 낯선 골목에서 고립된 것 같았다.

그렇게 계단을 올라 계단 위 둘째집에 도착해서 대문을 열고 들어갔다. '계십미꺼? 간장왔슴미더. 간장 안삼미꺼?' 하고 소리를 질렀다. 그 집은 복용이형이 건네준 외상장부에 외상값이 4,000원이 있는 집이었다. 잠시 후 대문 옆 쪽문이 열리며 아주머니가 '어, 간장 장사가 바꿨네!' 하며 나왔다. 나는 고개를 꾸벅 숙이며 '예, 인자부터 지가 하기로 했어예.' 하며 인사를 했다. 아주머니가 '우짜꼬, 우리는 아직 간장이 있는데…….' 하며 말끝을 흐렸다. 내가 '아, 예 그라믄 담에 들리겠습미더.' 하고 돌아 나왔다. 외상값을 달라는 말은 입 밖에도 내지 못했다.

또 몇 집을 들렀다. 다닥다닥 붙은 데다 다들 비슷비슷하고 워낙 짧은 시간에 급하게 인계를 받아서인지 이 집이 저 집 같고, 저 집이 이 집 같고……. 도무지 어느 집이 간장을 받아먹는지 알 수가 없었다. 에라, 모르겠다 싶어 아무집이나 문을 밀고 들어가서 '간장 사이소, 간장 왔습미더.' 하며 소리를 질렀다. 문이 열리지 않는 집은 대문 밖에서 '간장 사이소.' 하며 고함을 질렀다.

이제 전포동에서는 마지막 한 집이 남아있었다. 주택지가 끝나는 곳에서도 30여분 산허리를 더 돌아 산비탈 아래에 있는 집이었다. 그 집은 은표를 먹는 집으로 외상도 5,500원이나 있는 집이었다. 동네가 끝나는 지점에 금표 통을 맡겨놓고 은표 통을 메고 산길로 접어들었다. 산길과 밭둑을 걷고 꼬부랑 모롱이를 두어 번 돌아 그 집에 도착했다. 천막에 판자를 얼기설기 덧대어 집이라기보다는 움막이었다.

'계십미꺼, 간장 왔어예.' 움막 나무판자문 앞에 간장통을 내려놓으며 소리를 질렀다. 그러자 안에서 '예.' 하는 소리가 들리며 나무문이 삐걱 열렸다. 뜻밖에도 스무 살쯤 되어 보이는 젊은 아가씨가 됫병 두 개를 들고 나오며 '엄마가 간장 장사가 올 때가 됐는데 안온다면서 기다렸어예, 간장장사가 오면 두되를 받아 놓으라고 했어예, 돈은 다음에 준다고 하데예.' 라고 했다.

나는 또 외상을 하면 외상값이 7,500원이나 되는데 잠깐 동안 속으로 망설였지만 어쩔 수 없었다. 외려 간장통의 무게를 줄일 수 있어 반갑기도 했다. 그렇게 점심시간을 훨씬 넘길 때까지 전포동 달동네를 돌아다녀 일곱 되를 팔았는데 그나마 네 되는 외상이고 현금을 받은 것은 세 되에 4,000원이었다. 이제 다시 전포동을 내려가기 위해서 간장통을 어깨에 메었다. 다시 간장 통이 흔들거리기 시작했다

계산상으론 일곱 되 16kg이 줄어들었으나 체감무게는 똑같았다. 남은 30kg 무게의 간장 통은 내 몸 밖으로 빠져나가려 역모를 했다. 간장은 좌우로 돌아갔고 나는 죽을힘을 다해 엉버텼다. 그렇게 몇십 미터를 걷다 쉬고 또다시 쉬고 하며 겨우 계단아래 자전거까지 도착했다.

자전거 뒤 짐칸에 걸터앉아 때가 한참 지난 도시락을 먹는 손이 덜덜 떨렸다. 그렇게 하루 동안 간장 한 말 13,000원어치를 팔았는데 그중 5,000원은 외상이고 현금은 7,000원뿐이었다. 인수 받은 외상값은 한 곳도 수금이 된 곳이 없었다. 하루를 마치고 가야동 집까지 자전거를 타고 오는데 영혼마저 지쳐 하늘이 노랬다.

다음날 아침 눈을 뜨니 온몸을 몽둥이로 맞은 것처럼 아파왔다. 몸을 돌려 눕기조차 힘들 정도로 근육통이 아렸지만 다시 자전거를 끌고 나왔다. 대리점에서 은표 한 말을 받아서 하야리야 부대 위 초읍동을 돌았고 오후에는 가야동 달동네를 돌아다녔다.

어느 곳이나 어제 전포동과 비슷했다. 밤이 이슥하도록 산기슭을 헤매고 다닌 결과 여덟 되를 팔았고 그 중 두 되는 외상이었다. 외상값은 단 한 곳도 받지 못했다. 일주일 정도가 지나자 온몸을 괴롭히던 근육통은 서서히 사라졌으나 간장통 무게는 여전했다.

사전 치밀한 준비 없이 시작한 장사의 끝은 뻔했다. 두 달 가까이 간장 통을 짊어지고 달동네를 헤매고 다녀 평균 하루에 한 말 가량을 팔았다. 외상만 없다면 마진이 6~70%정도가 되었기에 해볼 만했으나 하루에 두세 되 가까이 팔려 나가는 외상이 문제였다. 복용이형에게 받은 외상값은 한 달 동안 단 한 곳도 수금이 되지 않았다. 한 집에서 간장 한 되를 사면 보통 보름이나 한 달 정도 먹는데, 한 번 더 외상을 하면 두 달이 후딱 지나가 버렸다. 한 달 치 간장 값 1,000원을 외상으로 먹는 사정이 오죽하겠냐 싶었지만 외상을 하는 집이 또 외상을 했다.

처음 한 달은 그럭저럭 버텨나갔으나 두 달째부터는 힘이 들었다. 일요일도 없이 장사에 매달린 결과 하루에 한 말씩 한 달에 40만원 넘게 팔았으니 계산상으론 20만원이상 남아야 했지만 이중 2~30%정도가 외상으로 깔리다보니 두 달여가 지나자 자금이 모두 바닥나버려 대리점에서 물건을 받을 수가 없었다. 그렇다고 또다시 돈을 융통해서 물건을 받는다고 해도 얼마 안가 외상으로 소진이 될게 불 보듯 뻔한 일이었다.

결국 간장 장사를 시작한 지 두 달여 만에 장사를 접었다. 복용이형처럼 적당한 사람에게 장사를 넘기려고 했으나 내 주변에는 인수를 받을 사람이 없었다. 그렇게 정리를 하고 나니 남은 것은 간장 여섯 되와 짐자전거 한 대, 그리고 받을 길 없는 외상장부 한 권과 아무도 눈길 주지 않는 금표, 은표 간장같이 새까맣게 타버린 얼굴의 쉰내 나는 내 몸뚱이가 전부였다.

(2015. 1. 12)

내 친구 김부태

당감동 화장장은 36명의 훈련병들을 화장하느라 하루 종일 매캐하고 누릿한 냄새가 진동을 했다. 시간에 쫓긴 인부들이 미처 화장이 끝나지 않은 채 주검을 화장로에서 끄집어내었다가 다시 로에다 넣는 일이 일어나기도 했다. 부태는 제일 늦게 도착하였기에 화장도 제일 마지막 순서였다.

저녁 9시가 훨씬 지났을 무렵 화장로에서 나와 수습실로 가는 유골 받침판을 뒤따라가는데 덜덜거리는 받침판에서 새끼손가락만한 뼛조각이 바닥에 툭 떨어지며 두 동강으로 부서졌다. 내가 얼른 집어서 받침판에 던져 넣었는데 무척 뜨거웠고 집었을 때 손가락에 쩍 들어붙었다. 아니 부태가 내 손을 잡으려는 것인가. 저승으로 가는 길에 나를 보고 반기는 것인가.

화장로의 쇠문이 서서히 열렸다. 내 친구 부태가 한 줌 재로 돌아오고 있었다. 저승 문이 열린 것이다. 화장 인부가 기다란 갈고리로 쇠바퀴가 달린 운반수레에 관 길이보다 조금 더 긴 유골받침판을 얹어 끌고 나왔다. 쇠바퀴가 시멘트 바닥을 굴러가는 소리는 부산 당감동 화장터의 높은 천정에 부딪혀 공명이 되어 쩡쩡 울렸다. 잦아들던 통곡소리가 화장되어 나온 유골을 보고 다시 커졌다.

"아이고 부태야! 우짜노!"

내가 어린 시절의 유일한 친구 김부태를 만난 건 부산 가야동의 자물쇠를 만드는 공장인 '가야금속'에서였다. 부태는 고향 경산에서 중학교 1학년을 다니다 친형이 일하고 있던 가야 금속에 입사를 했다. 나는 자물쇠에 일련번호를 펀치로 새기는 작업을 하였고, 부태는 도금부서에 근무를 했는데 동갑에다 비슷한 처지에 우리 둘은 금세 친해졌다.

나는 누나 둘과 공장 부근에서 자취를 했지만, 부태는 친형과 함께 공장 기숙사에서 생활을 했다. 점심시간이면 둘이 머리를 맞대고 윷놀이, 끝말잇기 등등의 놀이를 했고 한 달에 두 번 있는 휴일에는 온종일 서면으로 남포동으로 돌아다니다 허름한 극장에서 2본 동시상영 영화를 보는 것으로 보냈다.

그때만 해도 나는 공부를 한다거나 책을 가까이 해야겠다는 생각은 전혀 하지 못했기에 작은형이 사다준 중학강의록도 몇 달째 첫 페이지에서 다음 장으로 넘어가지 못하고 있었다. 어느 날 부태가 말했다.

"병호야, 우리 학원 함 안 가볼래?"

"무슨 학원?"

"응. 중학교 과정을 가르쳐 주는 데가 서면에 있다더라. 우리 형이 알아보고 왔는데 거기서 공부하믄 나중에 검정고시를 볼 수 있다더라."

썩 내켜하지 않는 나를 부태는 끈질기게 졸라댔다. 그렇게 해서 찾아간 곳이 서면 로터리에서 부산진구청 가는 길에 있는 직업청소년을 대상으로 중등과정을 가르치는 '상록학원' 이었다.

나는 부태에게 끌려가다시피 학원에 등록을 했지만 시간이 지날수록 재미가 있었다. 전에는 뭔 글인지도 몰랐던 영어도 조금씩 눈에 들어오고 '가을이면 청송도 훌훌 낙엽진다 하느니' 라는 박두진의 낙엽송도 신선하게 다가왔다. 그러나 초등 3년에서 멈춰버린 나의 수준에 수학, 과학은 따라가기가 너무 힘들었다.

학원을 다닌 지 1년이 지나 검정고시 원서를 써야 할 때가 되었다. 중학학력검정을 보려면 초등학교 졸업증명서가 있어야 되는데 부태는 중1까지 학교를 다녔었기에 아무런 문제가 없었으나, 그냥 시험만 치르면 되는 줄 알았던 나는 시험원서도 쓰지 못했다.

시험 결과 부태는 몇 과목만 합격이 되어 계속 학원을 다녔고, 나도 엉거주춤한 상태였지만 그대로 부태를 따라 계속 학원을 다녔다. 이후 다음 시험에서 부태는 전 과목 합격을 했다. 그러나 검정고시에 합격했다고 해서 고등학교에 진학할 수 있는 형편은 아니었기에 공장생활은 계속되었다.

그러던 어느 날 부태가 살그머니 실눈을 하고 말을 해왔다. "병호야, 우리 재건학교 갈래?" 정규학교를 다니지 못한 청소년을 대상으로 한 재건학교가 있다는 건 알고 있었지만 초등학교 졸업자격이 없는 내게는 이 것도 남의 일이거니 하고 눈길도 주지 않았는데 부태가 제의를 한 것이었다.

"니는 검정고시 합격을 해서 되지만, 나는 안된다 아이가." 내가 퉁명스레 받아쳤다. "아이다, 내가 갔다 왔는데 니 이야길 하니까 함 델꼬 와 봐라더라." 내 사정을 아는 부태가 미리 학교에 면담을 하고 온 뒤였다. 재건학교도 학력인정이 되지 않기에 학력을 인정받으려면 어차피 검정고시를 치러야했다. 그러기에 학교 측에서는 전 단계 학력증명 같은 건 그리 중요한 게 아니었다.

우리는 부산 양정동, 지금의 동의대 한방병원 자리에 있는 재건고등학교 야간부 1학년에 입학을 했다. 재건학교라도 일반학교 교과와 진배없이 운영이 되었다. 선생님들은 교사발령 전 경험을 쌓기 위한 분들과 다른 학교에서 선생님을 하면서 자원봉사를 하는 분들이었다.

난생 처음 교복에 책가방을 들었다. 친구 덕분에 나도 고등학생이 된 것이다. 학업 성취와는 별개로 그때까지 상상도 못해본 나의 학창시절이 시작된 것이다. 나는 학교생활을 즐겼고 적극적이었다. 규율부 활동도 했고, 학생회, 문예부, 합창부, 연극부 등 많이도 기웃거렸으며, 친구들도 많이 사귀었다. 하지만 나와는 달리 부태는 학교생활에 적응을 못했다. 2학년 쯤 결석이 잦더니 결국 자퇴를 했고, 해군에 지원 입대를 했다. 해군에 입대해서 경력을 쌓은 후 외항선을 타겠다는 게 그의 생각이었다.

군 입대를 1주일쯤 앞두고 부태랑 입대 여행을 했다. 오랜 시간 붙어 다녔어도 몰랐던 가슴 아픈 가족 이야기도 들었고, 72살의 늙은 아버지가 혼자 계시는 경북 경산군 자인면의 고향집과 부산 해운대의 큰 형님네 집에도 갔었다.

1973년 12월 입소 전 날, 진해 해군훈련소 부근 여인숙에서 천정에 맺힌 물방울을 맞아가며 하룻밤을 보낸 후 많은 빡빡머리들 속에 친구를 배웅했다. 그게 마지막 본 친구의 모습이었다. 입대하고 나서 혼자 계시는 아버지를 가끔씩 찾아뵈어달라는 친구의 편지에 나는 우표를 몇 십장 넣은 답장을 두어 번 정도 했다.

1974년 2월 22일, 참배를 마친 신병들을 충무앞바다 2㎞해상에 정박 중인 모함으로 이송하기 위하여 YTL정(항내운반선)에 승선시켜 운항하던 중 모함에 부딪힌 파도가 YTL정에 부딪히며 배가 전복되었다. 159명이 순직한 사고였는데 부태도 그 사망자 명단에 포함이 된 것이었다. 당시 해군이 되기 위해서는 이순신 장군을 모신 충렬사에 참배를 하는 과정이 있었다.

사고가 나고도 사망자를 인양하기까지는 며칠이 더 걸렸고 부태는 부산지역 사망자 36명과 함께 당감동 화장장에서 화장을 했다. 아침부터 친구들과 함께 기다렸다. 점심시간이 지날 즈음 부태의 주검을 실은 군용 앰뷸런스가 도착했다.

마지막 가는 친구의 얼굴을 보라는 말에 내가 대표로 관을 열고 들여다보았다. 부태가 아니었다. 부태는 갸름한 얼굴에 오뚝한 콧날과 야윈 체격인데 아무리 오랫동안 물에 잠겨 있었어도 관 속의 얼굴은 친구의 얼굴보다 훨씬 큰 퉁퉁한 모습이었다. 다시 한 번 자세히 보았다. 오른쪽 입술 부근에 조그만 점이 두 개가 있었는데 점도 보이지 않았다. "아닙니다. 부태가 아닙니다." 부태 형님에게 아니라고 몇 차례 말을 하자 형님도 정신을 차리고 다시 보았다.

"내 동생이 아니다."

한 바탕 소동이 일어났다. 결국 시신이 바뀐 것이 확인이 되었고, 부태는 오후 늦게 화장터에 도착했다. 유골 수습은 유족들이 해야 된다는 말에 친구들과 함께 긴 나무젓가락으로 다리뼈 골반, 가슴, 팔, 치아, 두개골 순으로 집어 유골함에 담았다. 진해 해군사령부에서 영결식을 치르고 국립묘지 해군 159 묘역에 내 생전 처음 사귄 부태를 묻었다. 그와 같이했던 6년의 세월도 함께 묻었다.

(2014. 3. 28)

헌 책

말이 책이지 이건 숫제 책이라고 하기엔 민망할 정도로 너덜너덜하다. 책 표지도 일부는 떨어져 나갔고, 제목이며, 저자, 출판사명도 색이 바라 속지를 펴봐야 알 수 있을 정도로 낡았다. 책장을 넘길 때마다 풀풀 나는 먼지와 그 옛날 맛없었던 군대 건빵 내음을 연상시키는 1965년에 발간된 책이다.

이남희 선생이 '내가 가장 아끼는 물건'이라는 제목으로 글을 써 오라고 했다. 화두를 고민하다 헌책을 제목으로 쓰기로 했다. 그 책들이 무슨 큰 가치가 있다거나 희귀본이라서가 아니라, 아마도 내가 아낀다고 할 만한 물건들이 별로 없기도 하고, 몇 번의 이삿짐 보따리 속에서도 용케 나를 떠나지 않고 40년이 넘는 세월을 함께 해왔기 때문에 내

청소년기를 같이 보낸 헌책을 생각했다.

예전 60년대 말 70년 초기에는 누구나 다 그러했듯이 나 역시도 힘들고 어려웠다. 부모님이 일찍 돌아가셔서 정상적으로 학업을 배울 수 없었던 10대 시절, 또래들이 다들 중 · 고등학교를 다닐 때 나는 공장으로 출근을 해야 했다.

같은 또래인 학생들을 먼발치서 동경하고 있었기에 배움에 대한 갈망이랄까, 아니면 그들과 비슷한 문화를 누린다고 자위를 하기 위함인지 나는 공장생활 중에도 짬짬이 점심시간이나 퇴근 후면 책을 가까이 했었던 것 같다.

당시 서면로터리에 '청학서림' 이란 큰 서점이 있었는데 아마도 부산에서는 제일 큰 서점이 아니었을까. 어려운 형편상 새 책을 살 형편이 아니었기에 그림의 떡이었음에도 수시로 '청학서림'을 들락거렸다. 호화롭게 서가에 꽂힌 책들을 만지작거리다가 매번 그냥 나오거나 어쩌다 쬐그만 포켓용 문고판을 한 권쯤 사서 나오곤 했다.

요즘은 없어졌지만 당시에는 헌책을 판매하는 노점도 제법 있었는데 바닥에 쪼그려 앉아 씨레이션 박스에 담겨 있는 헌책을 구경했다. 책을 고르는 재미도 쏠쏠했지만 무엇보다 가격이 싸서 이 곳을 자주 이용했다. 나중에는 노점상과도 단골이 되어 형, 형 하고 부르기도 했는데 그때 주로 헐값에 구매하였던 책은 '학원' '현대문학' 같은 월간지와 또는 여성지의 부록으로 발간되는 문학 서적이 주를 이루었다.

어느 날이었다. 그 날도 퇴근 후에 노점에 가니 노점상 형이 나를 불렀다. "어이! 봐라, 니 이 책 함 볼래? 내가 니 줄라꼬 요래 딱 숨겨 놨다 아이가!" 그가 리어카 안에 숨겨두었다고 하며 씨레이션 박스에서 내어놓은 것은 보랏빛 양장 커버에 하얀색 글씨로 '현대한국문학전집'이라고 인쇄된 12권짜리 전집이었다.

헌책 노점에 나오는 전집류는 몇 권 정도 빠지는 게 보통으로 온전히 전권이 다 있는 경우가 잘 없었는데 몇 권에서 커버가 떨어지려고 하는 것 외에는 온전한데다 문학잡지에서 가끔 단편으로만 보던 작가들의 작품이 대부분이어서 당시 열일곱 살이던 내 마음을 순식간에 사로잡았다.

얼마를 주고 구입을 했는지는 모르나 당시 내 형편으로는 상당한 거금을 주고 구입을 했는데 아마도 두 번에 걸쳐서 책값을 갚은 것으로 기억이 된다. 책을 사가지고 와서는 떨어지려고 하는 커버를 본드로 붙이고 나니 표지만 좀 낡았을 뿐 새 책이나 진배없었다.

이후 이 책은 방 한편에 자리를 차지하고 있으면서 암울했던 내 젊은 날의 영혼을 어루만져 주었었다. 이 책을 통하여 '이범선' 선생의『학마을 사람들』『오발탄』 등을 만났고, '오영수', '오상원', '곽학송', '최일남', '차범석', '선우휘' 선생 등 당시로는 젊은 문제 작가들의 주옥같은 작품으로 어린 날의 목마름을 축일 수가 있었다.

'그에게서는 언제나 비누냄새가 난다.'로 시작되는 '강신재' 선생의「젊은 느티나무」에서는 내가 주인공 숙희인 양 가슴 저미다가 '아아, 나는 그를 더 사랑하여도 되는 것이었다.'의 끝 부분에서는 내 사랑이 이루어진 양 가슴이 맑아짐을 느꼈다. 또 '이호철' 선생의「소시민」에서는 화자인 '박 군'의 지난한 피난살이에 공감을 했었다.

이 이후에도 나의 헌책 노점 기행은 군 입대 전까지 계속되었는데 한두 권씩 사 모은 헌책들이 내가 생활하던 다락방 한쪽 벽면을 가득 채울 정도였고, 이것은 나만의 소중한 보물들이었다. 당시 나는 채호형 집에서 생활을 했었는데 군 입대를 하면서 평소의 헌책들을 마뜩찮아 하는 형수에게 군에 있는 동안 책들을 잘 보관해 줄 것을 부탁을 하고 입대를 했다.

그러나 내가 제대할 때까지 한 번 이사를 한 형수는 이삿짐을 정리하면서 헌책들을 모두 버렸고, 그나마 모양새가 번듯한 전집류나 단행본만 일부 살아남아 있었다. 어린 시절의 한 켠이 썩둑 잘려져 나가는 것 같아 속이 쓰리고 허전했지만 다 큰 시동생이 형님 집에 얹혀사는 것도 민망한 형편이라 책을 버렸다고 뭐라고 할 입장도 못 되었다. 기실 버린 책들은 대부분 잡지류이거나 아니면 때가 묻고, 파장, 낙장이 된 책이기도 했다.

이후에는 헌책 노점상도 없어지고, 또 직장생활을 하며 책을 가까이 하지 않다보니 그때에 살아남은 책에 대해서는 잊어버리고 있었다. 나 역시 몇 번의 이삿짐을 싸면서 버리는 물건 중에 책도 있었지만 그 헌책들은 버리지 않고 지금까지 내 서가 제일 높은 곳을 차지하고 있다.

'내가 가장 아끼는 물건'을 제목으로 글을 쓰고자 오랜만에 의자를 딛고 서가 높은 곳에 있는 책을 끄집어내었다. 실로 오랜만이다. 내게

온 지 40년이 넘었다. 보관을 잘못해서인지 종이가 탈색이 되어 녹슨 양철판처럼 벌그스름하다. 조심스레 책장을 넘겨본다. 퀴퀴하다할까 한 예의 그 맛없는 건빵 냄새가 난다. 책장을 조심스레 넘겨본다. 책장 넘길 때마다 종이가 바스러지려고 한다.

몇 권을 더 살펴보니 그곳에는 이미 고인이 된 강신재 선생이 30대 초반 앳된 얼굴로 웃고 계셨고, 얼마 전 아침 TV에서 뵌 팔순의 이호철 노작가가 20대 더벅머리를 한 채 계셨다. 조용히 자리에 앉아 책에 빠져 들어가 본다.

아!~ 있었다. 비누 냄새를 풍기는 그(현규)도 사랑의 환희에 벅차오르는 감격으로 숙희가 껴안았던 젊은 느티나무도 여전히 그 자리에 있었고, 10대 후반의 감수성으로 다락방에서 암울했던 시기를 보내던 불쌍한 소년도 그 곳에 있었다.

(2014. 3. 10)

푸르른 날

푸른 청춘! 스물세 살에 푸른 날은 없었다. 가는 길마다 돌밭이고 입에 풀칠하기 바쁜 나날들이기에 여자를 떠올릴 생각조차 할 수 없는 사막이었다. 그러나 길에서 마주치는 긴 머리의 미니스커트를 입은 여인을 보면 설레기도 했다. 가끔 심장이 요동치고 있었지만 말 한마디 걸어본 적이 없었다. 풋풋한 여인의 복숭아 빛 얼굴과 미끈한 다리를 힐끔힐끔 훔쳐보면 묘한 생각이 들기도 했다. 여인 곁을 스치면 나풀거리는 머릿결이 눈을 찌르기도 했다. 여인 특유의 냄새는 세상이 아름다운 곳도 있구나 하는 생각도 했다. 그러나 밑바닥에서 파닥거리는 처지라 할 수 있는 것은 아무것도 없었다. 용기도 없고 설령 다가선다 하더라도 숫기 없는 내 입에서 말이 나올 리 만무했다.

‘차르륵, 차르륵’ 전화기 다이얼 돌아가는 소리가 실내의 정적을 깼다. 다섯 자리의 다이얼을 다 돌리자 저쪽 전화기에서 따르릉 신호음이 몇 번 울렸다. 지금이라도 수화기를 놓아버릴까. 아냐, 누가 받는지 목소리를 들어보고 그때 전화를 끊어도 될 거야. 이 늦은 시각에 나쁜 놈으로 취급되지 않을까. 그래 끊어버리자. 짧은 시간 여러 가지 생각을 하며 망설이고 있는데 수화기 저편에서 ‘여보세요’ 젊은 여성의 목소리가 들렸다. 순간, 아! 어쩌면 그 여학생의 이야기를 들을 수가 있겠구나. 하는 생각이 들며 호흡을 가다듬었다.

내가 서정주의 ‘푸르른 날’을 처음 알게 된 것은 스무 살 무렵인 1974년이었다. 아니 ‘푸르른 날’ 보다 ‘국어 참고서’라고 하는 게 맞는 말일 것이다. 그 무렵 나는 선배 박충명 형의 헌책 노점을 인수 받아 부산 양정동 공무원교육원 버스정류소 육교 밑에서 헌책장사를 하고 있었다.

헌책 노점상이란 게 책을 어떻게 파느냐보다 어떻게 헌책을 잘 구하느냐나 중요한 관건이었다. 헌책을 구하는 방법은 두어 가지 정도 있었다. 첫째, 고물상에서 책을 구하는 것이었다. 자전거를 타고 시내의 고물상을 돌아다니며 파지더미를 뒤져서 찾아낸 책을 저울에 달아 종이 값으로 구입을 하였는데 헌책을 가장 많이 구하는 방법이었다.

두 번째는 주로 엿장수들이나 개인들이 집에 있는 책을 가지고 오는 것인데 고물상보다 좀 더 높은 가격을 주고 구입을 했다.

그러던 어느 날이었다. 그날도 고물상에서 구매한 헌책을 소설, 잡지 등으로 분류하던 중 그 책을 발견했다. 낮에 고물상을 돌며 수집한

책은 소설류 같은 단행본 20여권과 잡지류가 대부분이었는데 그 중에 고등학교 국어 참고서가 한 권 들어있었다. 원래 교과서나 참고서류는 취급을 하지 않는데 고물상에서 무게를 달 때 딸려온 것 같았다.

한쪽에 제쳐 두었다가 정리를 마치고 나서 별 생각 없이 펼쳐보았다. 참고서 중간 중간에 예쁜 글씨로 깨알 같은 주석이 달려 있었다. 정말 열심히 공부했구나 그런 생각을 하며 참고서 내용보다 책에 적힌 주석을 살펴가던 중이었다. 중간쯤 넘겼을까. 한 단원이 끝나고 다음 단원으로 넘어가기 전 여백에서 초록색 글씨로 쓰여진 시(詩) '푸르른 날' 을 발견했다.

푸르른 날 / 서정주

눈이 부시게 푸르른 날은
그리운 사람을 그리워하자

저기 저기 저, 가을 꽃 자리
초록이 지쳐 단풍 드는데

눈이 나리면 어이하리야
봄이 또 오면 어이하리야

내가 죽고서 네가 산다면!
네가 죽고서 내가 산다면!

눈이 부시게 푸르른 날은 그리운 사람을 그리워하자

국어시간을 그렇게 좋아하지는 않았다. 평소 책은 간간이 봐왔었지만 시는 별로 관심을 두지 않았다. 학교에서 배웠던 시는 어렵고 난해하기만 했다. 서정주의 '국화 옆에서'는 그냥 국화 옆에서가 아니었다. '한송이 국화꽃을 피우기 위해 소쩍새는 그렇게 울었나 보다'가 아니고 소쩍새는 시련과 고난을 상징하는 존재로 암기해야 했고, 소쩍새의 울음을 시 속 화자의 고뇌와 연결된 울음으로 기억해야 했다.

'푸르른 날'을 처음 본 순간, 울림은 컸다. 시가, 정말 시가 이럴 수가 있구나 싶었다. 그냥 푸른 날이 아니고 눈이 부시게 푸르를 수가 있었고, 그리운 사람을 생각하는 게 아니고 그리워하여도 되는 것이었다. 쉽게 읽혀지는 감성적인 시어를 몇 번이고 반복해서 가슴으로 읽었다.

책 주인이 수험공부에 지쳐있을 때 평소 좋아하는 시를 적으며 마음을 달랜 듯 시 옆의 여백에도 그리움, 사랑, 이런 사랑을 하자, 초록, 단풍, 눈, 시험, 엄마, 친구 우정 등등 이런 단어들도 단아한 글씨로 적혀 있었다.

시를 읽을수록 책 주인인 여학생이 궁금해졌다. 참고서 뒷면을 살펴보았다. 짐작대로 '경남여고 3학년 김희영' 이라고 이름이 적혀 있었다. 그리고 뒤표지 안쪽에 친구인 듯한 여학생 두 명의 이름과 전화번호도 적혀 있었다.

이렇게 정성스레 주석을 달고, 열심히 공부를 했던 책인데 어떻게 해서 고물상으로 흘러들어 갔을까. 혹시 갑자기 가세가 기울어 책이라도 팔아야하는 지경에 이르게 된 것이 아닌가. 혹시 책 주인이 의도하지 않게 잃어버리기라도 해서 안타까워하지는 않았을까. 엉뚱한 상상도 했다. 그날 이후 '푸르른 날'은 나의 애송시가 되었다.

헌책 노점을 오래 하지는 못했다. 무엇보다 헌책을 구하기가 어려웠다. 인수를 받고 6개월 여를 했을까. 내가 필요한 책 몇 박스를 제외한 나머지 책들을 고물상에 파지 값으로 넘기고 헌책 장사를 접었다. 그리고 노점상을 하던 양정 공무원교육원 부근에 있는 제일온천 카바레에서 카운터 일을 보다가 군 입대 영장을 받았다. 카바레의 카운터는 낮에는 시간이 많아 책을 볼 시간적 여유가 많은 반면 저녁 10시경이 되어야 일이 끝이 났다. 그때까지도 참고서는 내가 보관을 하고 있었고 그 책을 볼 때마다 책 주인이 궁금하고 언젠가는 이 책을 돌려주어야겠다는 생각을 했다.

1977년 5월 10일인 군입대일을 일주일쯤 남겨둔 어느 날 영업을 마친 카바레의 희미한 미등 아래에서 2년 넘게 망설여오던 전화를 했다. 참고서 뒤표지에 적혀있는 친구인 듯한 한 명의 전화번호를 돌렸다. 몇 번의 신호음이 울린 후 수화기 저편에서 '여보세요' 하는 젊고 맑은 여성의 목소리가 들렸다.

"저~ 혹시 김경희씨 댁이 맞으신지요?"

내가 약간 더듬듯 조심스레 물었다.

"제가 김경희인데요, 누구신지요?"

저쪽에서 약간 경직된 듯한 목소리로 반문했다.

"아, 예, 혹시 정희영씨 친구 되십니까? 정희영씨가 가지고 계셨던 책을 제가 가지고 있어서 그것 때문에 전화를 드렸습니다."

너무 늦은 시간이라 죄송하다고 하며 용건을 이야기했다.

"예, 제 친구인데요, 무슨 책인지요?"

그제야 약간 긴장이 누그러지는 목소리로 김경희가 물었다. 마침 집에 어른들이 안 계셔서 전화를 해도 괜찮다는 말도 덧붙였다. 그래서 늦은 시간 오랫동안 전화로 대화를 했다.

내가 몇 년 전에 헌책장사를 했는데 정희영씨의 고등학교 참고서를 고물상에서 구입하게 되었고, 이 책에서 시 '푸르른 날'을 처음 접하게 되었는데 시어가 너무 곱고 마음에 젖어들어 무척 감동을 받았다. 그래서 내 애송시가 되었다. 이런 예쁜 시를 참고서에 적어 놓으신 분은 어떤 분일까 퍽이나 궁금했었다. 참고서에 꼼꼼하게 주석을 달아 놓았던데 공부를 참 열심히 하신 듯하다. 그렇게 열심히 공부한 책이 어떻게 고물상까지 가게 되었을까 궁금했다. 내가 일주일 후 군 입대를 하는데 필요하다면 소포로 부쳐 드리겠다. 등등의 이야기를 했다.

친구인 김경희는 정희영은 집이 초량동인데 고등학교 때 단짝이었고, 지금도 친한 친구로 지내고 있다고 했다. 자기는 부산에서 대학을 다니고 있지만 정희영은 서울여대에 다니고 있고 이번 여름방학에 부산으로 내려 올 것이라고 했다. 정희영의 집이 그리 궁한 것도 아니고 더구나 책을 소중히 생각하는 친구인데 어떻게 고물상에 있는지 의문이라고 했다. 책을 부쳐주면 여름 방학때 정희영에게 전달을 해주겠다고 했다. 그리고 '푸르른 날'은 자기도 좋아하는 시라고 했다.

'푸르른 날' 시를 읽고 감명을 받고 또, 책을 몇 년간 보관했다가 돌려주기 위해 전화까지 주신 분이니 시처럼 참 맑으신 분 같다는 이야기를 하며, 얼마 후 여름방학이면 희영이가 부산에 내려오는데 그때 자기가 주선할 테니 정희영을 만나서 직접 전해주라는 이야기를 했다.

"아닙니다. 참고서 덕분에 좋은 시를 알게 되어 내가 고마운 일이지요, 말씀만으로 고맙습니다. 저는 일주일 후 군에 입대를 해야 합니다. 정희영씨가 이 시처럼 맑은 가슴으로 살아가시면 참 좋겠습니다. 친구분께서도요."

그때의 내 입장은 입대를 해야 했기에 여름방학까지 있을 수도 없었겠지만 군에 가질 않더라도 만날 수가 없었을 것이었다. 그전에도 몇 번 전화를 하려고 했다. 그러나 책 주인인 정희영은 명문여고를 나와 여대생이 되어있을 것이고 나는 카바이드 불빛 아래서 헌책노점을 하는 무지랭이였다. 처해있는 여건과 신분이 달랐다. 예전 헌책 장사를 할 때나 군 입대를 앞둔 지금이나 마찬가지였다. 그렇게 흐릿한 불빛이 비치는 카바레의 넓은 플로어를 바라보며 몇십 분 간의 통화를 마쳤다.

다음날 오전, 부산 서면우체국에서 발신인이 '양정동에서' 라고만

적힌 소포를 보냈다. 몇 년을 미뤄오던 숙제를 해결하였는데도 가슴 한편이 허전해왔다. 우체국 계단을 내려오며 쳐다본 오월의 맑은 하늘이 눈이 부시게 푸르렀다.

(2014. 5. 29)

벼랑에서 서성이다

1. 자전거 수리공의 그늘

'쿠당탕탕!'

잠결에 언뜻 몸을 뒤척였는데 그만 바닥으로 떨어져 버렸다. 이젠 제법 익숙해질 때도 되었는데 벌써 몇 번째인지 모르겠다. 떨어지면서 작업대 기둥에 팔이 부딪혀 욱신거렸다. 함석문 틈사이로 밖을 내다보자 아직까지도 한밤중인 것 같았다. 자전거 짐칸 위 흐트러진 이불을 반으로 접어 바로 한 후 다시 몸뚱이를 우겨 넣었다. 이불의 따뜻한 온기가 온몸으로 퍼지며 다시 혼곤한 잠속으로 빠져 들었다.

외갓집을 떠나 이곳 부산 전포동 전포사거리에 있는 자전거포로 온

지 한 달이 지났다. 자전거포 주인은 먼 친척뻘이 되는 양씨 성을 가진 사람으로 굳이 촌수를 따진다면 내게는 형님뻘이 되었다. 나이는 사십 중반 정도였는데 젊은 시절을 일제 치하에서 보낸 영향인지 해방이 되고 이십여 년의 세월이 지났어도 한국말보다 일본말을 더 잘했다.

자전거포에는 주인 양씨 외에도 스무 살 정도 되는 기술자 이군이 있었다. 이군은 고향이 경북 영천이라고 했고 내가 형이라고 부르며 잘 따랐는데 그도 고향에 내 또래의 동생이 있다고 하며 따뜻하게 대해주었다.

1960년대는 교통편이 원활치 않던 시절이라 자전거나 리어카가 보편적인 교통수단이었기에 곳곳에 자전거수리점이 성업을 이루고 있었다. 내가 취직한 전포 자전거방도 대 여섯 평 정도의 크지 않은 규모지만 길목이 좋은 사거리 부근에 있어서 항상 일거리가 끊이질 않았다.

내가 하루 중 제일 먼저 하는 일은 아침 일찍 가게 문을 여는 것이었다. 동서남북 순서가 매겨진 함석문과 유리문을 들어내어 가게 옆 벽체에 기대어 놓고 노끈으로 고정을 시킨 다음 가게 안에 있는 자전거를 밖으로 내어 놓았다. 안이 좁기 때문에 최대한 자전거를 가게 밖으로 들어내어 작업공간을 확보해야했기 때문이다. 그런 다음 점포 안팎의 청소를 하고 물을 뿌렸다. 점포 안팎이 모두 포장이 되지 않은 흙바닥이었기 때문이다. 특히 가게 앞 인도의 작업장은 수시로 물을 뿌려 먼지가 일지 않도록 해야 했다.

그렇게 가게 문을 열고나면 기술자 이군이 출근을 했다. 형이 출근을 하면 가게를 맡기고 십여 분 거리에 있는 주인집에서 아침을 먹었다. 주인집에는 나보다 한 살이 많은 중학교 일학년인 큰아들 양홍석과 조그만 계집아이 둘, 그리고 주인아주머니 등에 업힌 젖먹이가 있었는데 그들과 어울려 한상에서 밥을 먹고 돌아오면 얼마 지나지 않아 주인 양씨가 출근을 했다. 주인 양씨는 오전에는 자전거포에서 일을 하다가 오후 두세 시경이 되면 외상 수금을 하러 나가서 저녁때쯤이면 돌아오곤 했다.

당시는 모두 곤궁한 시절이었다. 주요 고객들 중 인근 서면이나 부전시장, 문현시장 등에서 자전거나 리어카로 짐을 실어주고 운임을 받는 짐꾼들이 여러 명 있었다. 그들은 타이어를 교체할 형편이 되지 않아 펑크 난 타이어를 매번 때워서 쓰곤 했는데 날이 더운 여름철이면 지열에 접착제가 녹아 미세하게 바람이 빠지다보니 하루 한 번씩은 공기를 넣어야 했다.

지금이야 콤푸레샤가 있지만 그때는 오직 수동펌프로 공기를 넣었다. 이들은 자전거포에 오면 으레 "어이 꼬마야, 리어카 바람 좀 넣어라." 라고 말하고는 한쪽 귀퉁이에 쪼그려 앉아 담배를 피웠는데 이 펌프질은 당시 열두 살이던 내게는 무척 힘에 부치는 작업이었다.

펌프받침을 한쪽 발로 밟고 양팔에 체중을 실어 순간적으로 피스톤을 눌러 공기를 넣어야 했는데 처음 몇 번은 펌프질이 되었지만 얼마 지나지 않아 힘에 부쳐오기 시작하면 몸을 직각으로 구부려 가슴께에다 손잡이를 갖다 대고 넣기를 반복했다. 원래 타이어의 압력보다 더 높은 압력으로 눌러야 공기가 들어가는데 그러질 못하다보니 결국 마지막에는 그네들이 스스로 펌프질을 해서 마무리를 했다. 이렇게 굵은 타이어의 공기를 서너 대만 넣고 나면 온몸에 기운이 다 빠져 나갔다. 그래도 수고했다며 일원짜리 동전을 한두 개씩 주는 이들도 가끔 있었다. 그렇게 하루가 가고 저녁이 되면 인도에 진열된 자전거를 가게 안으로 넣어야 했다.

자전거포에 온 첫 날, 허름한 솜이불 한 채와 함께 오십 센티미터 폭의 합판 한 장이 내게 주어졌는데 자전거의 짐칸이 일렬이 되게 차곡차곡 주차를 한 다음 그 위에 합판을 깔고 이불을 반으로 접어서 펼치면 그곳이 내 잠자리였다.

자전거 짐칸은 높낮이가 각각 달라서 차체가 낮은 것은 가운데로 높은 것은 양끝으로 주차를 해야만 잠자리의 흔들림이 적었기에 자전거를 넣는 일은 내가 직접 해야만 했다. 비록 좁고 삐거덕거렸지만 그곳은 처음으로 생긴 나 혼자만의 자유로운 공간이었다. 하루 일과를 마친 후 자전거포의 문을 안으로 걸어 잠그고 이불 속으로 몸을 넣으면 얼마 지나지 않아 평안한 꿈나라로 빠지곤 했다.

한두 달 간은 자전거 위에서 잠을 자는 게 익숙지 않았다. 자전거에서 떨어지기도 했다. 그렇게 수차례 떨어지기를 반복하자 어느덧 자전거 위의 잠에 익숙하게 되었다. 잠결에도 몸을 뒤척이는 것을 자각하게 되며, 더 이상 바닥에 떨어지지 않을 즈음이 되자 어느덧 겨울도 지나가고 있었다.

자전거포에서 일을 한 지 한 달이 지나서부터 타이어펑크를 때우거나 끊어진 체인을 잇는 초보적인 일을 배우기 시작했다. 펑크를 때우려면 바퀴에서 타이어를 분리해서 튜브를 끄집어내야 했는데 이 과정이 제일 힘이 들었다. 플라이어로 타이어를 집어 옆으로 제치면 바퀴와 타이어 사이에 조그만 틈이 생겼다. 그 틈으로 드라이버나 집게 손잡이 같은 것을 밀어 넣어 틈을 벌려 나갔다. 펑크를 때우고 다시 결합을 할 때도 마찬가지였다.

타이어만 분리 되고나면 어려운 일은 없었다. 튜브에 공기를 주입하면 팽팽하게 부풀어 올랐는데 그렇게 부풀어 오른 튜브를 물에 담그면 펑크가 난 부분에서 공기방울이 보글보글 올라왔다. 그러면 그 부분의 물기를 닦아내고 쇠톱날이나 거친 사포로 표면을 긁어 도톨도톨하게 만들었다. 그리고 폐 튜브를 같은 방식으로 긁어낸 다음 펑크 난 부분을 덮을 만큼 여유 있게 잘라내었다. 이때 가위질을 비스듬히 하여 절단면을 최대한 얇게 해야 본래의 튜브에 접착이 잘 되었다.

튜브가 잘 닦여졌으면 깡통에 든 접착제를 손가락으로 찍어 긁어놓은 튜브에 얇고 고르게 칠을 해서 자연 상태로 건조시켰다. 이삼 분 정도가 지나 접착제가 칠해진 면에 손가락을 갖다 대어 보고 손가락에 접착제가 묻지 않게 되면 접착을 시켰다. 그런 다음 둥글고 딱딱한 것으로 접착 면을 꾹꾹 눌러주면 되었다.

자전거포의 기술 습득은 어려웠다. 펑크나 체인이음, 브레이크 라이닝교체 같은 난이도가 낮은 것은 6개월이 지나자 혼자서도 수리를 할 정도가 되었으나 앞 포크의 조립이나 림 스포크 밸런스를 잡는 것

등은 몇 번을 해도 잘 되지 않았다. 특히 기어의 조립은 난이도가 매우 높아서 도저히 넘을 수 없는 산처럼 어려웠다.

아침저녁은 주인집에서 먹었지만 점심은 국수를 사먹는 경우가 많았다. 성북초등학교 정문을 가기 전 왼쪽에 허름한 식당이 있었는데 자전거포 주인이 주는 십 원으로 국수를 한 그릇 사 먹을 수 있었다.

외갓집에서 밥만 먹다가 처음으로 먹어본 멸치 다신 물에 말아낸 국수는 이때까지 한 번도 먹어보지 못했던 맛이었다. 예전에 엄마가 살아 계실 때도 국수는 가끔 먹어보았지만 이런 국수가 아니었다. 그때는 전포동 상이용사 촌에서 운영하는 국수공장에서 국수를 절단하고 남은 부스러기를 한 봉지 사서 지금의 라면처럼 끓여먹었다. 국수가 토막토막 나서 건져 씻을 수도 없었겠지만 다신 물을 내고 고명을 얹고 할 형편이 아니기도 했을 게다. 그 국수만으로도 별미였는데 국물을 우려내고 난 멸치도 서너 마리 들어있어서 한 그릇을 먹는 동안 반 마리씩 아껴가며 먹었다.

이렇게 멸치 다신 물에 양념간장까지 얹어 주는 국수는 과히 말로는 표현 못할 천상의 맛이었기에 마지막 국물까지 후루룩 마시고나면 그 끝은 항상 아쉬웠다.

2. 삥땅

평소 같으면 벌써 퇴근을 했을 이군 형이 그날따라 가지 않고 누군가를 기다리고 있었다. 덩달아 나도 인도에 진열된 자전거를 절반 정도만 넣고 문을 닫지 못한 채 가게 앞에 의자를 내어놓고 앉아 있었다.

그때 한 청년이 다가와 형과 반갑게 악수를 했다. 그는 형과 같은 고향 친구로 자전거포 앞을 운행하는 시내버스의 차장이었다.

당시 버스에는 운전수와 요금을 받는 차장이 있었다. 당시에 여자 차장도 있었으나 우리 자전거포 앞을 지나다니는 노선에는 건장한 청년이 차장을 했다.

인사를 나눈 이군 형이 나를 보고 친구에게 인사를 하게했다. "안녕하싱기요" 하며 머리를 꾸벅 숙이는 내게 이군 형이 돈을 주며 가게에서 아이스케끼를 사오라며 심부름을 시켰다. 나도 한 개를 얻어 형들 옆 의자에 걸터앉아 아이스케끼의 달달한 맛을 음미하고 있는데 이군 형이 은근한 목소리로 나를 불렀다.

"야, 병호야~"

"예." 내가 아이스케끼를 입에 문 채 쳐다보자 이군 형이 눈을 가늘게 뜨며 한층 더 낮아진 목소리로 내게 말을 걸었다. 차장형도 덩달아 웃음을 띠며 나를 쳐다보았다. "내일부터 아침에 내가 출근하믄~ 좀 있다가 이 형이 탄 버스가 올 낀데 그라마 니가 그 차에 올라 타능기라." 거기까지 말을 하고 잠시 내 눈치를 살피던 형이 "그라믄 이 형이 돈을 줄낀데……." 라며 말을 이어갔다.

가게 앞에 있다가 차장이 탄 버스에 올라타면 아무도 몰래 돈을 줄 것인데 그 돈을 받아서 한두 구역쯤 가다가 내려 자전거포로 돌아오라는 것이었다. 그렇게 아침에 한 번, 저녁에 한 번씩 해서 받은 돈을 이군 형에게 맡겨 두라고 했다. 그 과정에서 다른 사람이 눈치 채지 않게 조심을 해야 된다는 것과 일이 잘되면 내게도 얼마간을 주겠다는 말도 덧붙였다. 당시 버스는 운임을 모두 현금으로 주고받던 때였다.

어린 나이임에도 나는 이게 사람들이 말하는 이른바 '삥땅'이라는 것과 나쁜 일이라는 것을 알 수 있었지만 그러겠다고 했다. 당시 형은 내게 가장 가까이 있는 사람이었고 동생 같다며 잘 대해 주었기에 거절을 할 수가 없었다.

다음날 날이 밝았다. 평소와 같이 문을 열고 자전거 정리를 마칠 즈음이 되자 이군 형이 출근을 했다. 형과 눈이 마주치자 '씨익' 웃음을 지었지만 나는 가슴이 철렁 내려앉아 형의 얼굴을 제대로 쳐다볼 수가 없었다. 얼마쯤 지났을까 저 멀리서 시내버스가 나타났다. 차장 형이 탄 버스였다. 얼른 정류장에 가서 섰다. 정류소에는 벌써 여남은 명의 사람들이 있다가 버스가 도착하자 우르르 몰려들었다. 나도 그들 틈에 끼어 버스에 올랐다.

이미 도착 전부터 만원이던 버스에는 여남은 명이 더 올라타자 콩나물시루가 되었다. 차장이 버스에 올라탄 손님들을 양손으로 밀어 넣었다 그러고도 사람이 많아 버스 문이 닫히지 않자 차창 문을 잡고 배로 승객을 밀치며 '오라이!'를 외치자 버스가 출발했다.

출발한 버스는 일직선이 아닌 갈지자로 두어 번 운전을 했다. 그 바람에 승객들이 짐짝처럼 휘둘려 비명을 질렀지만 신기하게도 지그재그 운전 두어 번에 짐짝이 정리되듯 승객들은 제자리를 잡았고 버스 문도 닫을 수가 있었다. 그리고 다음 정류소에서도 또 그만큼의 승객들을 더 밀어 넣고 지그재그 두어 번에 정리가 되는 신기한 현상이 계속되었다.

버스에 올라탄 나는 차장 옆에 바짝 붙어서 있었다. 얼마 지나지 않아 내 손을 더듬는 손이 있었다. 그 손은 차장의 손이었고 지폐 몇 장과 얼마간의 동전이 내 손에 쥐어졌다. 얼른 돈을 받아 바지 주머니에 쑤셔 넣었다. 빼곡히 들어찬 승객들 틈에 섞여서 천장을 바라보고 있었지만 얼굴은 화끈거렸고, 가슴은 방망이질 쳤다.

그러는 가운데 버스가 다음정류장에 도착했고 나는 버스에서 내렸다. 자전거포까지 어떻게 왔는지 모르겠다. 후들거리는 걸음으로 가게에 돌아오니 이군 형이 반색을 했다.

"어째됐노?"

"이거 주데예."

차장 형에게서 받은 지폐와 동전을 이군 형에게 건넸다.

"그래, 나중에 저녁에도 한 번 더 하거라 잉."

환한 웃음을 지었다. 형이 좋아하는 모습을 보니 떨리고 겁이 났던 마음은 사라지고 앞으로 더 잘해야겠다는 생각을 했다.

저녁에는 반대편에서 버스에 올랐다. 아침보다는 승객이 적었다. 사람들의 눈을 피해서 돈을 건네주기가 어려웠다. 차장이 서있는 바로 뒤 의자에 앉아 있었는데 두 정류소가 지날 때까지 돈을 건네받지 못하고 있다가 차장이 내 옆자리에 앉고서야 겨우 돈을 건네받을 수 있었다.

그렇게 일주일 정도가 지난 저녁이었다. 그날도 건너편에서 차장이 탄 버스에 올라탔다. 그런데 차장의 표정이 이상했다. 다른 때는 버스에 오르기 전 무언의 눈빛을 교환하곤 했었는데 그날은 전혀 눈길을 주지 않을 뿐만 아니라 바로 뒤에 앉아있는데도 승강구 계단에 서있기만 할 뿐 내 근처는 아예 오지 않았다.

그렇게 몇 개의 정류장을 거쳐 오는 동안 승객은 나를 포함해서 서너 명 정도만 남아 있었고 어느덧 버스는 종점에 도착했다. 그러자 형이 '버스종점입니다. 다 왔습니다.' 라고 큰소리로 말을 하더니 돈 가방을 멘 채 버스에서 내려 바쁜 걸음으로 사무실로 가버렸다. 승객들도 모두 버스에서 내려 뿔뿔이 흩어졌다. 나도 그들과 함께 내려 한 정류장쯤 걸어 내려오다 버스를 타고 자전거포로 돌아왔다.

가게에서는 이군 형이 초조한 얼굴로 기다리다 나를 보고 달려와 손을 잡았다.

"와 이리 늦었노? 뭔 일이 있는기가?"

"종점까지 갔는데도 행님이 돈을 안 주데예."

"원식이가 아무 말도 안 하드나?"

"뭔 일이 있는지 본체도 안 하던데예."

내 말을 들은 형의 표정이 심각해졌다. 다음날 출근한 형이 나를 보자마자

"병호야, 인자는 버스 타지 말거라, 인자 안 타도 된다."

"진짭미꺼?"

"그래 인자 안 타도 된다. 인자 안 하기로 했다."

나중에 들은 이야기로는 수입이 며칠째 계속 줄어드는 것을 이상히 여긴 버스회사에서 암행감시인을 탑승시켜 하루 종일 감시를 한 것이었는데 아침시간은 워낙 승객이 붐비다보니 발각이 되지 않았던 것이

었다. 저녁에 내가 버스에 탔을 때도 승객으로 위장한 감시인이 타고 있었는데 차장이 미리 감시인임을 알아차리고 나에게 눈길도 주지 않았고 이상한 낌새를 눈치 챈 나도 차장에게 어떤 표정도 짓지 않아 무사히 넘어가게 되었다고 했다. 그렇게 일주일여 모은 금액이 얼마인지는 모르겠으나 이군 형은 내가 좋아하는 국숫집으로 데려가서 국수를 곱빼기로 시켜주었다.

이군 형과의 근무는 그리 오래 가지 않았다. 내가 자전거포에 온 지 6~7개월쯤 지난 어느 날 형은 영장이 나왔다며 갑자기 자전거포를 떠났다. 고향에 있는 막냇동생이 생각난다며 잘 대해 줘서 정이 많이 들었는데 불쑥 찾아온 헤어짐에 가슴이 저며 왔다.

3. 이씨 (李氏)

이군 형이 떠나고 난 뒤, 일주일 정도가 지나자 새로운 기술자가 왔다. 왜소한 체격에 신경질적인 표정의 이씨 성을 가진 사십대 중반 정도의 남자였다. 이씨는 일본인에게 기술을 배웠다고 했는데 평소에는 말이 없다가 주인 양씨와 이야기를 할 때는 일본말로 대화를 하곤 했다.

이씨는 하루 종일 있어도 몇 마디 말이 없었다. 무엇엔가 쫓기는 듯 불안한 표정이었고, 사람들과 눈을 마주치는 일도 없었다. 항상 화난 듯 찡그리고 있다가 퉁명스레 험한 말을 뱉어 버려 손님들과 자주 마찰이 있었다. 문제는 손님들과의 마찰뿐만이 아니라 나에게 오는 폭력이었다. 아침부터 저녁까지 하루 종일 같이 있어야 하는데 말끝마다 욕을 하거나 손찌검을 했다.

심부름을 시킬 때도 이름이나 '꼬마야' 라는 호칭조차 부르지 않았다. 그는 아무 말도 없이 주변에 있는 물건을 손에 닿는 대로 나를 향해 던졌다. 내가 말을 잘 못 알아듣거나 확인을 위해서 되묻기라도 하면 말대꾸를 한다며 여지없이 손찌검을 했다.

하루는 단골인 사탕공장 사장이 직접 자전거를 가지고 와서 수리를 할 때였다. 이씨는 가게 안에서 자전거 앞부분을 해체해서 수리를 하고 있었고 나는 가게 밖 인도에서 페달 고무 교체 작업을 하고 있었다.

작업 중 '플라이어'가 필요했던 이씨가 평소와 같이 나를 부르기 위해 바로 옆 경유 통에 들어있던 와이어브러시를 내게로 던졌다. 페달 교체작업에 몰입해 있다가 등짝에 와이어브러시를 맞은 내가 '아얏!' 하며 뒤를 돌아보자 이씨가 신경질적인 목소리로 나지막이 말했다.

"뿌라이야 가져와." 목소리가 하도 낮아 잘못 알아들어 내가 "뿌라이야요?" 하며 확인을 했다. 그러자 갑자기 벌떡 일어선 이씨가 달려와서 냅다 빰을 때렸다.

"이 새끼가 어디서 말대꾸야!"

그리곤 내가 뭐라고 말할 틈도 없이 플라이어를 홱 낚아챈 이씨가 돌아가서 다시 자전거 수리를 했다. 이 광경을 처음부터 목격한 사탕공장 사장이 이씨에게 야단을 쳤다.

"보소, 당신 그 아한테 너무 하능거 아잉교? 내가 보이까네 잘못한 게 항개도 없는데 아가 뭘 잘못했다고 그리 사정없이 때리능교? 당신은 아도 안 키우요?"

야단을 맞은 이씨가 아무 말을 못했다. 목덜미까지 벌겋게 된 채 머리를 푹 숙이고 자전거 수리만 열중했다. 매번 이런 일들의 연속이었다. 날이 갈수록 폭언과 폭력은 그 수위를 높여갔다. 이씨와는 눈을 마주치기조차 겁이 났고 이씨의 말 한마디 몸짓하나에 깜짝깜짝 놀라는 지경에 이르렀다. 견디다 못해 누나들에게 이씨의 폭력과 폭언에 대해서 이야기를 했다. 내 하소연을 들은 누나들로서도 뾰쪽한 대책이 있을 리가 없었다. 그냥 참고 있으라는 말뿐이었다. 벗어날 방법이 없었다. 깜깜한 벽이거나 천 길 낭떠러지였다. 그렇게 몇 개월이 지나며 열세 살로 올라가는 겨울은 암울한 회색빛이었다.

이씨와 함께 일한 지 6개월이 지나고 있었다. 몸과 마음이 지쳐가던 어느 날 오후였다. 이씨는 가게 안에서 자전거를 조립하고 있었고 나는 멀찍이 떨어진 가게 밖에서 자전거의 크랭크암을 분리한다고 망치로 펀치를 내리치고 있는 중이었는데 이씨가 심부름을 시켰다. "야! 펌프 가져와!" 평소와 마찬가지로 앞뒤가 생략된 낮은 목소리의 명령어였다.

바람을 넣는 펌프는 아무나 사용할 수 있도록 가게 밖에 있었다. 또 무슨 꼬투리가 잡힐까봐 아무 말 없이 얼른 펌프를 가져다주었는데 펌프를 받은 이씨가 신경질적인 어투로 "빨리 가져와 이 새끼야." 하며 허벅지를 걷어찼다.

다른 때 같으면 고개를 숙이고 아무 말 없이 맞고만 있었을 텐데 너무 오랜 시간 폭행에 시달리며 악에 받혀 있었기 때문일까. 순간 내 눈에 독기가 올랐다. 나도 모르게 작업대 옆에 있는 쇠파이프를 집어 들고 부르르 몸을 떨었다.

하지만 거기까지였다. 열세 살 아이가 할 수 있는 것은 더 이상 없었다. 내 눈을 쳐다본 이씨가 흠칫하더니 잠시 후 "어 이 새끼 봐라! 이 못된 새끼가 어데서. 그래, 우짤낀데?" 하며 내손에 든 파이프를 냅다 뺏어버렸다. 연이어 한참동안 무차별적인 폭력이 이어졌다. 얼굴과 명치에 쉴 새 없이 주먹이 날아들었다.

명치에 주먹을 맞고는 한동안 숨을 쉴 수가 없었다. 주먹을 맞은 내가 가게 안에 있던 자전거 속에 쳐 박히며 자전거가 우당탕탕 요란한 소리를 내며 넘어졌다. 요란스러운 소리에 옆집 시계포 사장과 목공소 아줌마가 뭔 일인가 싶어 뛰어왔다가 이씨를 말렸다. 특히 목공소 아줌마는

"아니 야가 뭔 죽을 죄를 지었다고 그리 인정사정없이 두들겨 패능교? 저 쪼끄만 아가 이 추운날 찬물에 손을 넣어가며 빵꾸를 때운다고 해 쌌는데 아저씨는 아가 불쌍치도 않능교." 하며 이씨에게 고함을 질렀다. 다른 사람에게는 아무런 말도 하지 못하는 이씨가 이번에도 고개를 푹 숙이고 의자에 앉아 아무 말도 하지 않았다.

폭력에 항거한 대가는 컸다. 평소에는 단발성으로 한두 대만 맞고 말았는데 그날은 얼마나 맞았는지 입술 안이 찢어져서 입 안 가득 피가 고여 있었고, 순식간에 눈두덩이 시퍼렇게 부어올랐다. 옆구리와 허벅지도 피멍이 들었다.

한바탕의 소란이 지나자 입에서 흐르는 피는 멎었지만 따갑고 퉁퉁 부은 얼굴은 욱신거렸다. 울음은 그쳤지만 눈물은 계속 흘러내렸다.

맞아서 아픈 것보다 이 피할 수 없는 암울함에 더 눈물이 났다.

목공소에서 눈두덩이, 허벅지, 옆구리에 약을 발랐다. 깡통에 든 연고였는데 아마도 안티푸라민이었던 것 같다. 목공소를 나오며 자전거포를 보니 이씨가 그 자리에 앉아 계속 작업을 하고 있었다. 가게 안으로 들어가야 하는데 방금 전 그 소동이 벌어졌기에 쉬이 들어가기가 어려웠다. 자전거포 앞에 서서 잠시 망설이다 이씨와 눈이 마주쳤는데 나를 쳐다보는 그의 눈은 여전히 독기가 서려있어 섬뜩했다.

다시 들어갈 용기가 나지 않아 그길로 자전거포를 나와 길을 걸었다. 어느덧 내 발길은 누나들이 있는 이모 집을 향하고 있었다. 그 즈음 가야 이모 집에 있던 큰누나와 삼촌집에 있던 작은누나는 전포동 이모 집에서 자취를 하며 교통부에 있는 삼화고무공장에 다니고 있었다.

이모 집은 두부공장을 했다. 집 마당에 솥을 걸어놓고 두부를 만들었는데 담벼락에 기둥을 세우고 약 2미터 정도 높이에 방을 하나 만들어 누나들이 있도록 했다. 합판 한 장 정도의 크기로 두 사람이 누우면 비좁을 정도였기에 누나들은 교대 근무조를 달리하며 한사람씩 잠을 잤고 방 입구에 수직사다리를 설치하여 오르내리도록 되어있었다.

자전거포에서 이모 집까지는 천천히 걸어도 십분이면 갈 수 있는 길이었다. 이모 집 마당에는 아무도 없었다. 공중에 매달린 누나의 방을 한참 쳐다보다 사다리를 딛고 올라가 문을 열었다.

오전에 퇴근해서 잠을 자던 큰 누나가 문소리에 벌떡 일어났다. 방에 들어오지도 못하고 퉁퉁 부은 얼굴로 사다리를 딛고 서있는 나를 보고 큰누나는 말을 잊었다. 좁은 방에 연고 냄새가 가득했다. 자초지종을 들은 누나는 한참을 울었다. 나도 같이 울었다.

"누부야, 내 가기 싫다. 내 여기서 살면 안 되나?"

그때 이모가 마당으로 나왔다가 방에서 말소리가 들리자 누나를 불렀다.

"양순아, 누가 왔나?"

누나가 방문을 열었다. 울어서 눈이 벌겋게 된 큰 누나와 얼굴이 부은 나를 보고 이모가 놀라며 물었다.

"야야, 이게 뭔 일이고? 누구한테 맞은기가. 얼굴이 이기뭐꼬?" 라며 목청을 높였다. 그 소리에 큰방에 있던 이모부가 밖으로 나왔다. 이모부는 체격이 장대했다. 보통사람들보다 머리 반개는 더 크고 목소리도 쩌렁쩌렁 했는데 성격도 불같은 분이었다.

그간 매일같이 욕설과 폭력에 시달려 왔다는 이야기를 들었지만 이 정도일 줄은 몰랐다는 큰 누나의 이야기를 들은 이모부가 '이눔의 시키가!' 하는 굵직한 고함을 지르더니 그길로 자전거포로 내달렸다. 나도 이모부의 뒤를 따랐다. 밖에 나와 보니 이미 이모부는 어디까지 갔는지 보이지가 않았다. 부리나케 자전거포로 갔을 땐 이미 사단이 벌어져 있었다.

이모부의 한손에 멱살을 잡힌 이씨가 양손으로 이모부의 손을 잡으며 캑캑대고 있었다. 한손으로 이씨의 뺨을 서너 차례 때린 이모부가 그를 냅다 자전거 속으로 던져버렸다. 조금 전 내가 처박힌 것처럼 이씨가 진열된 자전거에 쳐 박히며 우당탕 소리가 났다.

"이 새끼야 니가 사람이가? 쪼끄만 아가 때릴 때가 어디 있다고 아를 이 지경으로 만들어? 니도 함 맞아봐라!"

넘어진 이씨를 일으켜 세우고는 다시 멱살을 잡으려고 하자 이씨가 후다닥 도망을 가려했다. 하지만 이모부의 손이 더 빨랐다. 뒷덜미를 이모부에게 잡혔다.

이씨를 끌고 가게 밖으로 나왔다. 가게 밖은 벌써 많은 구경꾼들이 모여들었다. 이모부는 이씨를 대로변 사거리까지 20여 미터를 끌고 나갔다. 뒷덜미가 잡힌 이씨는 걸음을 걷지 못했고 상의 작업복과 내복이 가슴까지 벗겨져서 맨살이 드러나 있었다. 신발도 벗겨진 채 사거리까지 질질 끌려 나갔다. 구경꾼들이 길을 막아서일까 이모부의 끌어당기는 힘이 잠시 느슨해진 순간 이씨가 반쯤 벗겨진 상의를 스스로 훌렁 벗어버리고 구경꾼들 속으로 도망을 쳤다. 이모부는 이씨의 허물만 한 손에 든 채 "이 새끼 그 안 서나?" 하며 눈을 부라렸다.

이모부가 내게 말했다. "가자, 이따구 같은데 당장 때리치아뿌라!" 옆에 같이 있던 큰누나도 "그래. 인자 자전거포에는 가지마라." 하며 내 어깨를 감쌌다. 누나로부터 그 말을 듣는 순간 나는 안도의 한숨을 쉬었다.

"누부야 진짜가, 진짜로 안가도 되나?"

"그래, 집에 가자!"

자전거포 생활은 벼랑이었다.

(2015. 8.14)

가야금속

"니, 진짜 열다섯 살이가?" 과장이 아무래도 이상하다는 듯 머리를 들고 아래위로 훑어보며 물었다. "예" 나는 머리를 푹 숙인 채 기어들어가는 목소리로 대답했다. 공장에 가서 누가 몇 살이냐고 묻거든 열다섯 살이라고 대답을 해야 된다고, 어제 저녁 내내 다짐을 받은 것도 모자라 아침에 대문까지 따라 나온 이모로부터 주의를 받은 터였다.

새로 취직한 곳은 가야 이모 집과 약 오백여 미터 거리에 자물쇠를 주로 만드는 '가야금속' 이라는 공장이었다. 당시 가야금속은 종업원이 100여 명 정도 되는 꽤 규모가 있는 공장이었다. 이모가 사장 사모님과 친분이 있어 취직을 하게 되었는데 열세 살은 너무 어리니 열다섯이라고 거짓말을 하라고 했다.

처음에는 옷걸이의 고리를 만드는 공정에 배치가 되었다. 아연과 알미늄 혼합물을 녹여 '다이캐스팅' 으로 찍어낸 옷 고리에 붙은 군더더기를 연마로 갈고 나사못을 박을 수 있는 구멍을 뚫었다. 그런 다음 빠우(버핑)로 광택을 내면 되었는데 나는 샌딩과 빠우 작업을 했다.

고속으로 회전하는 연마작업은 단순하기는 했지만 속도를 내야 했다. 모든 일이 그러하다시피 손의 힘으로만 되는 것은 아니었다. 손으로만 샌딩 작업을 하면 손의 중심을 잡기가 어려웠고 중심을 잃으면 손가락을 갈아버릴 위험이 있었다.

의자에 앉은 자세에서 무릎에 손목을 바쳐 흔들림이 없게 하고 연마석에 고리를 갖다 댈 때도 무릎의 힘으로 강약을 조절하여 작업을 해야 했다. 작업능률을 올리기 위해 서둘러 작업을 하다 보니 손가락이나 무릎을 갈아 버리는 경우가 비일비재했다.

빠우(버핑)는 헝겊을 여러 겹 덧대어 압착한 다음 촘촘히 재봉한 것인데 빠우를 연마처럼 고속회전 키고, 옷 고리를 마찰시키면 반짝반짝 광택이 났다. 마찰과정에서 엄청난 양의 보풀이 발생했는데 퇴근시간이면 작업장 주변이 검은 이불솜을 깔아놓은 것처럼 널려 있었다.

양초원료인 '파라핀'을 광택제로 사용하다보니 그 보풀은 인화성이 몹시 강했다. 당시 담배를 태우는 어른들은 종종 성냥불 대신 쇠톱 날이나 철사 등을 연마석에 마찰시켜서 발생되는 불꽃으로 담뱃불을 붙이곤 했는데 어느 날 담뱃불을 붙이다 바닥의 보풀에 불이 붙었다. '퍽' 하며 순식간 실내 전체에 불이 번졌다. 다행히 실내에만 불이 났고 더 이상 확대되지는 않았다.

먼지 속에서 작업을 하다 보니 마스크는 물론이고 두 눈만 빠끔히 내어놓고 타월 등으로 얼굴을 칭칭 감아서 마치 테러리스트 같은 모양을 하고 있었다. 점심시간에 얼굴에 감았던 것을 풀면 판다 곰처럼 기괴한 얼굴이 되어있어 서로 마주보고 웃기도 했다.

그렇게 옷걸이 공정에서 약 6개월을 근무하다가 자물쇠에 고유번호를 펀칭하는 부서로 옮기게 되었고 그 후에도 많은 부서를 돌아가며 근무를 했다. 동판에서 열쇠를 따내는 프레스, 마크를 찍는 액기생, 열쇠 홈을 새기는 컷팅과 밀링, 구멍을 뚫는 보링, 부속을 깎아내는 로구로, 주물 후 몸통을 다듬는 연마, 그리고 조립 등등 자물쇠를 만드는 전 공정에서 근무를 했다.

가야금속에 3년 가까이 근무했는데 언제부턴가 급료를 주는 날짜가 며칠씩 늦어지더니 나중에는 몇 개월씩 체불이 되었다. '공장이 망할 것이다. 감원이 있을 것인데 누구누구가 포함이 될 것이다.' 라는 흉흉한 소문이 아침저녁으로 회사 내에 번졌다. 실제 몇몇은 회사를 떠나기도 했다.

어느 날 아침에 출근을 하니 사람들이 삼삼오오 웅성거리고 있었다. 간밤에 사장이 가족들을 데리고 야반도주 하였고 공장은 빚더미에 앉아 껍데기만 남아서 문을 닫아야 한다는 것이었다. 하루아침에 일자리를 잃은 사람들은 허탈했고 나도 몇 개월 치의 임금을 받지 못한 채 회사를 떠나야 했다.

(2014. 4. 19)

꼬마야

조용한 새벽. 함석문을 두드리는 소리가 요란스럽게 울렸다. "탕! 탕! 탕!" "꼬마야! 빨리 나가봐라." 새벽잠을 방해받은 김기사가 발치에 누워있는 내 등을 툭툭 차며 이불을 머리끝까지 끌어올리고 돌아누웠다.

"아이 씨! 새벽부터."

나도 안 떠지는 눈을 억지로 뜨며 부스스한 얼굴로 일어났다. 가게 뒤편에 합판으로 덧대어 조악하게 달아낸 방이라 이불속에서 몸을 빼자마자 추웠다. 발밑에 벗어둔 티셔츠를 걸치고 나오니 그때까지도 '아저씨요!' 하며 함석문을 두드리는 소리가 요란했다. "예. 나갑니다." 문을 조금 열고 빼끔히 머리를 내밀자 사십쯤 되어 보이는 남자 한명이 서있었다. "무슨 찬대예?" 내가 한 손으로 눈을 비비며 차량 종류부터 물었다. 이런 꼭두새벽에 배터리 가게 문을 두드리는 이유래야 보조 배터리로 시동을 걸어달라는 것이어서 차종에 따라 가져갈 배터리가 다르기 때문이었다.

"코로나 택시다"

"어데 있습니꺼?"

"저기 제일약국 골목길에 주차해 놓았다."

운전수를 보내고 자전거를 꺼내어 충전용 배터리와 연결선을 실었다. 밖으로 나오니 희뿌연 여명이 트려했다. 두꺼운 옷을 겹겹이 껴입었음에도 1월의 차가운 바람이 옷 속으로 파고들었다. 내쉬는 입김이 속눈썹에 부딪혀 살얼음이 얼은 듯 눈을 깜박일 때마다 쩍쩍 들어붙는 느낌이 들었다.

서면로터리 방향으로 완만한 오르막을 자전거 페달을 밟아 오르자 파란택시가 보이며 운전수가 손짓을 했다. 자동차 보닛을 열고 배터리의 극선을 연결했다.

"자, 시동 함 걸어보이소."

운전사가 시동을 걸었다.

"됐심더."

내가 배터리 연결선을 제거하며 말했다.

"그래, 욕봤다. 너거 집에서 밧데리를 갈은 지가 몇 개월 밖에 안됐는데 이리 시동이 안 걸리면 우짜노?"

운전수가 투덜거리며 주머니에서 꼬깃꼬깃한 백 원짜리 지폐 한 장을 건넸다.

겨울철 기온이 많이 내려가면 배터리의 성능이 저하되기 때문에 시동이 걸리지 않는 경우가 많았다. 가게로 돌아와 다시 자리에 눕기도 그렇고 해서 문을 열기로 했다.

함석으로 된 문을 열고 배터리를 진열하는 사이에도 두 번이나 더 시동을 걸어주고 나니 아침 해가 떠올랐다. 가게 한가운데에 설치된 연탄난로 불문을 활짝 열고 물을 한 양동이 가득 올려놓았다. 인도에 반쯤 걸쳐 진열대를 놓고 배터리 진열을 마칠 즈음이 되자 '니미럴, 뭔 놈에 날씨가 이리 춥노.' 하고 중얼거리며 김기사와 박군 형이 까치집을 지은 머리를 손으로 벅벅 긁으며 가게로 나왔다.

배터리 가게의 원래 사장은 현재 사장의 동생이었다. 그런데 동생이 병으로 죽자 그 형이 가게를 운영하였는데 그 형은 이쪽방면에는 완전 문외한이었다. 보통 오전 10시쯤 출근을 해서 전날의 매상을 챙기고 공장에 주문을 넣은 다음 근처 다방에서 배달된 커피를 마시며 다방 레지와 노닥거리다가 점심때가 되기 전에 가게를 나가면 그길로 그날은 끝이었다.

실제로 가게를 운영하는 사람은 죽은 동생의 처남으로 배터리 계통에는 상당한 기술을 가진 사람이었다. 나이가 서른 살 정도에 성이 서씨여서 서 공장장이라 불렀다. 처남의 입장에서는 매형이 죽었으니 누나가 사업체를 승계하는 것이 맞고 그러면 자기가 실권을 가질 것인데, 사돈지간인 형이 사장이 된데다 그나마 아무런 일도 하지 않고 매상만 챙겨가는 것에 대하여 상당한 불만을 가지고 있었다.

그리고 20대 중반정도 되는 고급 기술자인 이기사와 김기사가 있었고, 나보다 1년 정도 먼저 기술을 배우러 들어온 박군 형이 있었다. 이기사는 자기 집에서 출퇴근을 했으나 김기사는 포항 사람이어서 나와 박군 형 이렇게 셋이서 가게 뒤에 달아낸 방에서 같이 숙식을 했다.

날이 추우니 평소보다 배터리 충전계통 이상의 차량들이 줄을 이었다. 나는 배터리나, 제너레이터, 스타트모터를 탈 · 장착 하는 게 주 임무였다. 차량의 이상 부위를 점검한 기사가 고장난 부위를 진단하면 내가 그 부위를 떼어내 가게로 가져오고 수리를 완료하면 다시 부착을 했다. 가게에서 내 이름은 없었다. 손님들이 '어이, 꼬마야!' 하면 달려가 차량의 배터리 비중을 측정하거나 액을 보충해주곤 했다. 나는 없고 꼬마만 있었다.

당시 코로나나, 퍼브리카, 피아트 같은 소형차는 배터리나 제너레이터가 무게가 많이 나가지 않았으나 트럭이나 버스 같은 대형차들은 10~15kg 정도로 무게가 상당했다. 배터리의 탈, 장착 작업은 선 채로 가능했지만 스타터모터나 제너레이터는 차량 엔진룸에 들어가거나 차 밑에 누워서 작업을 했는데 당시 열다섯이던 나로서는 상당히 힘에 부치는 작업이었다.

차 밑에 누워서 10킬로그램이 넘는 스타트모트를 들어 올려 손의 감각만으로 볼트 구멍을 맞추기는 여간 어려운 일이 아니었다. 모터를 들어 올린 팔을 부들부들 떨며 안간힘을 써야했다. 자칫 모터를 놓치거나 구멍을 잘못 맞추어 떨어지는 날에는 꼼짝없이 내 얼굴에 떨어질 것이고 결과는 끔찍할 것이었다.

어느 무더운 여름날이었다. 일제 히노 10톤 트럭의 스타트 모터를 분리할 때였다. 뜨끈뜨끈한 아스팔트 열기를 고스란히 등짝으로 느끼며 볼트 세 개를 풀었고, 마지막 한 개를 풀기 위하여 차량 보닛을 열고 엔진룸에 엎드렸다. 얼마 전까지 운행을 하였던 터라 엔진룸은 용광로를 앞에 둔 것 같은 열기가 확 덮쳐왔다.

마지막 남은 볼트 한 개를 풀고 두 손으로 모터 윗부분을 잡고 들어 올리려는 순간 오른 쪽 팔뚝이 엔진 가스켓 부분에 살짝 닿았다. 순간 뜨거운 열기에 깜짝 놀라 나도 몰래 반사적으로 팔을 빼내면서 모터를 놓치고 말았다. 그러자 모터가 쿵하는 소리와 함께 바닥으로 떨어졌다. 얼른 차 밑으로 들어가 모터를 들어내었는데 떨어질 때의 충격으로 아스팔트가 움푹 찍혀있었다.

배터리 가게 뒤쪽 밋션 재생 가게에 내 또래의 꼬마가 한 명이 있었다. 생기기도 또랑또랑하고 하는 행동도 활발해보였는데 자주 보지는 못했지만 가끔 자전거를 타고 다니며 얼굴 정도는 알고 있는 아이였다.

나는 그날도 기름을 잔뜩 묻힌 채 차 밑에 누워 낑낑대며 모터를 부착한 후 차 밑에서 나오다가 깜짝 놀라 그 자리에서 멍하니 굳어버렸다. 그 아이가 하얀 교복에 책가방을 들고 의기양양하게 걸어와서 나를 보더니 싱긋 웃으며 유유히 지나쳐갔다. '아니 저 녀석이 학교를 다녔나.' 다음날 바로 그 아이를 찾아갔다. "야! 니 학교 댕기나?" 조그만 앉은뱅이 의자에 앉아 시커먼 경유통에 기어를 씻고 있는 아이에게 물었다. 그 아이는 밋션 재생가게 사장의 조카였고, 기술을 배우면서 그해 봄 동성중학교 야간부에 입학을 했다는 것이었다.

그 아이가 야간중학교를 다닌다는 것은 큰 충격이었다. 이미 직업 청소년들을 대상으로 하는 '상록학원'에서 중학과정 일부를 배우다 중단을 했기 때문에 학업에 대한 갈증이랄까, 그냥 학교를 다니는 녀석이 부러웠고, 상대적으로 내가 계속 이렇게 살아도 될까하는 생각이 내내 머리에서 떠나지 않았다.

생각이 깊어지다 보니 배터리 기술을 배우겠다는 열의도 옅어지고 장차 배터리장사를 해서 살아갈 수 있을까하는 고민에 부딪히게 되었다. 며칠간 고민을 하다 우리 배터리 가게를 중심으로 부전동 시립도서관에서 전포동 청십자 병원까지 서면 일대에서 영업 중인 배터리 가게 숫자를 조사했더니 모두 스물아홉 군데였다. 그리고 내가 속해 있는 가게같이 영업이 잘되는 집은 두 집뿐이고 나머지는 모두 주인 혼자서 가게를 지키는 정도로 장사가 잘 되지 않는다는 것도 알게 되었다. 점점 배터리기술을 배워야 하는지 회의가 들었다. 지금 스물아홉 개가 있는데 앞으로 10년 후에는 얼마나 많은 가게가 생길까, 영업이 되지 않아 파리만 날리고 있는 가게주인이 장래의 내 모습 같아 보였다.

예전에는 손님들이 '꼬마야!' 하고 부르면 재빨리 달려갔고, 말 하지 않아도 알아서 배터리 액도 점검해주곤 했는데 모든 게 심드렁하고 의욕이 없었다. 그러던 어느 날 개금에 있는 버스조립공장에 배터리 배달을 갔다 돌아오다 부산진구청 부근에 있는 상록학원을 들렀다.

"니 요즘 어데서 일하는데 그리 기름을 묻혀갖고 다니노?"

기름때가 졸졸 흐르는 내 모습을 보고 원장이 물었다

지금 배터리 가게에서 기술을 배우고 있는데 장래 전망도 없어 고민 중이라는 것과 공부를 더 하고 싶다는 말을 했다.

"그라모 니 우리 학원에 있을래?"

원장이 물었다.

학원에 사환이 한 명 있어야 되는데 형편상 둘 수 없으니 내가 사환을 하는 대신 수업료를 안 받고 점심도 제공하겠다는 것이었다. 대답을 못하고 망설이는 내게 원장은 생각이 있으면 언제든 찾아오라고 했다.

가게로 돌아와서 정말 심각한 고민을 했다. 내가 어디에 있는지 생각을 했다. 마치 얼빠진 사람처럼 멍하니 있기도 했고 누전점검을 하다 감전이 되기도 했다. 결국 교복을 입은 아이를 본 지 보름 만에, 학원을 다녀온 지 일주일 만에 '상록학원'에 사환으로 들어가서 공부를 하기로 했다. 배터리 가게에 '꼬마'로 취직한 지 1년이 지난 1970년. 내 나이 열여섯 살의 어느 봄날이었다.

(2014. 5. 17)

1972년을 말하다

1. 목각

"야! 잘 깎네."

"학생, 목걸이 이거 한 개 얼마고?"

"백 원입니더."

내가 사과궤짝으로 만든 임시 작업대 앞에 쪼그려 앉아 활짝 웃는 얼굴로 대답했다. 그러나 대답을 하면서도 조각칼은 연신 움직이며 나무를 깎아 내고 있었다.

오후 5시경 송정해수욕장 노천 버스 종점에는 아직 해가 많이 남아 있음에도 해수욕을 마치고 귀가하는 사람들로 장사진을 이루고 있었다. 20분 간격으로 출발하는 버스를 기다리는 사람들이 기다랗게 100

여 미터 가량 늘어져 있었다.

1972년 나는 야간고등학생이면서 낮에는 목공예 공방에서 목각을 하고 있었다. 공예사 사장이 교장선생님과 친분이 있는 분으로 야간부 학생 두 명을 추천해달라는 요청이 있어 담임선생님을 통하여 내게 목공예 일을 할 의향이 있는지를 물어왔다. 담임선생님은 내가 학생회 활동도 활발히 해서 추천을 했다고 말했다.

목공예를 하기 전에 나는 개금에 있는 농기계 공장에서 흙을 고르는 로터리 날을 다듬는 일을 하고 있었다. 공장 일은 작업일정에 따라 수시로 야간작업도 해야 했는데 학교 때문에 빠지곤 해서 미안하기도 했고 또 미운털이 박혀 있기도 했다. 공예 일은 공장에 비하면 급여는 훨씬 적지만 오후 5시에 퇴근을 해서 학교를 갈 수 있었다. 그때는 둘째형이 결혼을 해서 작은누나와 나는 둘째형 집에 얹혀살았다. 예전과 달리 먹고 자는 문제가 해결이 되었기에 급여가 좀 적더라도 학교를 마음 놓고 다닐 수 있다는 점이 좋아 3학년 영철선배와 같이 공예사에 취직을 했다.

공예사는 동래 복산시장 주변의 조그마한 골목길 주택가에 있었다. 열 평 정도 공간에는 목각 재단기와 나무 등 재료가 가득 쌓여 있었고 벽 양쪽으로 작업대가 놓여 있었다.

사장은 이십대 후반의 곱슬머리에 덥수룩한 장발을 하고 있었다. 훤칠한 키에 조각을 하는 사람답게 예술을 하는 분위기가 물씬 풍겼다. 우리가 꾸벅 인사를 하자 힘 있게 악수를 하며 '잘 왔다. 열심히 잘 배워봐라.' 하고는 환한 미소로 맞이해 주었다.

또 한사람이 있었는데 대학에서 미술을 전공하고 집에서 아이들에게 미술교습을 하는 분으로 목 조각에 흥미가 있어 오전에 공방에 와서 목각을 배우고 있다고 했다. 나이는 사장과 비슷한 또래였다. 우리는 사장을 원장님이라 부르고, 이 분을 미술선생님이라고 불렀다. 미술선생도 '어서 와라. 잘 해보자.'고 손을 잡아 주었는데 남자 손이 참 부드러웠다.

작업실 한쪽에 놓인 FM라디오에서 팝송이 잔잔히 흐르고 있었다. 전에 다니던 공장에서는 기계소음 때문에 옆 사람과 대화조차 할 수 없었고, 작업과정에서 발생되는 분진 때문에 마스크를 두 겹이나 쓰고 눈만 빠끔히 내어놓고 작업을 했는데 그에 비하면 공방의 작업환경은 천국이었다.

처음에는 조각칼을 예리하게 가는 법을 배웠다. 조각칼은 칼날 앞면이 평평한 평도, 칼날 끝이 뾰쪽한 창칼, 칼날이 둥근 환도, 삼각형인 삼각도가 있었다. 각 종류마다 구두 주걱만한 것에서부터 손톱 다듬는 칼처럼 작은 것까지 종류가 다양했다. 공방에 있는 조각도만 해도 백 자루가 넘었다.

첫날부터 3일 정도는 계속 칼만 갈았다. 칼을 가는 방법은 바닥이 평평한 스테인리스 철판 위에 거칠기가 부드러운 800번 사포를 놓고 정성스레 칼을 갈았다. 그러다가 칼날을 조심스레 쓰다듬어 아주 미세하게 까칠까칠한 감촉을 느낄 수가 있으면 초벌 갈기가 되었다.

그런 다음 더욱 부드러운 1,000번 사포로 다시 갈았다. 초벌에서 예리하게 갈려져 있었지만 마무리 갈기에서 예리함에다 부드러움이 더하여져서 거울처럼 얼굴이 비추어졌다. 실제로 면도기가 없을 때는 조각칼로 면도를 하기도 했다.

다음은 칼 다루는 법을 배웠다. 두께가 2㎝ 정도 되는 문패만한 나무를 주고는 조각도만 사용해서 두께가 1㎝가 되도록 깎아서 마치 대패질을 한 것처럼 매끈하게 만들라는 것이었다. 이렇게 해서 조각도 다루는 법을 체득하게 했다.

목각은 작업대 위에 나무를 고정시켜놓고 오른손 엄지와 검지로 조각도를 잡고 나머지 세 손가락은 바닥에 닿게 하여 흔들림이 없게 했다. 또 왼손 엄지로는 오른손 엄지를 잡아서 오른손이 흔들리지 않게 받혀 주었다. 그런 다음 어깨와 상체 힘으로 칼날을 조심스레 밀어주면 나무가 깎여 나갔다. 그 다음은 우리가 깍은 나무를 사포질하여 부드럽게 했다. 사포질에서 나온 나무가루에 옷과 머리가 뽀얗게 되었지만 대패질을 한 것처럼 점차 매끈한 형태가 갖추어져 갔다.

이렇게 며칠간의 견습 기간을 거쳐 처음으로 작품조각을 했다. 공방에서는 목각작품을 만들어 백화점과 유원지의 관광용품 판매소에 납품을 했는데 호랑이, 김삿갓, 용 같은 대형작품과 액자형식의 사슴, 소나무와 호랑이, 학 같은 소형작품이 있었다. 대형작품은 원장이 전담하였는데 주문이 있을 때만 작업을 하였고 평소에는 소형작품 작업에 매달려 있었다.

목각재료는 피나무, 향나무가 있었는데 주로 피나무를 사용했다. 피나무는 가볍고 연하여 섬세한 부분을 잘 표현할 수가 있었다. 나무의 나이테나 무늬가 잘 나타나질 않아 완성이 되었을 때 무늬로 인해서 작품의 성질이 왜곡되는 현상이 적었다. 또 갈라짐이나 뒤틀림이 없어 예부터 조각품이나 악기재료로 많이 사용되었다고 했다. 나무의 성질이 순하다보니 칼로 지긋이 밀어내면 서걱서걱 깎였는데 마치 무로 조각을 하는 것처럼 잘 깎여 나갔다.

내가 처음 맡은 작업은 달을 만드는 것이었다. 피나무 송판을 공예톱으로 지름 7㎝ 정도로 본을 뜬 것을 가장자리를 깎아내어 달처럼 만들었다. 그런 다음 사포질을 하여 표면을 부드럽게 하고 채색을 했다. 그리고 하루정도 바람이 잘 통하는 그늘에서 건조를 한 다음 몇 차례의 니스 칠을 하면 완성이 되었다.

달 만드는 작업이 수월해질 즈음이 되자 사슴을 조각했다. 액자 속에 중천에 걸린 달을 사슴 한마리가 애잔히 올려다보고 있는 것이 작품의 내용이었다. 달은 평평한 칼 한 자루만 사용해서 둥글게 깎으면 되었지만 사슴은 난이도가 높아 진정한 목공예를 한다는 생각이 들게 했다.

다리의 근육이나 목의 뒤틀림, 눈과 입모양을 표현하기 위해서는 환도, 삼각도 등 여러 가지 조각도를 사용해야 했다. 원장이 만들어 놓은 샘플을 앞에 두고 연신 보아가며 조각했지만 칼날의 깊이가 조금만 깊거나 얕아도 자연스러움이 반감되고 작품에서 나타내려고 하는 달밤의 고즈넉함, 쓸쓸함, 애잔함이 제대로 표현되지 못했다. 집중을 하다

보니 하루가 어떻게 지나가는지 모를 지경이었다.

아침에 출근했다 싶으면 점심시간이었고 점심이다 싶으면 퇴근이었다. 작품을 만드는 전 과정이 재미가 있었고 몰입했다. FM 방송도 귀에 들어오지 않았다. 점심시간에 영철선배는 주변 산책도 하고 라디오도 듣곤 했지만 나는 점심 먹는 시간도 아까웠다. 시간과 열정을 들인 만큼 실력도 늘었다. 내가 만들어 놓은 사슴이나 물고기를 보면 영철선배와 실력 차이가 나기 시작했다. 우리가 만들어 놓은 작품들은 원장이 최종적으로 마무리를 했다.

“야 병호가 제법 늘었네, 마무리하기가 한결 수월하다.”

“사슴은 목 근육을 조금 더 크게 나타내면 더 손볼게 없겠다.”

“잉어는 비늘이 너무 촘촘해서 자연미가 떨어지는데 이런 점만 보완하면 되겠다.”

칭찬을 했다. 상대적으로 영철선배 작품은 원장의 마무리가 좀 더 길어졌다. 그러다 보니 나는 의욕이 넘쳐 사고를 저지른 적도 있었다. 실력이 제법 늘어 물감 채색도 농담을 표현할 수 있었고, 사포질로 은은한 음영도 나타낼 수 있었다. 니스와 신나의 배합도 배워서 마무리 칠까지 습득했다.

토요일 오후였다. 다른 때와 달리 원장이 늦은 시각에 달과 복주머니를 재단하고 있었다. 이 늦은 시간에 왜 재단을 할까 싶어 물어 봤더니 미화당백화점에서 늦게 주문이 들어왔는데 화요일까지 납품을 해야 된다고 했다. 그 말을 듣고 다음 주 화요일까지면 바쁘겠다 싶기도 하고 더 잘해 보려는 마음에 일요일에 혼자 출근을 했다.

우선 달부터 깎았다. 이제 달 정도는 쉬운 작업이었기에 오전 중에 스무 개를 깎고 사포질까지 마치니 오후 2시쯤 되었다. 그런 다음 채색을 했다. '스테인'이라는 목재전용 갈색 안료에 흰색 포스터 칼라를 조금 혼합하여 약간 두텁고 따뜻한 질감의 색상을 만들었다. 시험적으로 다른 나무에 칠을 해보니 색상이 잘 나왔다. 흡족했다. 조심스럽지만 정성스럽게 색칠을 하여 담장 그늘 밑 바람이 잘 드는 곳에 내어 놓았다.

그리고는 작업대에 앉아 복주머니를 조각했다. 복주머니의 포인트는 주름이다. 복주머니는 하단보다 윗부분 주름을 잘 표출하기 위해서 심혈을 기울였다. 한 서너 개 정도를 만들었을 때였다. 작업실 문이 드르륵 열리며 원장이 나타났다. 원장도 납품기일이 걱정되어 공방에 나온 것이었다.

"야, 니가 일요일에 웬 일이냐?"

"화요일에 납품을 해야 된다 해서 아무래도 바쁠 것 같아 아침에 나와서 좀 했습니더." 라고 말하며 달을 스무 개 깎아서 채색을 해서 건조중이고, 지금 복주머니를 깎고 있다고 했다. 원장은 복주머니를 보더니

"됐네, 잘됐다. 그런데 달은 어데있노?"

"골목에 건조시키고 있습니더" 라고 대답을 하는 순간, 아차 큰일 났다 싶었다. 수분을 머금은 나무는 그늘에서 선선한 바람을 쏘이며 천천히 말려야 되는데 내가 널어놓을 때는 골목 담장 밑이 그늘이었으나

시간이 지남에 따라 그곳에는 햇볕이 쨍쨍 내려 쪼이고 있었다. 복주머니 만들기에 몰입하다보니 그늘로 옮기는 것을 깜박한 것이었다.

공들여 깎아놓은 달은 바짝 마른 채 양 가장자리가 하늘 방향으로 뒤틀려져 있었다. 난감했다. 일을 잘하려고 했던 것이 오히려 일을 더디게 만들고 비싼 나무 값만 날리게 된 것이었다. 미안한 마음에 얼굴이 벌겋게 되어 어찌할 바를 몰라 하고 있는데 원장은 '허참, 이걸 어쩐다.' 하며 난감해했다.

"이 녀석아! 하려면 좀 제대로 해야지" 하며 머리를 '콩' 쥐어박았다. 원장이 바닥에 널린 달을 주섬주섬 걷었다. 나도 아무 말 없이 달을 걷었다. 그러고는 공방으로 들어가서 양동이에 물을 한가득 채우더니 뒤틀린 나무 달을 한 시간여 동안 물에 담가두었다가 건져 올렸다. 그 다음 물에 적신 신문지를 두껍게 깔고 그 위에 뒤틀린 달을 놓고 또 젖은 신문지로 덮고는 무거운 원목들을 올려놓았다. 어느덧 어스름이 몰려왔다.

다음날 출근을 해서 보니 10개는 원상태로 돌아왔지만 결국 10개는 뒤틀림이 완전히 돌아오지 않아 못 쓰게 되었다.

2. 송정 해수욕장

목조각에 빠져 시간 가는 줄 몰랐다. 그러나 수요가 많지 않아 돈이 되는 일은 아니었다. 원장도 목조각으로 돈을 벌자고 하는 생각도 별로 없었다. 그냥 전공을 했으니 부모님께 자금을 받아 공예사를 차렸고, 간간이 납품을 하지만 선 납품을 하고 물건이 팔리면 대금을 받는 방식이어서 자금난을 겪기도 했다. 얼마 안 되는 우리 급여도 종종 지연되었다. 그러나 다른 곳 같으면 그만 두었겠지만 일이 재미있어서 하루도 빠짐없이 출근을 했다.

학기 초에 입사를 했는데 어느덧 여름 방학이 다가오고 있었다. 날씨가 더워졌고, 선풍기의 바람도 텁텁하게 느껴지는 토요일이었다. 보름정도 늦은 급여를 지급한 원장이 저녁에 회식을 하자고 했다. 미술선생을 포함한 공방가족 4명이 복산시장 곱창집에 둘러앉았다. 원장과 미술선생은 소주를 마시고 영철선배와 나는 사이다를 홀짝이고 있었다.

자연스레 날씨가 화제가 되어 언제 단체 해수욕을 한번 가자는 쪽으로 발전이 되더니 원장이 아예 여름을 바다에서 보내면 어떻겠느냐는 제의를 했다. 여름철이라 일거리도 별로 없으니 바닷가 민박집을 빌려 그곳에서 간단한 소품을 만들어 팔며 피서를 하자는 것이었다. 다만, 그곳에서 발생되는 이익금으로 생활을 할 것이니 피서기간에 급료는 없는 것으로 하자고 했다.

원장은 20대 후반에 결혼도 하지 않았다. 다분히 즉흥적이고 예술가적 기질에 자유분방해서 벌써 여름 바닷가 낭만에 젖어 있는듯했다. 또 미술선생도 원장 못지않게 걸림이 없는지라 두 사람은 즉시 의기투합했다.

"야, 너거 방학이 다음 주부터제?"

그렇게 원장이 물어봤지만 우리의 동의를 구하는 것은 아니었고 당연히 동참을 하는 것으로 생각하고 있었다.

월요일부터 준비를 시작했다. 원장은 잔뜩 들떠 있었다. 월요일 오후 늦게 출근한 원장은 벌써 송정해수욕장 민박집에 들러 여름방학기간 동안 방 한 칸을 빌려놓고 오는 길이라고 했다. 올 여름은 비가 많이 올 것이라는 기상대의 예보 덕분에 시세보다 절반 가격에 방을 빌렸다고 신이 나 있었다.

원장과 미술선생은 디자인 북을 들고 소품구상에 몰두했다. 그래서 선정된 것이 피나무로는 아파치 추장 흉상과 복주머니, 해골목걸이 3종, 향나무로는 나무 본래의 문양을 살린 하트와 LOVE나 간단한 시 구절을 넣은 발바닥 모양의 목걸이 2종이 선정되었다. 몇 군데 칼질과 채색을 하고 니스 칠까지 마치니 예쁜 목걸이가 나왔다. 그 외에도 책상장식용으로 둘 수 있는 시(詩)를 써넣은 돛단배 등 소품 몇 종류가 더 선정되었다.

금요일까지는 각자 출발준비에 바빴다. 조각도나 채색 염료 등은 물론이고 집에 있는 캠핑도구도 준비했다. 나는 코펠 세트와 휘발유 버너를 준비했다. 당일 출발지에 나타난 영철 선배는 집에서 사용하는 곤로를 들고 와서 한참을 웃게 만들었는데 막상 피서지에서는 유용하게 사용했다. 미술선생이 합판을 모조전지 크기로 잘라 백사장과 바다, 갈매기 몇 마리를 그려 넣었다. 몇 번의 붓질에 시원한 송정 바닷가가 합판 위에서 출렁거렸다.

드디어 출발일이 되었다. 바리바리 짐을 짊어진 우리 4명은 송정행 버스에 몸을 실었다. 버스는 꼬불꼬불 달맞이 고개를 넘고 청사포 바다를 내려다보며 송정 버스종점에 우리를 내려다 주었다. 버스에서 내리자 벌써 짭조름한 갯냄새가 바람에 섞여오는 게 해수욕장에 도착했음을 실감했다.

민박집은 백사장에서 십 미터 정도 골목 안에 있는 집이었다. 가운데 본채는 오래된 한옥 기와집으로 큰방은 주인 영감님 부부가 사용했고 작은방은 민박용으로 빌려주었다. 집 뒤에 헛간이 있었는데 소쿠리 같은 낡은 세간이 쌓여있고 한쪽 벽에는 볏짚이 가득 재여 있었다.

본채를 가운데로 해서 여름 한철 민박손님을 받기 위하여 지은 슬레이트 지붕에 조그만 방이 4개씩 있는 건물이 좌우로 1채씩 있었다. 마당중앙에는 손으로 물을 끌어올리는 펌프가 설치된 우물이 있었고 마당이 넓어서 피서객들이 많을 때는 마당에 평상을 여러 개 놓아 대여를 했다.

바다에 풍덩 뛰어들었다. 아직까지 물이 차가워 온몸에 소름이 돋는 듯 했다. 파도를 맞으며 바다를 느꼈다. 오후 4시경이 되자 영철선배하고 미술선생은 송정역 앞에, 나는 원장과 함께 버스 종점으로 향했다. 버스를 기다리는 줄 한쪽에 이젤을 펴고 화판을 고정시킨 다음 준비해간 목걸이를 걸어놓고 손님을 기다렸다. 사람들은 그냥 곁눈으로 힐끗 쳐다만 볼 뿐 별 관심을 가지지 않았다. 안 되겠다 싶어 이젤과 화판을 들고 다니며 버스를 기다리는 사람들에게 다가가 기어가는 목소리로 '목걸이 사세요, 목걸이 한 개 백원입니더.' 하고 다녀 보았다.

바닷가에서 물건을 팔자고 제일 먼저 안을 낸 원장은 용기가 나지 않는지 멀찌감치 떨어져 있었다. 5시에 시작해서 저녁 8시가 될 때까지 들고 다녔는데 겨우 10개를 팔았다. 송정역 앞에 자리한 영철 선배 팀은 최악이었다. 2개 밖에 팔지 못했다. '아, 이게 아닌데 싶었다.' 오늘 낮까지만 해도 기대에 부풀어 있던 원장의 얼굴이 침울해졌다. 쌀값도 안 되는 것이었다.

그럼에도 밤바다는 아름다웠다. 넓은 백사장 곳곳에서 불꽃들이 하늘로 날아올랐고 젊은 대학생, 연인들의 기타소리, 노랫소리가 어우러져 있었다. 낭만이 넘쳐흘렀다. 원장은 낙천적이었다. 저조한 판매량에 침울한 것도 잠시 우리들은 백사장에 둘러앉았다. 원장의 수준급 기타 연주에 맞춰 손뼉치고 노래 부르며 여름 밤바다를 만끽했다.

다음날이었다. 아침을 먹은 뒤 민박집 마루에 쪼그려 앉아 조각을 했다. 다음 주에 납품을 해야 하는 호랑이와 소나무, 학과 대나무를 깎는데 마루를 작업대 삼아 댓돌에 쪼그려 앉아서 하려니 여간 불편한 것이 아니었다. 자세가 안정되어야 정교한 칼질을 할 수 있는데 불안정하니 칼날의 깊이가 잘 조정되지 않았다. 헛간에서 사과궤짝을 발견하고 가져와서 앞에 쪼그려 앉아보니 높이가 딱 맞았다. 그제야 바른 자세가 나오며 칼질을 시작했다.

나무를 한참을 깎고 있으니 민박집에 있던 피서객들이 모여 들었다. 한두 명씩 모여든 피서객이 10여명이 되고 우리 방 앞에 빙 둘러서자 옆집의 피서객들까지 와서 구경을 하며 신기해했다. 오후가 되어 장사를 나가야 할 시간이었다. 팔 물건을 주섬주섬 챙기다가 한 귀퉁이에 밀쳐놓은 사과궤짝에 눈이 갔다. 순간 '맞다', '이거다' 하는 생각이 들었다. 오전에 목각을 할 때 사람들이 보여주던 관심이면 장사가 잘 될 것 같은 생각이 들었다. 목걸이 외에도 사과궤짝과 조각도가 들어있는 화구 가방을 챙기자 영철 선배가 의아한 시선으로 쳐다보았다.

"사람들 관심도 좀 끌라꼬예!"

벌써부터 버스를 기다리는 사람들의 줄이 수십 미터가 늘어져 있었다. 이젤을 설치하고, 화판에다 목걸이를 전시했다. 평평한 돌을 주워서 사과궤짝 앞에다 놓고 모자를 푹 눌러 썼다. 그때까지도 사람들은 그냥 무심한 표정으로 힐끔 쳐다만 볼 뿐 별 관심이 없었다. 그런데 조각도를 꺼내 나무를 깎기 시작하자 상황이 달라졌다.

뙤약볕에서 지루하게 버스를 기다리는 사람들의 시선이 모두 조각도에 집중되었다. 사각사각 깎여 나가며 형체를 갖추어 가는 조각 작품을 보며 몰려들어 구경을 했다.

"엄마야 이뿌다, 이거하나 사자."

"학생 이거 한 개 얼마고?"

"한 개 백원입니더."

내가 활짝 웃는 얼굴로 대답했다.

둘러서 있던 사람들이 너도 나도 한두 개씩 샀다. 일부는 뒷면에 이니셜을 새겨 달라거나 '날짜와 송정해수욕장' 등의 짧은 문구를 넣어 달라고 해서 즉석에서 새겨 주기도 했다. 저녁 7시가 되기 전에 내가 가지고 간 목걸이를 다 팔고 영철선배가 가지고 있던 목걸이까지 일부 팔았다. 옆에서 떨어져 구경하던 원장과 미술 선생의 표정도 연신 싱

글벙글했다.

그날 저녁 민박집에 돌아와서 조촐한 파티를 했다. 원장과 미술선생은 소주를 거나하게 마셨고, 영철선배도 소주 두 잔을 얻어 마시고 얼굴이 벌겋게 되어 있었다.

3. 임순진

바다는 힘이 세다. 수영객들이 버스에서 내리고 자동차에서 내린다. 가족끼리 오는 사람도 있고, 연인끼리, 친구들과 함께 오기도 한다. 쪽빛 바다는 사람을 불러 모으고 갈매기도 날아든다. 눈에 보이지 않는 줄이 있는 듯 끊임없이 모여든다. 사춘기를 앓고 있던 나에게 당연히 눈을 찌르는 것은 비키니를 입은 여자다. 브래지어를 아슬아슬하게 걸치고 수영복 밑단에 허연 여자의 허벅지는 눈이 부시다. 나는 그냥 보기 부끄러워하면서 곁눈으로 반라의 여자를 보았다. 머리가 길고 선글라스를 낀 한 무리의 여자들이 지나갔다. 나도 모르게 그들의 뒤태를 힐끔힐끔 쳐다보면 가슴이 뛰었다.

어느 날 오후, 우리 맞은편 방에 한 가족이 들어와 짐을 정리하고 있었다. 30대 중반쯤 되어 보이는 부부와, 아직 취학 전인 듯한 어린 남매, 그리고 내 또래쯤 되어 보이는 새침한 얼굴을 하고 있는 여학생 한 명이 보였다. 그 가족은 모두 바다로 나갔지만 여학생은 마루에 멍하니 앉아 있었다. 또래 남자인 우리들은 안중에도 없는 듯 차가운 얼굴과 귀찮은 표정을 하고 있었다.

다음날 아침이었다. 백사장을 뛰어 동쪽 끝에 있는 죽도 섬까지 갔을 때였다. 물안개가 뿌옇게 피어오르는 죽도섬 입구 바위 위에 그 여학생이 쪼그려 앉아 먼 바다를 바라보고 있었다. 지나치면서 옆에서 본 얼굴은 여전히 새침한 표정이었지만 어둡고 쓸쓸해 보였다. 조용히 지켜보고 싶었지만 그녀를 뒤로하고 돌아와 목각 작업을 했다.

얼마 지나지 않아 그 여학생이 돌아왔다. 우리는 사과 궤짝을 끌어안고 조각을 시작했다. 한참 목각에 몰입해 있는데 그 여학생이 조각하는 것을 구경하고 있었다.

"지금 조각하고 있는 게 뭐예요?"

눈이 참 예쁘다는 생각이 들었다. 나는 독수리를 만들고 있다고 대답했다. 며칠 전 피서를 왔던 연세대학교 학생 다섯 명이 기념으로 학교의 상징인 독수리에다 다섯 명의 이름이 들어간 조각을 주문하여 만들고 있는 중이었다. 내가 독수리의 형태를 잡아 놓으면 원장이 섬세한 부분을 터치하여 작업이 완성되도록 했다. 나무가 깎여 나갈수록 독수리의 형태가 갖추어지고 조각칼에 두꺼운 나무가 석둑석둑 떨어져나가는 것이 신기한 듯 우리가 작업을 마칠 때까지 마루에 걸터앉아 구경을 했다. 그 모습을 보고 내가 "이것 한 번 해 보실래요?" 하며 조각칼과 아파치추장 흉상 나무원판을 주었다. "정말 해도 돼요?" 하며 우리 방으로 들어왔다. 간단히 칼 잡는 법과 어디어디를 깎아내어야 한다는 것을 가르쳐 주었다. 그러나 처음 시도하는 여학생은 나무를 잘 깎지 못했다.

"조각칼은 이렇게 잡는 겁니다." 하며 내가 팔을 뻗어 여학생의 손을 잡고 조각을 도와주었다. 잘 되지는 않았지만 어렴풋이 아파치 추장의 형태가 만들어져가자 몹시 신기해하면서 좋아했다. 어느 정도 되었다 싶을 즈음 마무리를 하라고 사포를 주었는데, 오후에 제법 그럴듯하게 만들어 가지고 왔다. 부족한 부분을 내가 몇 군데 수정을 하여 작품을 완성해 주었다. 그 여학생의 이름을 물었다. '임순진' 이라고 했다. 아파치추장 흉상 뒷면에 날짜와 '송정해수욕장에서 임순진' 이라고 새겨 넣은 후 채색을 하고 광택까지 내어 임순진에게 건넸다. 그녀는 피서를 마치고 송정해수욕장을 떠날 때까지도 그 목걸이를 계속 걸고 다녔다.

저녁을 먹고 나니 아홉시가 되었다. 도시와는 달리 해수욕장에서 밤 아홉시는 저녁의 시작이었다. 원장은 재료를 가지러 부산으로 넘어가서 내일 오기로 되어있었고 미술선생은 그저께 민박집에 온 큰 키에 긴 생머리 대학원생을 맘에 두고 있었다. 상당한 진전이 있는 듯 초저녁 때부터 자리를 비운 터였다.

영철 선배와 방안에 누워 뒹굴며 음악을 듣고 있는데 '저기요!' 하며 마룻바닥을 톡톡 두드리는 소리에 쳐다보니 임순진이 쟁반에 수박을 들고 서 있었다. 반가운 마음에 후다닥 자리를 고쳐 앉았다. 임순진은 돌아가지 않고 마루에 걸터앉았다. 백사장에서는 폭죽 터지는 소리가 요란하게 들렸다. 내가 영철선배에게 "형, 우리 밖에 안 나갈랍니꺼?" 하고 물었더니 영철선배도 눈치가 보였는지 "나는 안 갈란다. 니나 나갔다 와라." 하고 슬며시 물러나 주었다.

"우리 밖에 바람이나 쐬러 갈랍니까?"

"그러지예."

그녀가 슬리퍼 차림으로 나를 따라 나왔다.

백사장은 사람으로 붐볐다. 곳곳에 삼삼오오 또는 쌍쌍이 모여 앉아 바다를 바라보고 있었다. 멀리 청사포 방향으로 걷다가 백사장에 쪼그려 앉았다. 시원한 밤바람이 바다 쪽에서 불어왔다. 바람결에 날리는 그녀의 머릿결에서 은은한 비누냄새가 났다. 바로 옆에는 한 무리의 대학생들이 기타를 치며 노래를 부르고 있었고 여기저기에서 쏘아 올리는 폭죽도 꼬리를 늘어뜨리며 쉼 없이 터지고 있었다.

멀리 해안초소에서 비치는 탐조등의 불빛이 우리가 앉아있는 백사장을 간간이 훑고 지나갔다. 그때마다 까만 밤바다가 파란색으로 반짝반짝 빛을 내며 부서졌다.

그날 밤 많은 이야기를 했다. 임순진은 부산여전 2학년으로 나와는 동갑인 열여덟 살이었다. 당시 부산여전은 고교3년과 실업전문 2년을 합한 5년 과정의 학교였다.

같이 온 가족은 오빠부부와 조카들이었고 오빠는 서면에서 의사를 하고 있으며 집이 초량이라는 것을 알았다. 순진이는 이야기를 하는 중에도 목에 걸고 있는 목걸이를 수시로 만지작거렸다. 시간은 순식간에 지나갔다. 12시가 조금 지나 뭔가 모를 아쉬운 마음으로 헤어져 방으로 들어오니 그때까지도 미술선생은 들어오지 않았고, 영철선배 혼자 꿈나라를 헤매고 있었다.

다음날은 순진이와 죽도 섬으로 낚시를 갔다. 낚싯대를 걸쳐놓고 바위에 붙은 고동을 잡기도 하고 수영도 했다. 겨우 2~30미터 정도만 헤엄치던 나보다 실력이 훨씬 나았다. 순진이는 잠수를 해서 고동도 잡았다. 저녁에는 달빛과 탐조등이 수시로 훑고 가는 백사장에 앉아 문학과 음악에 대해 이야기했다.

순진의 피서 마지막 날이 되었다. 그날은 낮부터 하늘이 흐려있더니 저녁 8시경부터 부슬부슬 비가 내리기 시작했다. 비 때문에 밖으로 나가지 못한 사람들은 방문을 열어놓고 마루에 걸터앉거나 본채 헛간 옆 처마 밑에서 모여앉아 담소를 하고 있었다. 나와 순진이도 평상 한 귀퉁이에 자리를 잡고 앉았지만 그들의 이야기에 끼일 수가 없었다.

"우리 저쪽으로 옮기지요."

내가 조그마하게 말하며 헛간 쪽을 턱으로 가리켰다. 순진이는 아무 말 않고 자리를 옮겼다. 헛간이라고 해서 별도의 문이 있는 것도 아니고 평상 있는 곳에서 헛간 쪽이 다 보이기 때문에 이상하게 보는 사람은 없었다.

헛간에 쌓여 있는 짚단을 몇 개 꺼내어 깔고 앉았다. 그런데 문제는 모기였다. 바람이 좀 있는 곳에서는 몰랐는데 헛간에서는 모기들이 말썽이었다.

내가 방으로 가서 모기향 두 개를 가져와 각자 한 개씩 들었다. 컴컴한 헛간에 반딧불같은 모기향불 두 개가 빛을 내었다. 내일이면 헤어져야 할 시간이었다. 이별의 시간이 점점 다가오고 있었다. 그래서일까. 순진이는 많은 이야기를 했다. 아버지는 안 계시고 작년에 엄마가 돌아가셔서 아직 일 년이 지나지 않았다고 했다. 오빠랑 같이 사는데 올케언니와 사이가 좋지 않아 평소 집에서는 한마디도 안할 때가 많다면서 불편한 이야기도 했다.

엄마가 돌아가셨다는 이야기를 할 때는 눈물을 흘렸다. 순진이의 뺨에 흐르는 눈물이 모기향의 불빛에 반짝거렸다. 나는 아무 말 없이 듣기만 했다. 시간이 많이 흘렀는지 평상에 앉아 있던 사람들은 모두 방으로 돌아가고 아무도 없었다.

"순진이 고모야!"

순진이의 조카가 그녀를 찾는 소리가 들렸다. 내가 얼른 일어서려고 하는데 순진이가 내 손을 꼭 잡으며 일어나려는 나를 주저 앉혔다. 그리고 모기향을 쥔 손가락을 입에 대며 조용히 하라는 시늉을 했다. 우리는 그렇게 조용히 헛간에 앉아 있었다. 순진이는 여전히 잡은 손을 놓지 않고 있었다. 손을 잡아당기는 바람에 내 오른쪽 어깨와 그녀의 어깨가 맞닿아 있었고 어깨의 따스한 감촉이 전해왔다.

모기향이 두 개나 타고 있는데도 모기가 팔뚝에서 피를 빨았다. 팔뚝의 모기를 잡아야 하지만 한 손은 모기향을 들고 있고 한 손은 순진에게 잡혀 있어서 가만히 있었다. 말없는 침묵이 계속되었다.

이때였다. 유난히 터벅거리는 발자국 소리와 함께 영철선배가 "병호야"하며 나를 불렀다. 내가 순진이와 헛간에 있을 거라고 이야기 한 뒤 밤이 늦도록 오지 않자 찾으러 왔고, 어색한 분위기를 피하기 위해

일부러 발자국 소리를 크게 내어 인기척을 했다. 미술 선생이 나를 찾는다고 했다. 그렇게 해서 오랜 시간을 보낸 우리는 일어나 밖으로 나왔다. 아무 말 없이 손을 잡고 있는 시간이 어색하기도 했지만 그대로가 좋았는데. 밖에서도 그녀와 헤어지는 것이 아쉬워 손을 잡고 있었다.

다음날 오전 순진이는 4박 5일의 피서를 마치고 떠났다. 승용차 뒷좌석에서 바다를 쳐다보며 나를 향해 손을 들어 보였다. 아파치추장 목걸이는 여전히 그녀의 가슴 위에 매달려 있었고 1972년의 여름은 그렇게 깊어가고 있었다.

(2014. 5. 24)

밀감과 까치담배

지금으로부터 42년 전인지 43년 전인지 정확치 않다. 나는 친구 윤식이와 밀감장사를 했다. 부전시장 청과도매상에서 밀감을 받아 소매로 팔면 마진율이 상당히 괜찮다고 했다. 정확히 기억은 나지 않으나 아마도 두 배 이상의 마진율은 되었다. 당시만 해도 밀감은 귀해서 한 번에 많이 팔 수도 없고 살 수도 없는 과일이었다.

청과 도매시장으로 가서 밀감을 큰 것 작은 것 등 종류별로 몇 박스를 구입했다. 밀감 상자 안에 완충제로 넣어 둔 볏짚을 밑에 깔고 담요를 덮으니 가운데가 볼록하게 솟아올랐다. 실제량보다 밀감이 훨씬 많아 넉넉해 보였고, 덤으로 충격에 의한 손상도 줄어들 것 같았다.

밀감을 담을 종이 봉지도 몇 묶음 준비하고 비가 올 때를 대비해서 커다란 비닐도 구입해서 리어카에 실었다. 준비가 끝났다. 밀감장사의 시작을 축하해 주려는 듯 겨울날씨답지 않게 포근했다.

밀감이 수북이 쌓인 리어카를 한 시간여 끌어 교통부 사거리 쪽에다 자리를 잡았다. 교통부는 얼마 전까지 내가 앨범 장사를 했던 곳이라 노점상 단속이 나와도 도망 갈 장소를 잘 알고 있었다. 부근에 삼화고무 공장이 있고 뒤쪽은 주택가가 있어 사람들의 왕래가 많은 곳이기도 했다. 장사는 생각보다 괜찮았다. 부전시장에서 교통부까지 리어카를 끌고 오는 동안에 벌써 서너 봉지를 팔았고 자리를 잡고 나서도 몇 차례 팔려 나갔다. 처음 장사치고는 쏠쏠했다.

그 때에 벌써 윤식이는 담배를 피웠었다. 까치담배 몇 개비를 주머니에 넣어 두고 구석진 곳에서 사람들의 눈치를 살펴 가며 담배를 피웠는데 자리를 잡고 나서 장사가 좀 길어지자 방울이 달린 털실 빵모자를 깊숙이 눌러 빡빡머리를 감추고는 담배를 주머니에서 꺼내어 조금은 조심스레 피웠다. 그때였다. 길을 가던 청년이 우리 쪽으로 다가오더니 '담배 있능교?' 하면서 내게 물었다. 내가 없다고 했다.

그때만 해도 까치담배가 성행하던 시절이었다. 버스표 판매소, 길거리 노점, 만화방, 심지어 담뱃가게에서조차 까치담배를 공공연히 팔았고 또 까치담배의 판매가 이상하지 않던 시절이었다. 그 이후에도 몇 사람이나 더 까치담배를 사러 왔다가 헛걸음을 하고 갔다. 그때였다. 윤식이가 비스듬히 선체로 한쪽 다리를 탈탈 떨면서 "야! 병호야, 벌써 몇 사람째냐? 우리도 담배를 팔면 되겠다. 니 생각은 어떻니?" 하며 까치담배를 팔자는 제안을 했다. 내가 생각해도 벌써 몇 사람이나 담배를 사러왔으니 팔아도 되겠다는 생각이 들었다.

주변 담배 가게에서 담배 한 갑을 샀다. 아마도 거북선이었던 것 같다. 내가 담배를 사오자 윤식이가 담배 곽 윗부분에 은박지를 반 뜯어내고 담배 몇 개비를 약간 뽑아 올린다음 그 사이에 담배 한 개비를 가로로 꽂아서 리어카 한쪽 끝에 진열했다. 그리고 그 옆에다 고무줄에 라이터를 묶어서 매달아 두었다. 얼마 지나지 않아 한 사람이 오더니 묻지도 않고 스스로 담배를 세 개비 뽑아 가며 돈을 두고 갔다. 한 개비에 얼마였는지 정확하게 기억은 나지 않으나 세 개비에 100원 이었던 것 같다. 300원짜리 거북선 담배 한 갑을 600원에 팔고도 2개비가 남았으니 수익률이 100%가 넘었다.

담배는 꾸준히 팔려 나갔다. 덕분에 담배 걱정을 덜은 것은 윤식이었다. 윤식이도 그렇게 골초는 아닌데다 학생신분이었기에 까치담배를 사서 피웠는데 우리가 까치담배를 팔면서부터 윤식이의 담배걱정은 사라졌다. 까치담배를 사면서 주변의 눈치를 볼 필요도 없었고, 손만 뻗으면 담배가 있으니 한 사람이 다녀가면 한 개비 피우고, 또 한 사람이 다녀가면 또 한 개비를 태우고 까치담배 장사는 뒷전이었다.

그렇게 시작된 까치담배 장사는 오래 가지 않았다. 지금처럼 밀감이 사시사철 나오는 때도 아니어서 겨울이 끝나갈 때쯤 밀감이 귀해지며 가격이 오르자 소매판매가 급격히 줄어들었다. 무엇보다도 도매상에서 한꺼번에 떼어 온 밀감들이 하루 이틀 지나며 상품성을 잃거나 썩는 것이 많아졌다. 밑지는 장사였다.

집에 와서 팔다 남은 밀감을 쳐다보았다. 동그랗고 탱글탱글한 것이 착하게 보였고, 어떤 놈은 미처 팔지 못해 쭈글쭈글한 것이 있어 할머니 얼굴 같기도 했다. 못난 놈들한테 더 정이 갔다. 잘난 놈들은 내일 내다 팔 수 있지만 말라버린 놈들은 어찌할까. 그래도 이 금쪽같은 밀감을 내가 감히 한 알이라도 먹어볼 생각은 못했다. 그저 돈만 아는 아이어른이 되어가던 시절이었다. 궁한 집안 살림살이를 원망하고 딱한 내 처지가 부끄럽기도 했다.

밀감을 더 이상 내놓지 못하자 까치담배장사도 파장이었다. 밀감과 까치담배는 항상 나란했다. 도매상에서는 과일 종류를 바꿔서 다른 과일을 팔아 보라고 했지만 윤식이는 떠났고 혼자 장사를 다니기가 힘들었다. 그리고 결정적으로 겨울방학이 끝나가고 있었다. 장사만 잘된다면 낮만이라도 하면 되지만 그렇게 해서는 수지타산을 맞출 수 가 없었다. 결국 얼마간의 적자를 내고 약 보름여 만에 장사를 정리했다.

벌써 사십년도 더 지난 까마득한 옛날 일이다. 이 글을 쓰면서 그때가 생각나서 서울에서 살고 있는 윤식이와 오랜만에 통화를 했다.

"야, 윤식아, 니 옛날 교통부서 까치담배 장사하던 생각 나나?"

"아이씨 우중충했던 옛날이야기를 와 해쌓노." 하며 헐헐 웃는다.

"니 아직도 담배 피나"

"응. 나 담배 안 끊을 거야. 이 새끼들 지들이 아무리 올려 봐라. 내가 끓나! 아 열 받네. 또 한 대 태워야겠다." 전화기 너머로 들려오는 윤식이의 푸념이 정겹다.

(2015. 1. 15)

숯 검댕이

1

별안간 산이 울었다. 흡사 깊은 저녁 마을 뒤 저수지에서 울리는 황소개구리 울음소리 같기도 하고, 유년시절 자다 깨어 들었던 밤부엉이 울음소리 같기도 했다. 울음소리는 팔부 능선쯤에 있는 도로에서 산 아래 방향으로 20여 미터쯤 내려왔을 때부터 시작되었다. 갑자기 산에서 '웅' 하는 소리가 들렸다. 중간 중간 자작자작 하는 나뭇잎들이 타들어 가는 소리도 들렸다.

조금 전까지 연푸른색이던 연기가 붉은색으로 변하며 그 연기의 끝에 붉은 불꽃이 일렁였다. 산불이었다. 아니 악마의 혀끝이었다. 몇 차례 산불진압에 동원은 되었었지만 이런 불은 처음이었다. '어 어, 불인 것 같습니다!' 내 고함소리가 끝나기도 전에 양광석 상병이 냅다 능선을 따라 앞으로 내달렸다. 옆에 있던 박영선 병장도 같이 뛰었다. 잠깐 사이에 그들이 사라졌다. 나도 같이 능선으로 뛰려고 했지만 자욱한 연기 때문에 앞이 잘 보이지 않았다. 멈칫하는 순간 주변에는 아무도 없었다. 열기가 얼굴에 확 느껴졌다.

능선 오른쪽 계곡에서는 웅웅거리며 산불이 치솟고 있었고 왼쪽은 급격한 경사면에 불이 한 번 지나간 듯 잔불이 여기 저기 타고 있었지만 주저할 겨를이 없었다. 망설임 없이 철모쓴 머리를 양손으로 감싸며 왼쪽으로 몸을 던졌다. 산이 운다고 느꼈을 때부터 내가 몸을 던지기까지는 불과 5~6초도 걸리지 않았고, 양상병과 박병장이 능선 쪽 연기 속으로 대피한 지는 1초도 안 되는 시간이었다.

불과 1초 만에 연기가 자욱한 앞쪽과 불이 올라오는 오른쪽, 몸을 던진 왼쪽도 위험했다. 몸을 던지면 계곡 아래로 추락할 수 있겠다는 생각까지 들었다. 순식간이었다.

내가 복무한 육군 15사단은 중동부 전선인 화천지역의 휴전선을 담당하는 부대이다. 전방은 어둠이 일찍 내려앉았다. 철책 지역에 들어오기 전에도 그랬지만 철책은 문명세계와 단절된 곳이었다. 전기도 없고 보안에 위배된다며 라디오도 들을 수 없었다. 유일한 소식은 일주일에 한 번 오는 전우신문과 가끔 휴가병들을 통해서 외부소식을 듣는 게 전부였다. 소대 앞 공터에서 총검술 등 간단한 훈련을 하고 있는데 막사 뒷산 너머 철책 쪽에서 제법 큰 연기가 피어올랐다. 연기를 본 누군가 "아이 저 새끼들! 또 질렀구만." 하며 인상을 찌푸렸다.

오월이지만 밤이면 수시로 기온이 영하로 내려갔고, 심지어 눈까지 내리는 경우도 있었으므로 숲이 바짝 건조해져 있어 불이 붙기 좋은 시기였다. 이때를 맞추어 아군 지역에 묻혀있는 지뢰를 터뜨리기 위하여 북한군들이 바람방향으로 불을 지르곤 했는데 그 때문인지 지금 산불이 나서 철책을 넘어 우리 쪽 깊숙한 지역까지 붙고 있다고 했다.

잠시 후 소대장으로부터 점심을 먹는 즉시 산불진압을 하라는 명령이 하달되었다. 모두 지겨운 훈련을 받지 않아서 잘 되었다는 표정을 지으며 연병장에 집결했다. 진압장비는 개인당 야전삽 한 자루가 전부였다. 2소대를 선두로 산불현장으로 출발을 했다. 도로 양 옆으로 열을 지어 산허리로 꼬불꼬불 길을 올랐다. 소대에서 출발하여 삼십 분을 올랐을까 메케한 냄새가 났다.

얼마 후 산의 오부 능선쯤에서 삼거리가 나타났다. 선두가 산 아래로 방향을 잡았다. 불의 머리 방향을 피하고 산 아래에서부터 불을 끄기 위해서다. 산 아래쪽으로 1㎞정도를 갔을 때였다. 대열 후미에서 '승리!' 라는 경례구호가 들리더니 곧이어 대대장이 탄 지프차가 먼지를 일으키며 다가왔다. 차에서 내린 대대장은 누구 맘대로 병력을 산 아래로 투입시키느냐며 지휘봉으로 소대장의 배를 마구 찔렀다.

대대장의 명령은 단호했다. 불길이 진행하는 방향의 산등성 너머에 탄약고와 우리중대 3소대 막사가 있는데 이 곳으로 불길이 번지는 것을 막아야 한다는 것이었다. 임관한 지 얼마 되지 않았던 ROTC 출신 소대장은 배가 찔려 몸이 뒤로 밀려나면 재빨리 잰걸음으로 지휘봉 앞으로 배를 들이 밀며 '옛, 알겠습니다.'를 반복했다.

우리는 다시 삼거리로 되돌아와 불머리 방향으로 진군을 했다. 처음은 행군대열의 맨 앞에 있었는데, 방향이 바뀌면서 나는 맨 뒤에서 따라갔다. 산의 정상부로 가까워질수록 연기는 짙어졌다. 이십분을 넘게 걸어서 팔부 능선쯤에 도착했다. 아직 불길은 보이지 않고 냄새만 느껴졌다.

팔부 능선에서 내려다 본 산 아래는 까마득했고 활엽수와 침엽수들이 울창했다. 오월 초 봄기운을 받은 활엽수의 연푸른 잎들이 찬란했다. 끝없이 펼쳐진 수해의 계곡 사이에 희뿌연 연기가 운해처럼 피어올랐다.

행렬의 선두에 섰던 1소대는 벌써 산 아래로 내려가고 있었다. 야전삽을 한 자루씩 든 병사들이 산 아래로 뛰어 들었다. 우리 분대원은 후임인 박성홍 일병이 전령으로 소대장을 따라다녔기에 투입된 분대원은 여덟 명이었다. 우리도 분대장 유영우 하사를 따라 도로 아래로 뛰어갔다. 산이 가파르다 보니 가만히 서 있어도 줄줄 미끄러져 내려갔다.

그런데, 좀 전 행군을 할 때부터 철모가 맞지 않아 걸음을 걸을 때부터 덜그럭거렸는데 산등성을 뛰어 내리다 보니 더욱 심하게 요동쳤다. 심지어 철모가 앞으로 숙여지며 시야를 가렸다. 철모를 벗었다. 주머니에서 휴지(당시에는 용변용으로 B5정도 크기의 얇은 갱지를 하루에 몇 장씩 지급했는데 병사들은 이것들을 여남은 장씩 주머니에 넣고 다녔었다.) 몇 장을 꺼내어 여러 겹으로 접어 철모 사이에 끼워 흔들리지 않도록 하고, 턱 끈도 조정했다. 다시 철모를 쓰고 머리를 앞뒤 좌우로 흔들어 보니 단단히 고정이 되었다. 그 사이 우리 분대를 포함한 소대원들은 모두 내려가 버리고 1소대의 양광석 상병과, 중대 최선임인 박영선 병장이 제일 뒤에서 느릿느릿 내려오고 있었다.

우리가 서있는 능선은 계곡과 계곡 사이의 조그만 능선이었다. 오른쪽은 저 아래에 연기가 뿌옇게 걸려 있는 가파른 계곡이었고 왼쪽은 이미 약하게 불길이 한 번 지나간 듯 군데군데 잔불이 남아있었다. 오른쪽보다 더 깎아지른 절벽이었다. 이미 소대원들은 어디로 갔는지 아무런 소리도 들리지 않았다. "야 다들 어디로 갔냐? 빨리도 갔네." 하며 양상병이 양손으로 나팔을 만들어 입에다 대고 '어이!' 하며 소리를 질렀다. 그러면 보통의 경우 그 소리를 들은 부대원들이 똑같이 '어이!' 하고 위치를 알려 주는데 아무 소리가 없었다.

나도 양 상병을 따라 '어이!' 라는 소리를 몇 번 질렀을 즈음이었다. 갑자기 우리가 서있는 능선의 오른쪽 계곡이 이상했다. 금방까지도 운해가 걸려있는 것 같던 연기의 색이 짙어졌다. 연기의 색이 짙어졌다 싶은 순간 연기가 붉어졌고 그 끝에 시뻘건 불길이 일렁였다. 동시에 '우웅' 하며 산이 울었다. 무저갱에서 울리는 이무기의 울음 같은 묵직한 소리가 들렸다. 그 안에 나무들이 불길에 사그라지는 '타닥타닥' 하는 소리도 섞여 있었다.

산 아래에서부터 시작된 불이 가파른 계곡을 굴뚝삼아 불길을 피워 올린 것이었고 좁은 계곡에 급격한 온도상승으로 뜨거운 공기와 차가운 공기가 뒤섞이는 대류 현상이 일어나며 계곡을 악기삼아 웅웅 하는 기음을 만들어 냈다.

계곡이 이상하다고 느낀 순간부터 불기둥이 솟아오르기까지는 5~6초도 걸리지 않았다. 찰나였다. '어어, 불인 것 같습니다.' 내가 소리를 질렀다. 내 소리가 끝나기도 전에 양상병이 능선 앞으로 뛰었다. 이미 능선 앞쪽에는 연기가 자욱했다. 박영선 병장도 뛰었다.

나도 그들을 따라 앞으로 내달리려고 했으나 이미 연기가 자욱해서 방향을 알 수 없었다. 오른쪽은 불구덩이이고 왼쪽은 절벽으로 망설일 시간이 없었다. 머리를 양손으로 감싸 안으며 왼쪽으로 몸을 던졌다. 등 뒤로 화끈한 불기운이 훑고 갔다. 비탈진 계곡을 몇 바퀴 데굴데굴 구르다 가느다란 낙엽송 나무에 걸려 멈춰 섰다. 머리를 들어보니 사방이 연기뿐이고 2~3미터 앞도 보이지 않았다.

몸을 일으켜 주변을 살피니 앞이 낭떠러지였다. 낙엽송 몇 그루가 없었으면 절벽 아래 계곡으로 추락했을 것이었다. 불은 순식간에 왔고, 순식간에 지나갔다. 얼마동안 연기가 좀 약해지기를 기다려 능선을 따라 내려가며 '어이!' 라는 고함을 연이어 질렀다. 산비탈에서 넘어지지 않으려고 주변의 나무들을 손으로 잡을 때마다 화끈거렸다.

2

여전히 연기는 온 산을 뒤덮었다. 어림짐작으로 방향을 잡으며 '어이! 어이!' 라고 악을 쓰며 산을 내려갔다. 매운 연기 탓에 눈물콧물이 범벅이 되었다. 얼마를 내려오며 악을 썼을까? 어느 순간 산 아래에서 내 소리에 화답하는 '어이!' 소리가 들렸다. 그 소리가 반가워 지뢰미확인 지대인 것도 잊고 허둥지둥 내려갔다. 산 아래에 도착하자 그 곳에 십여 명의 소대원들이 모여 있었고, 얼마 지나지 않아 소대장과 한 무리의 병사들이 나타났다.

인원점검을 했다. 1소대에 2명, 우리 소대에 9명, 총 11명이 보이지 않았다. 나하고 같이 있다 능선 앞쪽으로 대피한 양상병과 박병장도 보이지 않았다. 특히 우리 분대원은 전령인 박일병을 제외하고 분대장 유 하사를 포함한 전원이 보이지 않았다. '야! 김병호 일병! 너희 분대는 어디에 있었냐?' 하고 소대장이 물었다. 내가 능선에서 내려오다 철모를 고쳐 쓴다고 분대원들을 놓쳤다고 했다.

소대장의 얼굴이 침통해졌다. 각각 분대가 있던 곳에서 주변을 살펴보기로 했다. 나는 소대원 5명과 함께 계곡 중앙을 찾아보았다. 계곡은 물이 전혀 없었고 바위뿐이었다. 계곡을 포함한 산 전체가 지뢰미확인 지대여서 산속으로는 들어갈 수가 없었다.

일렬종대로 서서 앞사람이 디딘 지점을 뒷사람이 디디며 그렇게 앞으로 나갔다. 내가 선두에서고 뒤에 정태호 이병, 박노하 상병 등 5명이 '용우야! 광석아! 영선아!' 라고 부르며 그들을 찾았다. 앞으로 나아갈수록 계곡은 점점 좁았다.

계곡 옆 양쪽 산에서는 아직까지 연기가 계속 피어오르고 있었고 강한 바람이라도 불면 언제든지 불길이 살아 날 수가 있는 상황이었다. 계곡의 바윗돌 사이로 여기저기에 고사목들이 허옇게 널브러져 있었다. 세월의 풍화작용으로 나무가 죽은 것 같았다. 수색을 계속했다.

계곡이 점점 좁아지더니 그 끝에 다다르고 있었다. 그렇게 선두에서 얼마를 더 오르는 순간 옆에 널브러진 고사목이 좀 이상하다는 생각이 들었다. 좀 전에 지나쳐온 여러 개의 고사목들과 크기가 너무 비슷하고 모양이 이상하다는 생각이 들어 다시 나무를 보는 순간 '아악' 하고 눈을 가리며 그 자리에 주저앉았다.

뒤따르던 정이병이 '김일병님! 왜 그러십니까?' 하며 내게 달려왔다. 박노하 상병도 '야! 왜 그래?' 하며 바위를 훌쩍 뛰어넘어 왔다. 내가 손으로 고사목을 가리키며 '죽었어, 다 죽었어!' 라고 소리 질렀다.

그랬다. 우리가 고사목이라고 알고 지나온 것들은 모두 전우들의 주검이었다. 갑자기 들이닥친 화마에 갇혀 계곡 이곳저곳에서 시신으로 발견이 되었던 것이다. 불길에 옷과 군화까지 탈 수 있는 것들은 모두 타버리고 몸뚱이만 남아 있었다. 하나같이 엉덩이를 하늘로 향해 높은 포복자세로 엎드린 채 굳어 있었다. 그 모습이 하얀 고사목과 너무 닮아 있었다.

그 자리에 서서 눈으로 숫자를 세어 보았다. 하나, 둘, 셋, 넷,……여덟, 몇 번을 세어도 여덟 이상까지는 셀 수가 없었다. 다른 전우들도 망연자실 넋이 나가 있었다. 선임인 박노하 상병이 내 팔을 잡으며 충청도 사투리로 울었다. '김일병 이를 어떻허냐! 이를 어떻허냐!'

나는 이 사실을 소대장에게 보고하기 위해 내려갔다. 한참동안 계곡을 내려갔지만 곧 따라오겠다던 소대장은 보이지 않았다. 우리가 처음 출발했던 그 공터에서 한 발짝도 움직이지 않은 소대장을 발견했다. 속이 울컥했지만 상황을 보고했다. 보고를 들은 소대장의 얼굴이 하얘졌다.

"몇 명이야, 진짜 죽은 것 같아?"

"가보십시다. 가서 봐야 될 것 아닙니까?"

내 목소리는 분기가 깔려 있었고 눈에서는 불이 일었다.

소대장은 아무 말도 못하고 나를 따라왔다. 계곡을 올라와 소대원들의 주검을 목도한 소대장이 그 자리에 주저앉았다. 옆에 무전기를 짊어진 박 일병도 넋이 나가 있었다.

급히 무전을 보냈다. 음어로만 교신을 해야 했지만 급박하다 보니 평문으로 무전을 날렸다. 산불을 끄다 11명이 없어졌는데 시신으로 발견되고 있다는 내용이었다. 무전을 받은 대대 무전병이 음어로 교신을 하자 소대장이 울음 섞인 목소리로 고함을 질렀다.

'전부다 죽었단 말이다. 이 새끼야!' 그러자 무전이 잠잠해졌다.

다가가서 주검을 살펴보았다. 그 짧은 시간에 모두 타버리고 흔적이 없었다. 사람의 형상이 아니었다. 자루는 다 타버리고 없는 야전삽 날만 여기 저기 흩어져 있었다.

한참 넋을 놓고 있다가 누군가가 시신을 계곡 아래로 옮기자고 말했다. 소대장은 한쪽에 쭈그리고 앉아 울고만 있고 이미 소대장으로서의 지휘를 포기한 것 같았다. 막상 옮기자고는 했지만 누구도 선뜻 맨손으로 시신을 만지려고 하지 않았다. 시신을 옮길 수도 없었다.

내가 야전삽으로 주변에 있는 나무를 찍어 넘어뜨렸다. 박상병도 나무를 잘랐다. 어렵사리 나무 두 그루를 자르고 가지를 쳐내어 2m 크기의 작대기를 만들었다. 그런 다음 군복을 벗어 상의 윗단추 한 개를 제외하고 모두 잠근 다음 나무막대기 두 개를 옷에다 끼웠다. 벨트로 다리가 벌어지지 않도록 묶었다. 엉성하나마 간이 들것이 만들어졌다.

그 들것에다 정이병과 가까이에 있는 시신을 옮겼다. 시신을 들것에 올리기 위해서 몸을 뒤집었다. 내가 상체의 팔목과 어깨 부분을 잡았고, 정이병이 다리부분을 잡았다. 팔을 잡았을 때의 손바닥을 통해서 전해져 오는 느낌이 이상했다. 아직까지도 몸에 열기가 남아 있었고 사후 강직으로 팔다리의 관절은 이미 뻣뻣했다.

몸을 뒤집어서 얼굴이 앞으로 오도록 하니 시신은 분대장 유영우 하사였다. 신체의 특징만으로 알 수 있었다. 유하사는 키도 크고 건장했으며 유난히 허벅지가 굵었다. 눈은 감고 있었고 입은 비명을 지르는 듯 크게 벌려져 있었다. 둘이서 유하사의 시신을 수습해 계곡을 내려왔다. 몹시 무거웠다.

겨우 계곡을 내려와 우리가 모였던 좁은 공터에 내려놓고 다시 계곡으로 올라갔다. 이미 전우들이 나처럼 들것을 만들어 시신을 운구하고 있었다. 얼마를 더 올라가자 박노하 상병이 작은 몸으로 낑낑대며 일병 한 명과 시신을 운구하고 있는데 얼굴을 보니 최진희 상병이었다.

최진희 상병은 175센티 정도의 키에 보통 체구였는데 벌린 입사이로 은니가 있어서 쉽게 알아볼 수 있었다. 힘들어 하는 박상병을 도우려고 다가서는데 박상병이 그 사이 손을 고쳐 잡으려고 들것을 위로 살짝 쳐올렸다. 그러자 그 반동으로 최상병의 머리가 뒤로 뚝 꺾이는 것이었다.

내가 들것을 받으려고 하다가 반사적으로 최상병의 머리를 양손으로 받쳤다. 시신이 굳어 있다가 갑자기 위로 들려지는 충격에 목뼈가 부러진 것 같았다. 최상병의 시신은 힘없이 따로 놀고 있었다.

혼비백산해서 울상인 박상병의 옆에서 최상병의 머리를 양손으로 받치고 산 아래 공터까지 내려와 다른 시신들과 같이 안치를 했다. 풀과 나뭇가지를 모아 최상병의 머리가 더 떨어지지 않도록 베개처럼 받혀 주었다.

그렇게 운구한 시신은 모두 8구였다. 나머지 3명이 보이지 않았다. 삼대독자여서 두 달만 있으면 제대를 할 이용우 일병과 나와 같이 있다 능선 쪽으로 대피한 양광석 상병, 박영선 병장이었다. 소대원들은 다시 이들을 찾으러 계곡 쪽으로 올랐다.

내게는 시신을 삼거리까지 운구하라는 명령이 떨어졌다. 삼거리까지는 1㎞정도의 거리였는데 3명이 한조가 되어 나무를 잘라 만든 간이 들것을 들고 이동했다.

임시 들것은 나무 손잡이가 굵어 손바닥에 단단히 잡혀지지 않았고 금방 자른 생나무라 이동할 때마다 휘청거렸다. 정이병 등 두 명이 머리 부분을 들고 앞을 보고 걸었고 내가 다리쪽에서 시신을 쳐다보며 운구를 했는데 시간이 지날수록 시신이 변했다. 처음 발견했을 때는 고사목처럼 하얗던 피부가 점점 검게 변했다. 검게 변한 피부에서 기름이 배어 나왔다. 살갗이 적은 정강이나 팔목은 피부가 갈라지며 뼈가 드러나고 핏물이 배어 나왔다.

들것으로 만든 군복은 이미 기름에 절어 시커멓게 변했다. 내려놓으면 기름이 흙바닥에 흘렀다. 그렇게 1㎞가량의 길을 쉬었다 가기를 반복해서 삼거리에 도착했다.

도로 옆 구석진 공터에 시신을 내려놓고 김일병이 상의를 벗어 시신을 덮었다. 땀이 식으며 추위가 느껴졌다. 나일론으로 만든 내복만 입고 있으니 차가운 바람이 몸속으로 파고 들었다.

3

잠시 후 아래쪽에서 지프차 두 대가 올라오더니 급정거를 했다. 제일 앞차에서 소령계급장을 단 장교가 내려 뛰어오며 "야! 불난 곳이 어디야?" 하고 고함을 질렀다. 내가 "저쪽으로 조금만 더 내려가시면 됩니다." 라고 길을 알려주자 쏜살같이 내달렸다. 번호판에 달린 별판을 보니 아마 사단장의 부관인 것 같았다.

연이어 십여 대의 지프차가 오더니 우리들이 서있는 곳에 멈췄다. 모자와 어깨에 별 세개가 빤짝이고 있었는데 군단장인 것 같았다. 다른 차에서 내리는 군인들도 모두 별을 한두 개 달고 있었다. 중간에 헌병차도 보였다. 군단장이 우리들에게로 다가왔다. 내가 '승리!' 라며 큰 소리로 경례를 했다. 우리 주위로 별들이 모여 들었다.

"너희들은 누구냐? 산불을 끄다 왔느냐?" 군단장이 물었다. "옛, 일병 김 병 호! 그렇습니다." 하며 고함을 질렀다.

"그렇게 고함을 지르지 말고 너희들 옷은 어쩌고 내복차림으로 있고, 병사들이 죽었다는데 어쩌다 그렇게 됐는지 말을 해 보거라.” 군단장이 말했다. “차근차근 말을 해봐라.”며 동행한 장군들도 궁금해 했다. 이들은 아마도 도로 한편에 놓아 둔 시신을 보지 못한 것 같았다.

내가 나무막대기를 주워 땅바닥에 그림을 그려가며 상황설명을 했다. ‘우리가 이곳 삼거리에서 산 아래쪽 방면으로 내려가서 아래쪽에서 접근을 하려고 했는데 대대장님이 오더니 불 머리 쪽인 산 위쪽으로 진입을 하라고 해서 다시 돌아서서 불 위에서 진입을 했다는 것과 산 능선을 내려가는데 갑자기 산이 우웅 하고 우는 소리가 들리며 불길이 계곡을 덮쳤는데, 불길이 지나가고 난 뒤 열한명이 보이지 않아 찾아보니 여덟 명은 시신으로 발견되었고 세 명은 현재 생사를 몰라 찾고 있다.’ 라고 상황 설명을 했다.

군복으로 간이들것을 만드느라 내복 차림이라는 것과 함께 삼거리 안쪽에 안치된 시신을 가리키자 그제야 시신을 발견하고는 모두 흠칫 놀라는 표정이었다. 그때쯤 나머지 시신을 운구해오는 내복차림들이 줄지어 나타났고 들것 위의 참혹한 주검을 본 별들은 뒤로 물러서더니 차를 타고 계곡 아래로 사라졌다.

저녁 해가 다 떨어질 즈음 시신은 모두 발견이 되었다. 이용우 일병은 계곡과 산이 만나는 지점의 큰 바위틈에 얼굴을 박은 채 발견이 되었는데 몸에 걸친 모든 것이 다 탔는데도 앞쪽 머리카락 일부는 남아 있었다. 양광석 상병과 박영선 병장은 산 아래까지 내려가지 못하고 능선 중턱에서 발견되었다.

양상병은 숨이 끊어지며 낭떠러지를 굴렀는지 손목정도 굵기의 나무 두 그루 사이에 머리가 끼인 채 엉덩이가 하늘을 보고 있었다. 조금 떨어진 곳에서 박영선 병장도 발견이 되었다. 하늘로 향한 엉덩이에서 변이 나와 있었는데 변조차 불길에 그을려 있었다. 사망자 열한 명 중 우리 분대원이 일곱 명이었다. 전령을 제외하면 우리 분대에서 생존자는 나 혼자뿐이었다.

만약, 철모를 조정하느라 시간을 지체하지 않았다면, 양상병을 따라 능선 앞쪽으로 대피를 했다면 나도 저들과 같이 새까맣게 타버린 주검으로 간이 들것에 누워 있었을 것이다.

어스름이 되어서 올라온 M60트럭에 전우들을 실었다. 적재함이 좁다보니 마치 도축한 가축들을 싣듯 포개어 실었다. 두 명이 들것을 들어 올리면 차 위에서 두 명이 들것을 받았는데, 아래에서 들것을 들어 올리는 내 얼굴 위로 기름이 후드득 떨어져 내렸다.

그날 어떻게 산 아래로 내려왔는지 모르겠다. 맨손으로 시신을 옮기다보니 손바닥에 기름이 새까맣게 배어 있었다. 내무반에 돌아와 씻고 씻어도 씻기지 않는 손바닥을 돌멩이로 피가 나도록 문질렀다.

깜깜한 밤 내무반 호롱불 밑에서 한참 지난 저녁 식판을 받았지만 우리는 아무도 밥을 먹지 못했다. 튀겨진 닭고기가 뼈가 드러난 전우들과 몹시 닮아 있었다. 밥이나 국에서 올라오는 김이 모두 시신에서 나는 냄새와 똑같이 느껴졌다.

대대 연병장에 커다란 텐트 두 동이 쳐졌다. 한 동은 시신을 안치하는 곳이고 한 동은 시신을 씻기는 곳이었다. 연대 의무병들이 와서 시신을 씻겼다. 우리는 계곡에서 물을 길어다 커다란 물통에 물을 공급했고, 일부는 텐트 주위에서 밤을 새워 보초를 섰다. 1978년 5월 4일은 그렇게 지나갔다.

오지 않을 것 같은 시간이 흘러 나는 제대를 했다. 가끔씩 동작동 국립묘지에 전우들을 찾아간다. 그들은 분대장 유영우 하사를 필두로 일 계급씩 추서가 되어 국립묘지 56-5묘역에 나란히 누워있다. 서울 출장길에 들러 담배 한 개비와 술 한 잔씩을 부어놓고 묘역을 떠나왔다.

(2015. 12. 2)

갈대

유영선

군 제대를 보름 앞두고
산불진압 작전 중 동기생을 구하러 갔다가
화염 속 검은 손길에 끌려간 오라버닐
가슴 가슴에 묻던 날도
아버지는 눈물을 흘리지 않으셨다
깊은 우물에 빠진 흐린 안구만이 있었다

그날 이후 바람 부는 날이면
온몸으로 우는 갈대숲엔
어깨 들썩이는 늙은 아버지가 서 있었다
방패 막도 없는 습지의 북풍으로
넘어지는 갈대를 보았다
아무도 모르게 토해 낸 눈물이 강을 적시고 있었다

오늘처럼
땅이 반쯤 뒤집히고
다리 난간에 선 산불조심의 깃발이
읍사무소 옥상에 태극기가
들 가운데 비닐이 만장처럼 날려
허공 중에 목을 매면 아무도 모르게
아버지는 갈숲 대궁마다 울음을 섞었다

저기 누가 갈숲을 화형하는가
갈대는 서둘러 아버지의 다리를 넘어뜨려
제 몸에 불을 지핀다. 제 다리를 비껴 나와
아버지의 검은 눈물을 내보낸다
갈대숲에 가면 아버지의 눈물이 있다
내 눈 속에 온몸 들썩이는 옛사람이 있다

※ 유영선은 유영우 하사의 동생으로, 현충원 사이버 참배에 올려놓은 시.

3부

뜨거운 훈장

사람을 구하다

인간 생명의 소중함은 지구보다 무겁다. 하나뿐이기 때문이다. 살이 타고 뼈를 녹이는 불속을 달려가야 한다. 누가 할 수 있을까. 두말할 나위 없이 그 이름 소방관이다. 그들은 불을 밀치고 연기를 토닥이며 지옥에 뛰어든다. 골든타임 안에 사람을 구하기 위해서 앞도 없는 미로를 수색한다. '누구 있어요? 누구 있어요?' 찾을 때까지 생명을 부른다. 그렇다고 해서 누가 알아주기를 바라는 건 아니다. 오직 사람을 구하기 위해 맨몸 하나로 가는 것이다. 자신의 죽음이 가까이 있지만 가야만 한다. 앞을 막는 것이 불이고 연기다. 강철 같은 벽을 뚫고 사람을 구해낸다. 그 이름 소방관이다.

1982년 3월 25일 저녁. 화재는 출동을 할 때부터 조바심으로 몹시 긴장되었다. 아침부터 내리던 눈발이 이제는 그쳤으나 차가운 겨울바람은 여전히 심술을 부리며 맹위를 떨치고 있었다.

청사 옆으로 지나가는 고압선의 윙윙거리는 울음소리를 들으며 이제 막 야간 근무를 끝내고 자리에 들어가려는 순간이었다. 경비전화 소리가 불안했다. ㅇㅇ맨션아파트에 화재 발생이라고 신속히 출동을 명하는 것이었다. 숨을 내쉬면 하얗게 나오는 입김까지 공중에서 그대로 얼어 버릴 것 같은 차가운 바람이 얼굴을 덮어 왔지만 그날 따라 추운지도 몰랐다. 화재발생 장소인 ㅇㅇ맨숀 아파트 는 바로 내가 사는 곳이기 때문이다. '우리 집은 어떨까? 아마, 괜찮을 거야!' 온갖 불길한 생각과 무사하기를 바라는 마음이 교차되었지만 소방차는 싸이렌을 울리며 경사로를 올랐다.

소방에 몸담은 지 이제 겨우 일 년이 지났다. 군대에서나 입었던 작업복이며 기동화는 여러 번 구경했지만 내가 직접 입고 보니 어쩐지 어색하기만 하다. 뒤창이 앞창보다 더 긴 이상하게 생긴 방수모, 내 가느다란 몸뚱이가 2개는 들어가도 남을 듯한, 그래서 나를 더욱 왜소하게 만드는 방수복 등 모든 게 낯설어 몸에 맞지 않는 상태에서 근무를 했다. 여러 선배 직원들의 따뜻한 환영과 가르침으로 쉽게 융화될 수 있었다.

우리가 탄 차가 단지 내 진입로에 들어서자 벌써 저 편 하늘이 화염으로 시꺼멓게 변해 있었다. 대형화재구나 하는 생각으로 긴장을 하며 다시 한 번 옷깃을 여미었다. 화재는 5층에서 발생했다. 우리 집은 4층이기에 걱정이 되었다.

지붕이 트여있는 구조였기 때문에 5층 각 칸마다 내뿜는 연기로 굴뚝을 형성하고 있었다. 먼저 도착한 제 1착대는 3층까지는 진입을 했으나 연기 때문에 더 이상 진입을 못하고 있었다. 멀리서 대피를 한 누나가 나를 발견하고서는 손을 흔드는 것을 보고 안심하고 있는데 옆집에 살고 있는 윤이 엄마가 나를 발견하고는 뛰어와서 매달렸다.

"아이구 형준이 삼촌, 우리 윤이하고 혁이 하고 자고 있는데 빨리 좀 구해 주이소."

통곡을 하며 내 옷자락을 붙들었다. 나는 난감했다. '사다리차는 왜 안 오지? 하긴 본서에서 오려면 시간이 걸릴 텐데. 지독한 가스 속에 5층까지 올라갈 수 있을까? 만약 5층까지 못 올라간다면.' 그래도 나는 들어가야만 했다. 나는 소방관이 아닌가!

로프를 매고 방독면을 착용한 후 누님이 말리는 것 같은 소리를 뒤로하며 뛰어 들어갔다. 조석으로 다니는 곳이었기에 지리는 훤했으나 계단에 가득 차있는 연기 때문에 3층에 오니 힘이 들었다. 방독면을 써도 가스가 새어 들어오니 눈이 따가운 건 둘째 치고 숨이 막혔다. 이걸 어쩐담. 이제는 돌아갈 수도 없는 일이 아닌가. 어쩔 수 없었다. 윤이와 혁이 녀석들의 웃는 모습을 생각하며 호흡을 멈추고 4층까지 뛰었다. 이제 1층만, 18계단만 더 오르면 되는 것이다. 허나 지독한 연기로 아무것도 보이질 않았다. 복도 계단 난간을 손에 잡고 한번에 3계단씩 뛰어 올랐다.

발을 잘못 디뎌서 넘어지곤 했는데 당시엔 내가 아픈 건지, 넘어진 건지도 모른 채 계속 올랐다. 그러기를 몇 번, 이윽고 계단의 끝인지 약간의 넓은 바닥이 나타났다. 짐작으로 문고리를 잡으며 돌리니 이게 웬 일인가. 문이 열리지 않았다. '윤이야! 혁아!' 하고 몇 번 불러 보려고 했지만 말이 나오질 않았다. 설령 소리가 나왔다 하더라도 방독면 때문에 들리지도 않았을 것이다. 문고리를 좌우로 돌려댔다. 그제야 문이 열려서 단숨에 실내로 뛰어 들어 베란다로 통하는 유리문을 깨뜨리고 나서 베란다에 쓰러져 버렸다.

잠깐 동안 맑은 공기를 마시고 나서 정신을 차려 살펴보니 윤이와 혁이 녀석은 꼭 부둥켜안은 채 한쪽구석에 쪼그려 앉아서 겁에 질린 눈으로 나를 쳐다보고 있었다. '윤이야, 혁아, 아저씨야! 이젠 괜찮아' 하고 달래니 내 곁에 바짝 들어붙었다.

전기는 단전이 되었지만 우리 차에서 비치는 서치라이트가 우리의 일거수일투족을 주시하고 있었다. 난 '윤이야, 혁아. 아저씨가 시키는 대로 해, 엄마는 저 밑에 있단다.' 하고 달래자 울먹울먹하면서도 알겠다고 머리를 끄덕였다.

우선 방에 들어가서 커튼 조각과 빨랫줄을 가지고 와서 커튼 조각으로는 눈을 가리고(겁이 나서 놀랄까봐) 빨랫줄은 유격훈련 때 받은 레펠 훈련을 기억하며 그 방법으로 허리에 삼각형으로 묶고, 로프는 등 뒤로 묶었다. 윤이 녀석부터 아래로 내려 보냈다. 불은 계속 번졌고 밑에서 쏘아 올리는 물은 별 효력이 없었다. 평소에는 몰랐는데 5층이 왜 이리 높아 보이는지 두 배는 넘는 것 같았다. 윤이가 내려 갈수록 불빛도 조그마한 몸을 따라 계속 움직였다. 로프가 3/2쯤 내려갔을 때 윤이는 달려온 엄마 품에 안겨 엉엉 울었다. 이제 혁이만 내려 보내면 된다. 난 혁이에게도 마찬가지로 눈을 가린 채 내려 보내었다. 장갑을 끼고 내려 보내는데도 손바닥이 뜨겁다. 혁이가 반쯤 내려갔을 때 멀리서 진입로로 달려오는 고가사다리차가 보였다. 나는 안도했다.

그 사이에도 불길은 이곳까지 건너와서 실내 천정에 불길이 붙고 있었다. 슬레이트 조각이 탁탁 거리며 튀는 소리가 들렸다. 막 혁이를 내려주자 사다리차도 도착하여 올라오고 있는 중이었다. 위에 타고 있는 선배직원 두 분이 소리를 지르며 손짓을 했다. 아마 조심하라는 모양이었다. 나도 덩달아 손을 흔들며 웃어 보였다.

'자. 이제 해냈구나!' 하면서 긴장이 풀리자 피로가 엄습해왔다. 그러는 사이 사다리에서 문이 열리고 내가 옮겨 탔다. 땅바닥에 발을 딛는 순간 주위에 둘러선 동네 사람들의 박수와 함성이 들렸다. 달려온 가족들이 나를 부둥켜 앉았다. 윤이 엄마도 와서 '고맙심더. 고맙심더.' 라며 감사의 말을 보냈다.

선배 직원들도 내 등을 두드리며 '잘했네! 고생했네!' 하고 격려해 주었다. 그 순간 난 느꼈다. 아무도 알아주지 않고 외면만 하는 직업이지만 '이게 바로 소방관의 기쁨이구나!' 하는 뿌듯함을 느꼈다.

화재는 서서히 죽어가고 있었다. 시계를 보니 새벽 1시 30분, 12시 30분에 출동을 했으니 한 시간 가량 걸린 셈이다. 계속 고맙다고 인사를 하는 윤이 엄마의 말을 들으며 우리는 귀소했다. 여전히 바람은 손과 얼굴을 할퀴어 왔지만 오히려 시원하게 느껴져 크게 한 번 심호흡을 했다. 파출소에 도착해서 장화를 벗어보니 언제 들어갔는지 제법 큰 유리조각이 발에 박혀 물과 피가 범벅이 되어 벌겋게 물들어 있었다. 통증이 시작되었다. 아마 윤이네 집에서 베란다 유리문을 깨뜨릴 때 장화 속으로 들어갔던 모양이다. 대충 치료를 하고 누워 '내 몫을 해냈구나.' 하는 뿌듯함이 밀려와 잠이 오질 않았다. 옆에서 이제 막 잠이 든 동료가 깨지 않게 슬그머니 자리에서 빠져나와 청사 뒤편으로 나왔다. 언제 눈이 왔느냐 싶게 하늘은 맑게 개어 있었다. 반짝이는 별빛이 희다 못해 자못 푸르다.

내일 퇴근해서 집에 가면 또 한 차례 잔소리를 들어야 할 것이다. 누나 말대로 안전하고 깨끗한, 그리고 잘만하면 돈도 제법 벌 수가 있는 직업을 두고 왜 하필이면 시커먼 소방관을 택해 가지고 고생을 사서 하느냐고……. 그러면 난 얼마간 이야길 들어주다가 언제나처럼 슬며시 빠져나와 버릴 것이고 그 때문에 누나는 또 속상해 할 것이다.

* 1982년 제2회 내무부 소방관 수기공모 수상작

돈질산 추모비 앞에서

퇴근시간이 얼마 남지 않은 하루가 끝나가는 다섯 시쯤이었다. 갑자기 쿠쿵! 하는 묵직한 폭발음이 들렸다. 폭발음은 흡사 군 시절 멀리 떨어진 사격장에서 들리던 포사격 소리같이 들렸다. 동시에 사무실 유리 창문이 부르르 떨렸다. '뭐지?' 하며 맞은편 방호계장을 쳐다봤다.

계장도 소리에 놀라 나를 쳐다봤다. 그러나 그 이후 아무런 소리도 없어 다시 업무를 시작했는데 2-3분이나 되었을까 사이렌이 울리며. '화재출동, 화재출동, 여천동 한국비료공장폭발, 여천동 한국비료 폭발화재' 라는 지령실 근무자의 긴박한 목소리가 스피커를 통해서 나왔다.

폭발은 1988년 5월 2일 오후 5시에 있었다. 여천동에 소재한 한국비료(현, 삼성정밀화학)에서 폭발이 있었는데 우리가 들은 폭발음과 진동은 탱크가 폭발하며 발생한 것이었다. 한국비료에서 시내 울산소방서(현, 중부소방서 성남119안전센터)까지는 직선거리로 5㎞정도 떨어져 있는데다 돋질산이 가로막고 있는데도 폭발음이 들렸다면 폭발규모가 상당할 것으로 추측되었다. 방호계장과 함께 지휘차를 타고 현장으로 출동했다.

지휘차는 울산교를 건너 문화원 건물만 덩그러니 있는 삼산들판을 지나고 있었다. 얼마 전 모내기를 한 모들이 오후 늦은 햇볕 아래 하늘하늘 흔들리고 있었다. 무전으로 지령실에 현 상황을 물었다. 관계자의 말로는 말로네이트 합성탑에서 폭발이 있었고 지금은 공장전체가 화염에 휩싸여 있다고 했다. 최우선적으로 2차 폭발우려가 있는지를 파악하라고 요청했다.

한국비료 사고는 여천과 항만소방파출소(현 화학구조대 전신)가 선착대가 될 것이다. 선착대에 2차 폭발의 우려가 있으니 무조건 진입하지 말고 관계자에게 정보를 파악하고 안내 하에 진입하라는 지시를 했다.

지금도 그렇지만 그때는 무전상태가 더 좋지 않았을 때였다. 끊어질 듯 이어지는 무전을 조합해보면 울산에 있는 소방차는 모두 보내어 달란다는 요청이 있었다는 내용이었다. 곧이어 현장에 도착한 선착대에서 화염이 굉장하다는 다급한 무전이 들어왔다.

여천고개를 지날 즈음 한국비료 쪽에서는 검은 연기가 시커멓게 피어오르고 있었다. 정문에서 안내를 받지 않아도 연기와 화염으로 사고 장소가 구분이 되었다. 현장에는 한국비료 자체소방차와 선착대인 여천, 항만 분대에서 방수를 하고 있었다. 얼핏 쳐다본 현장상황은 처참했다.

마치 커다란 폭격을 맞은 듯 구겨지고 파괴되어 있었다. 여기 저기 비산물들이 도로까지 어지럽게 널브러져 있었다. 배관, 플랜트가 휘어지고 떨어져나간 곳곳에서 거센 화염이 뿜어져 나왔다. 안전부에서 일하는 정양진 차장이 보였다.

"차장님, 상황이 어떻습니까? 2차 폭발위험은 없습니까?"

물음은 다급하고 긴박했다.

"응, 김반장 괜찮아. 빨리 차 더 불러줘, 있는 대로 다 불러줘."

차량출동을 요청하는 정차장의 목소리는 패닉 상태였다.

"예, 무인방수탑차를 비롯한 전 소방력이 출동 중입니다. 근데 2차 폭발위험은요?"

내가 재차 물었다.

"괜찮아. 2차 폭발은 거의 없을 거야."

이게 아니었다. 거의 없다는 것은 있을 수도 있다는 이야기가 아닌가.

"정차장님 설비를 잘 아는 사람이나 현장근무자를 찾아주십시오!"

"응. 그 사람들 여기 생산팀과 연구팀 사람들이 있었는데 어디 있는지 모르겠어."

느낌이 이상했다. 통상 플랜트화재인 경우 그 설비를 운전하는 운전자들에게 정보를 받아야 했다. 투입되는 물질의 성분과 소화 방법 등에 대해서는 이들이 가장 정확하게 알고 있었기 때문이다. 그런데 이들이 보이지 않는다는 말이었다. 그럴 즈음 울산소방서의 주력 소방력과 인근 기업체의 자체소방대가 속속 도착하고 있었다.

지휘차를 지휘본부로 삼았다. 보이지 않는 작업자들을 그냥 두고 공장장과 설비를 아는 직원, 안전과 정양진 차장을 불렀다. 우선 2차 폭발위험과 연소물질과 소화방법에 대해서 의논을 했다.

이날 폭발한 공장은 DIPM(이소프로필렌 말로네이트) 제조설비였다. 원인모를 이상폭주반응이 있어 고압반응기가 폭발을 했고 플랜트 전체가 내려앉았다. 소화방법은 연소물질인 원료 탱크 밸브를 잠궈야 하지만 밸브가 화염 속에 있어 잠글 수가 없었다. 우선 물을 뿌려 원료 탱크가 과열되지 않도록 하는게 급선무였다. 또 바로 옆에 고압가스인 메틸아민 제조시설이 있는데 이곳의 연소방지도 시급했다. 그런 상황은 현장을 지휘하고 있는 방호계장에게 전달되었다. 방호계장은 진압분대를 재편했다. 멀리 무너진 플랜트 안에 있는 원료탱크에 3개 분대를 배치시켰다. 화염 때문에 접근하기가 어려워 65mm 수관으로 교체해서 대량방수 하라는 지시를 내렸다. 소방관들은 65mm 수관에서 고압으로 뿜어져 나오는 수압을 감당할 수가 없자 인근에 있는 원형 암모니아 탱크지지대에 올라 소방호스를 기둥에 묶었다. 멀리서 보니 새까만 방수복을 입은 소방관들이 암모니아탱크에 가지가 열리듯 주렁주렁 매달려 물을 뿜었다.

진압방향과 소방력 배치가 완료되자 화재조사에 착수했다. 벌써부터 원인과 피해를 보고하라는 무전이 독촉되고 있었다. 사고현장은 가로 세로 40여 미터에 높이로 5층 정도 되어보였다. 탱크와 배관설비들이 엿가락처럼 휘어지고 끊어져 있었고 길이가 200여 미터는 될 듯한 맞은편 건물은 슬레이트 벽체가 모두 떨어져 나가 철골 뼈대만 앙상하게 드러내놓고 있었다.

피해 규모가 어느 정도인지 도저히 가늠이 되지 않았다. 어느 정도 소화가 된 다음에라야 추산이라도 할 수 있을 것 같았다. 인명피해 여부도 확실치 않았다. 몇 명이 있었는지 불확실했다. 당장 작업을 하던 직원 3명이 보이지 않는다고 했다.

일단 사고 현장 전체를 머릿속에 넣는 게 중요했다. 현장을 몇 바퀴 돌았다. 공장관계자들은 다들 경황이 없었고, 안전과 직원들은 공황 상태였다. 절단면이 날카로운 철판과 창끝 같은 예리한 배관들이 흉기처럼 어지럽게 널브러져 있는 가운데 주인을 잃은 안전모도 몇 개가 굴러 다녔다. 사고 장소에서 몇십 미터나 날아와 떨어진 둥근 원통형 철판 옆에서 안전화 한 짝을 발견했다. 무심결에 지나치다 걸음을 멈추고 쳐다보니 안전화에는 발목부근에서 잘려진 발이 그대로 신겨져 있었다. 행여 장비들이 다니며 훼손이 될까 싶어 있던 장소에 표식을 하고는 한쪽 옆으로 옮겨놓았다.

몇 바퀴를 돌아보니 전체적으로 윤곽이 잡혔다. 무전으로 지령실을 통해 보고를 했다. 사고공정과 연소상황, 앞으로의 진화 방침이었고, 현재까지 실종자가 3명이 있지만 원인과 피해규모는 좀 더 조사를 해야겠다는 요지의 보고였다. 그러나 발목에서부터 잘려져 나간 안전화 부분에 대해서는 함구를 했다. 그 사실을 보고하면 당장 사망자로 잡자고 하며 인적사항에 대한 독촉이 있을 것이기 때문이었다. 보고를 받은 도청에서는 폭발원인과 피해규모를 명확히 해서 즉시 도청으로 유선전화를 해 달란다는 전언이 왔다. 무전으로 알았다고 하고는 묵살해버렸다.

불은 조금도 약해질 기미가 보이지 않았다. 대량 방수를 하기 때문에 주변의 배수로를 막아 물을 가두어 다시 소방차로 흡수했다. 그럼에도 물이 모자란다고 곳곳에서 아우성이었다. 인근 자체소방대에서는 부지런히 물을 실어 날랐다. 이렇게는 안 되겠다 싶었다. 어떡하든 연료밸브를 잠가야 되는데 밸브가 어디쯤에 있는지 위치파악도 되지 않는 형국이었다. 벌써부터 4~5㎞정도 떨어진 시내에서도 악취가 난다는 신고가 들어오고 있었다. 밸브위치를 파악하는 게 최우선이었다. 좀 더 가깝고 높은 곳에서 탱크를 볼 필요가 있을 것 같았다. 불길이 좀 약하고 상대적으로 골격을 유지하고 있는 동쪽 면으로 올라가면 탱크 위치가 잘 보일 것 같았다.

화재조사부책을 지휘차에 던져놓고 플랜트를 올랐다. 폭발에 무너지고 내려앉았기에 오히려 발을 디딜 수 있는 발판들이 되어주었다. 그곳은 불에 의한 열기가 거의 느껴지지 않았고 누설된 가스 냄새만 독하게 코를 찔렀다. 1층 정도 높이를 오르자 방호계장이 '야! 김반장 너 뭣하냐? 거길 왜 올라가?' 하고 고함을 지르며 뛰어왔다. '계장님 지금 이래선 끝이 안 납니다. 밸브가 어디 있는지 확인을 해야 잠그던지 하지요. 이대로 가다간 밤새워야 합니다.' 말을 하면서 조심조심 올랐다. 3층 정도 높이를 오르다가 난간에서 또 한 짝의 안전화를 발견했다. 바로 눈앞이었다. 이번은 무릎부근까지 남아 있는 안전화였다. 안전모도 두 개가 있었다. 참혹했다. 전신에 소름이 돋았다. 플랜트에 매달려 아래를 내려다봤다.

밑에서는 방호계장을 비롯한 많은 사람들이 쳐다보고 있었다. 저 밑에 탱크가 보였지만 물보라에 가려 잘 보이질 않았다. 무전으로 탱크 쪽의 방수를 잠시 중단해 줄 것을 요청했다. 물이 끊기며 쳐다본 탱크는 지지대 자체가 밑으로 내려앉았고 폭발 잔재들이 엉켜있어 한사람도 들어갈 틈이 없었다. 난감했다. 다만 다행스러운 것은 탱크본체는 훼손이 되지 않은데다 그나마 규모가 작다는 것이었다. 좀 더 자세히 보고 싶었지만 까마득한 높이에 매달려 순간 아찔했다. 아내와 올해 유치원에 들어간 아들의 얼굴이 떠올랐다. 내려가야 할 것 같았다.

지상으로 내려오니 위험한 행동을 했다며 방호계장의 눈이 희번덕였다. 그즈음 방호과장과 서장도 현장에 도착해서 지휘본부에 합류했다. 공장장을 포함한 기술진이 다시 지휘본부에 모였다. 내가 본 상황을 설명했다. 원료탱크가 바닥으로 내려 앉아 부서진 설비에 파묻혀 밸브차단이 어렵다는 결론에 도달했다. 결국 탱크와 배관내의 연료를 모두 연소시켜야했다. 연료가 얼마나 있었는지를 모르니 언제 끝이 날지 몰랐다. 장시간이 소요된다는 것만 분명해졌다.

일반 전화가 있는 본관 동으로 차를 몰았다. 본관건물은 사고 장소와 500여 미터 정도 떨어져 있었음에도 유리창과 두꺼운 현관 강화유리가 파손되어있어 얼마나 충격이 컸는지를 짐작케 했다.

도청 소방과에 전화를 했다. 전화는 강동진(후일 거제소방서장 퇴임)씨가 받았다. 늦은 전화에 잔뜩 열이 돋아 있었다. 몇 차례 걸쭉한 고성이 수화기를 통해 들려왔다. '지금은 어떻게 됐냐?' 라고 물었다. 현장상황을 설명하고 폭발원인과 재산피해는 추후 산정해서 보고하기로 했다. 실종 3명은 신체훼손상태를 고려해볼 때 사망추정으로 정리를 했다.

어느덧 어둠이 짙어졌다. 각 방송사에서는 라이트를 밝히며 촬영을 했고 저녁 9시 뉴스에 현장 상황이 생생하게 보도 되었다. 그날 화재는 8시가 넘어서 큰 불은 잡았고 그로부터도 한 시간이 더 지나 탱크와 배관 내에 연료가 다 소진되고서야 완전히 진화가 되었다.

불은 DIPM 제조공정을 시험하며 이소프로필알콜 등 가연성 원료와 소다회 등 비가연성 물질을 혼합과 과열을 하는 과정에서 이상폭주반응이 일어나며 폭발이 된 것이었다. 처음 실종자 명단에 올랐던 3명을 포함해서 6명의 사망자와 4명의 부상자가 발생한 사고였다. 사고 이후 원인규명, 상급기관조사, 방어검토회의 등으로 우리들은 일주일가량 퇴근을 하지 못했다.

며칠 전 삼성정밀화학으로 사명이 변경된 한국비료를 방문했다. 언제 그런 사고가 있었냐는 듯 공장은 평온했다. 회사 내 돋질산을 올랐다. 숲속 사이로 햇살이 쏟아지고 소나무는 가지를 출렁이며 나를 반겼다. 다람쥐가 머리를 까닥거리며 인사를 하는 것 같았다. 바짝 마른 억새풀이 바람에 흔들리고 있었다. 모두가 순간순간 살아가고 있었다. 산 정상에는 그날의 희생자를 기리는 추모비가 장승처럼 회사를 내려다보고 있었다.

(2016. 1. 14)

뜨거운 훈장

"뻥, 뻐벙!"

고막이 찢어질 듯한 굉음이 울림과 동시에 블록 담장 위에서 분말 노즐을 잡고 있던 얼굴 위로 불길이 덮쳤다. 순간 '폭발하는구나!' 하는 공포가 뇌리를 스쳤다. 커다란 폭발압력에 몸이 밀려나며 바닥으로 추락했다. 떨어진 충격에 순간적으로 정신이 멍하고 몸은 바둥거렸다. 폭발굉음의 여음이 남아서 귀속에서는 '이잉' 울리고 있었고 비산된 폐허들이 내 몸 위로 후드득 떨어졌다. 머리를 부딪쳤는지 눈앞이 캄캄해지며 빙빙 도는 것 같았다.

얼굴에 열기가 덮치는 순간은 오히려 서늘한 감촉이 먼저 온 다음 얼굴이 화끈거리며 따가운 느낌이 들었다. 정신을 잃으면 안 된다는 생각과 함께 몸을 일으키고자 했지만 반대편으로 다시 넘어졌다. 내가 왜 이러지. 하면서 땅을 짚고 일어서며 자세를 바로잡으려는데 발목의 통증으로 다시 바닥에 주저앉았다.

몽롱한 정신으로 폭발 잔해가 널브러진 바닥에서 꿈틀대고 있을 때 옆으로 피했던 박종인 반장이 뛰어오며 나를 부축했다. "토당님, 토당님, 괜탄틉미꺼?" (소장님, 소장님 괜찮습니까?) 박종인 반장의 혀 짧은 소리가 들렸다.

박 반장의 부축을 받으며 제자리에 일어서니 그제야 얼굴이 쓰라려왔다. 화상이 얼마나 깊은지는 모르겠으나 우선 이 열기가 더 이상 피부 속으로 들어가지 않도록 하는 게 급선무였다. "박 반장! 빨리 워터젤 가져와라" 하고 한쪽 발로 깨금발을 뛰어 담벼락에 몸을 기대었다.

워터젤은 담요 한 장 크기 정도의 두꺼운 천을 화상처치용액에 담가놓은 것으로 불에 데인 부위의 열을 빼어 화상이 더 이상 진행되는 것을 방지해주는 효과가 있었다. 얼굴은 시간이 갈수록 더 화끈거리며 마치 예리한 바늘로 찌르는 듯 했다. 곧이어 달려온 구조대 박병만 반장과 대원들의 부축을 받아 구급차로 이동을 하는 등 뒤로 박종인 반장이 외치는 소리가 들렸다. '워터뗄, 워터뗄' (워터젤, 워터젤)

화재는 1995년 11월 3일 아침 06:31분에 발생했다. 울산시 남구 달동 616-9번지 소재에 점포화재이니 신정, 삼산, 여천, 구조대 등 4개 분대의 출동을 명하는 방송이 있었다. 화재는 간단히 진압될 것으로 생각했다. 화재가 발생한 장소가 신정소방파출소와 오백여 미터 거리에 있어 인접분대가 도착도 하기 전에 진화할 수가 있겠다는 생각과 달리 현장상황은 점점 심각해졌다.

무전으로 들리는 내용은 화재장소가 일반점포가 아니고 '극동화학'이란 화공약품상회인데 내부에 여러 가지 위험물질이 보관되어 있고 이중에는 특히 금속나트륨과 스트로톤이 다량 보관되어 있다고 했다.

처음 선착대가 도착했을 때는 큰 불길은 보이지 않고 연기만 자욱하여 일반적인 화재현장에서와 같이 선착대가 문을 파괴하고 방수를 했는데 쉬이 진압이 될 줄 알았던 화재가 방수를 할수록 오히려 그 기세가 맹렬했다. 방수를 하면 대부분의 화재는 진압이 되지만 금속나트륨의 경우는 달랐다. 금속나트륨은 물과 접촉하면 격렬한 반응을 일으키며 폭발과 자연발화가 가능한 인화성이 강한 증기를 발생시키는 것인데 여기에다 방수를 했으니 불을 끄려다 외려 불을 더 키운 형국이 된 것이었다.

"무거파출소 화학차 달동 극동화학 화재 출동, 무거파출소 화학차 달동 극동화학 화재 출동!"

출동방송이 반복되어 나왔다. 아침준비를 하던 직원들이 뛰어나왔다. 화학차 1대뿐이므로 소수의 인원만 출동을 했다.

운전원과 관창수로 박종인 반장, 그리고 출동하겠다는 부소장을 파출소에 있으라고 하고 내가 출동을 했다. 정광사 도로를 빠져나와 시청방향으로 진입하자 상공회의소 부근의 하늘로 시꺼먼 연기가 올라오고 있었다. 현장무전은 여전히 소란스러운 가운데 안중기 진압대장이 급박한 음성으로 무거화학의 도착을 독촉하고 있었다.

차에서 내리자 당직자가 현장상황을 전했다. '소장님 지금 창고 안에 금속나트륨이 200kg 정도 있습니다. 만약 이게 터지면 인근지역 이삼백 미터가 다 날아갑니다. 무슨 수를 써서라도 불을 잡아야 합니다!' 라고 큰소리로 말했다. '다른 화학차는 어디 있습니까?' 내가 물었다. '다른 차요? 다른 차는 전부 실패했습니다. 진화가 되려다가 살아나고 또 살아나고 해서 모두 실패 했습니다.' 당직자의 긴박함이 묻어났다.

폭발에 대비해 운전원에게 차량을 화점에서 이격해서 부서토록 하고 박종인 반장에게 분말 호스릴을 전개토록 지시했다. 그리고는 현장을 총괄지휘하고 있던 김상권 방호계장에게로 뛰어갔다.

"무거화학 도착했습니다. 어떻게 할까요?"

"안에 금속나트륨이 있다는데 큰일입니다. 물을 뿌릴 수도 없고, SK 자체소방대의 화학차가 오고 있는데 불을 끄거나 최소한 그때까지는 폭발을 막아야 합니다. 이제 무거분대만 남았는데 소장님이 잘 막아 주어야겠습니다."

지휘를 받고 차량으로 오니 호스릴 전개가 끝나가고 있었다. 이 와중에도 맹렬한 불길은 사그라질 기미가 보이지 않았고 캔이 터지는 소리와 함께 한 무더기의 불길이 문밖으로 밀려나왔다. 그때마다 소방관들이 황급히 뒤로 후퇴했다가 다시 진입을 하곤 했다.

"박반장, 정면은 위험하니 이쪽 창문으로 방사하자! 담장이 엄폐물이 되어줄 것 같다."

박종인 반장이 담벼락 밑에 바짝 붙어 섰다. 내가 운전원에게 분말 소화약제를 방출하라는 명령을 내렸다. 질소 밸브를 열자 '쉬익' 하며 질소가 분말 약제탱크로 들어가는 소리가 들렸다. 곧이어 검은 호스릴이 마치 구렁이가 기어가듯 꿈틀꿈틀 거렸다.

"개방하지 마! 아직 멀었어!"

내가 박종인 반장에게 소리쳤다. 분말소화약제는 호스릴 내부에 압력이 가득 찼을 때 일시에 방사해야 효과가 극대화된다. 자칫 조기에 노즐을 개방해 버리면 순간 압력이 떨어져 효과가 감소되기 때문이었다. 조급한 마음을 누르며 잠시 후 호스가 빳빳해지는 느낌이 들었다.

"됐다, 열어라."

내 명령이 떨어지자 박종인 반장이 레버를 앞으로 당겼다. 그러자 '팍' 하는 파열음이 들리며 하얀 분말소화약제가 분사되었다. 그런데 노즐을 잡고 있는 곳과 창문 사이에는 담장이 있어 약 70cm정도 거리가 있는데다 때마침 스프레이 캔이 터지며 한 무더기 화염이 분출하자 박종인 반장이 분사노즐을 창문 안쪽으로 던져 넣고는 담장 밑으로 머리를 숙였다. 창문 안으로 들어간 노즐이 압력에 의해 이리저리 움직이며 분말을 방사하기에 소화 효과가 있을 것 같기도 했다. 하지만 고압으로 방사가 되다보니 노즐이 의도한 대로 창문 안으로 들어가지 않고 담장과 건물 벽 사이에 떨어지고 말았다

박종인 반장은 폭발에 대비해서 머리를 담장 밑으로 숙이고 있어 그 사실을 모르고 있었다. 화학차에 적재된 소화약제는 140kg으로 제한적이었다. 이 약제로도 화재를 진압하기에는 역부족으로 약제를 최대한 아끼고 화점에 정확히 방사해도 소화가 될 지 의문인 상황이었다.

원래 남부소방서에 보유중인 화학차 다섯 대를 모두 집결시켜 일시

에 방사해야 하는데 차량이 도착하는 대로 찔끔찔끔 방사하다 보니 불이 잦아들었다가 다시 살아나곤 해서 진화를 못한 것이었다. 결국 최후의 보루인 무거 화학차마저 실패를 한다면 물도 사용할 수 없는 상황에서 폭발을 저지할 방법이 없었다.

내가 얼른 박종인 반장에게 뛰어가며 소리쳤다.

"박반장 약제 방출 멈춰!" 하며 호스릴을 당겼다. 호스릴이 당겨 나오며 허공중에 하얀 분말을 이리저리 내 뿜었다. 급히 노즐을 회수해서 레버를 잠갔다. 그때까지도 박종인 반장은 무엇이 잘못되었는지를 모르는 눈치였다.

"야! 약제를 바로 방사해야 될 것 아니냐!" 하고 고함을 질렀다. 최대한 화점 가까이에서 정확한 방사가 필요했다. 화점에 가까이 가는 방법은 담장 위에 올라서서 창문을 내려다보며 방사를 하는 방법이 좋을 것 같았다. 다만 너무 위험했다. 담장 위에 올라서서 고압의 노즐을 방사하면 자세가 불안하기도 했고 무엇보다도 폭발이 발생되었을 때 그 폭발에 완전히 노출되는 게 문제였다. 하지만 선택의 여지가 없었고 너무 급박했다. 우리 분대에서 막지 못하면 대규모 폭발로 이어질 것이기 때문이었다.

누군가가 담장 위로 올라가야했다.

"박반장, 노즐 이리 줘라!" 내가 노즐을 넘겨받았다.

"소장님 어쩔라고요?" 박종인 반장이 관창을 넘겨주며 물었다. '정확한 방사를 하려면 이 방법밖에 없다.' 하며 담벼락 위로 올라가기 위해 땅바닥을 굴렀다. 그러나 방수복에다 무거운 장화를 신었으니 쉬이 올라갈 수가 없었다. 박종인 반장에게 뒤를 받치라고 했다. '소장님 너무 위험한 거 아닙니까? 올라가도 되겠습니까?' 하며 말리다가 '그럼 내가 올라 갈께요' 하고 앞으로 나섰다. '아니다, 내가 올라갈게.' 박종인 반장을 밀쳐내며 다시 다리를 굴렀다. 반쯤 뛰어오른 내 몸을 박종인 반장이 뒤에서 받쳤다.

블록 한 장 두께의 담장은 그냥 서 있기도 위태로웠다. 창문으로 내려다보니 실리콘과 프라스틱 용기가 연소되며 점포내부 전체가 검붉은 화염으로 가득했다. 수시로 캔이 터지며 불길이 창문으로 밀쳐 나왔다. 담장 위에 서서 도로 쪽을 향해 자리를 잡은 다음 오른손으로 노즐을 잡고 레버를 열었다.

순식간에 하얀 분말가루가 뿜어져 나왔다. 짧은 시간이지만 일시에 불길이 잦아드는 것 같았다. 불길이 좀 잦아들자 확실한 소화효과를 보기 위해서 화점에 좀 더 정확히 방사를 하여야겠다는 욕심에 몸을 창고 쪽으로 가까이 옮긴 순간이었다. 그때 큰 폭발이 일어났다.

"뻥, 뻐벙!"

마치 포탄에 터지는 것 같은 굉음이 들리며 커다란 압력이 나를 담장 아래로 밀쳐 내었다. 폭발압력에 밀려나며 순간 정신을 잃었다.

부축을 받아 구급차에 오르며 워터젤 담요를 얼굴에 두르자 끈적끈적한 용액이 닿으며 피부로 침투한 열기를 제거하는지 쓰라림이 가시고 시원한 느낌이 전해져왔다.

화재현장에서 울산병원은 약 4분 정도 거리에 있었다. 병원에 도착해서 응급처치에 들어갔다. 의료진이 얼굴에 식염수를 붓고 거즈로 닦아내었다. 눈만 빠끔히 내어놓고 얼굴전체에 하얀 화상연고가 두껍게 발라졌다. 그제야 아! 내가 화상을 입었구나. 이제 평생 얼굴에 흉터를 지니고 살아야 하나 하는 생각이 들었다.

응급처치가 끝나갈 즈음 다시 한 번 응급실이 술렁이기 시작하며 한 무리의 소방관들이 들것에 실리고 혹은 부축이 되어서 응급실로 들어왔다. 화재현장에서 또 한 번의 폭발이 있어 다섯 명이 부상을 당했는데 구조대 노태호 소방교를 비롯해서 하행수, 설영부, 신곤식, 박진택 등이었다. 이중 노태호와 신곤식은 화상부위도 넓고 깊었다. 순식간에 응급실은 아수라장이 되었다. 고통을 호소하는 신음소리가 여기저기에서 들리고 의료진도 부산히 움직이고 있었다.

연이어 취재진들도 몰려왔다. 여러 대의 카메라 후레쉬가 터지고 TV카메라도 들이 대었다. 얼마 있지 않아 TV화면에서 "화공약품창고 폭발로 진압하던 소방관 여섯 명 부상" 이라는 자막과 함께 치료를 받고 있는 우리들의 모습이 나왔다. 특히 경극배우처럼 얼굴에 하얀 연고를 잔뜩 바르고 응급실에 누워있는 내 모습이 집중적으로 보도되었다. 실눈으로 보도를 보면서 아내도 볼 텐데, 얼마나 놀랄까 하는 걱정이 되었다.

보도가 나가고 얼마 지나지 않아 아내가 헐떡이며 응급실로 들어왔다. 뉴스를 본 옆집 아줌마가 알려준 모양이었다. 황망한 모습으로 나타난 아내를 보기가 민망하여 나는 울컥한 목소리에 큰 소리로 너스레를 떨었다.

아내는 붕대를 칭칭 감은 나의 모습에 사색이 되었다. 파르르 손을 떨며 다가왔다. 할 말을 잊은 듯 멍한 두 눈을 공중에 매달고 한숨을 지었다. 불덩이 같은 눈물을 뚝뚝 흘리면서 쳐다보기만 했다. 나 또한 눈을 마주치는 것이 내 탓인 것 같기도 해서 애써 눈길을 외면했다. 외계인 같은 꼬락서니를 보고 굳이 설명하지 않아도 심각한 상태라는 것을 아내는 알고 있었다.

그날 불은 오전 9시가 넘어 SK자체소방대의 대형분말소방차가 동원되고서야 진화되었다. 병원 입원 이틀째 되는 날 설영부, 하행수, 박진택 등 세 명은 부상이 경미하여 통원 치료키로 하고 퇴원하였지만 나와 노태호, 신곤식 등 세 명은 이때부터 본격적인 치료가 시작되었다.

나는 얼굴과 노즐을 쥐고 있었던 오른손 팔목에 집중적으로 화상을 입었고 좌측 발뒤꿈치가 골절이 되었다. 얼굴의 화상은 초기에 워터젤을 덮어 피부 깊숙이 침투하는 열을 차단하였기에 피부가 한 번 벗겨진 후 큰 흉터 없이 치료가 되었지만 오른손 팔목은 병원에 도착한 이후에야 화상을 입은 것을 알았기에 초기 처치가 늦어 시커멓게 흉터가 남아있다.

하루 한 번씩 하는 화상부위 드레싱 시간은 그야말로 극한의 연속이었다. 생리식염수가 상처에 닿으며 따갑기 시작한 통증은 거즈를 들어내면 피부가 같이 벗겨지며 그 고통이 절정에 달했다. 말 그대로 살이 떨어지는 고통에 이가 부서져라 악물었다.

생살이 뜯겨나간 그 자리에 치료를 받고 새 붕대를 감아야 했다. 피가 샘솟듯이 살을 뚫고 올라왔다. 생살의 아우성에 정신이 얼얼했다. 얼굴 화상 부위에 생리식염수를 부으면 입과 코로 들어와 호흡도 어려웠다. 입원할 때 미처 몰랐는데 발뒤꿈치 뼈에 골절이 있어 깁스를 해야 했고 목발을 짚고 다니거나 휠체어를 이용했다.

6주의 입원기간 동안 아내는 뼈에 좋고 새살 돋아나는데 효험이 있는 여러 음식과 생선회를 부지런히 날랐다. 누워 있는 상태라 소화도 잘 안 되는데도 불구하고 열심히 잘 먹었다. 고마웠다. 병원에서 나오는 식사는 그리 나쁜 편은 아니지만 입맛이 없어, 집에서 해온 밥은 내가 먹고 병원 밥은 아내가 먹기도 했다.

입원기간 중에 아내의 생일이 되었고, 내가 꽃 배달을 시켰다.

'웬 꽃이냐?' 라고 물었다.

'오늘이 당신 생일 아니오. 그리고 다쳐서 미안하고, 고맙소.' 라고 답하자, 아파 누워 있는 사람이 그럴 정신이 어디 있느냐고 화를 냈고 침대에 엎드려 울었다. 나 역시 목에 옹이가 맺히는 것 같았다. 무심히 살아왔지만 우린 질벅거리는 길을 동행하고 있었던 것이다.

입원 기간 동안 종종 생선회를 건네고 휠체어를 밀어주는 아내의 수발이 회복에 큰 힘이 되었다. 퇴원을 하고서도 골절부위가 있어 5주간의 통원치료를 받았다. 벌써 이십년이 지났다. 나는 아직까지 그때의 화상을 뜨거운 훈장처럼 달고 근무하고 있다.

(2015.12.15)

폭발의 이빨

폭발현장은 폐허로 너덜거렸다. 폭발압력에 100㎡나 되는 두께 30㎝의 철근콘크리트가 공중으로 솟구쳐 올랐다가 떨어지며 마치 시루떡을 포개어 놓은 것처럼 비스듬히 반으로 겹쳐져 있었다. 폐수처리조 옆에는 구급대원들이 덮어놓은 시트 밑으로 한쪽 다리가 삐져나온 주검이 누워 있었고 땅으로 스며들지 못한 피가 시멘트 바닥에 낭자하게 고여 있었다.

'삐리리리릭' 아침 서장실에서 간부회의를 하고 있는데 상황실로부터 구조출동을 알리는 차임벨이 울리며 '여천동 H케미칼 2공장 폐수처리장 폭발, 작업자 2명 확인불명, 구조출동' 하는 방송이 반복되어 나왔다. 남부소방서로 발령 받은 지 두 달이 갓 지난 2015년 7월 3일이었다. 시계를 보니 오전 9시 16분이었다.

구조나 구급출동은 하루에도 50~60여 건 정도 발생하다보니 그냥 일상적인 출동이겠거니 했다가 방송내용을 듣고는 회의를 중단했다. 지휘팀장과 구조구급팀장은 후다닥 일어나 현장으로 출동했다. 무전을 들으며 상황을 체크하는데 점점 더 심각해져 갔다. 작업자가 2명이 아니고 3명이라고 했다가 다시 몇 명이 더 있을지 몰라서 파악 중이라는 무전이 있었다.

현장으로 출동했다. 9시 20분경으로 출근시간이 지났지만 아직 차량정체가 있었다. 사이렌을 울려도 속도는 느렸다. 백화점 부근을 지날 즈음 선착대로부터 '폐수 처리조 옆에 사망자 1명 발견' 이란 무전보고가 있었다. 현장상황을 보고하는 센터장의 목소리가 다급했다. 출동 중인 화학구조대장에게 최우선적으로 주변 가스농도를 측정할 것을 지시했다. 또 전 소방대원들에게 호흡보호 장구를 착용할 것과 단독 행동을 하지 말고 관계자의 안내를 받아 진입할 것을 무전으로 지시했다.

고속버스터미널을 지날 무렵 국민안전처 상황실장으로부터 전화가 왔다. 상황실장은 현장상황을 물었지만 아직 도착 전이기에 출동지령을 받은 내용 외에는 더 할 말이 없었다. 현장 도착까지는 얼마가 소요되냐고 묻는다. 지금 속도라면 5분 정도면 도착이 되겠지만 그랬다간 도착하자마자 또 상황보고를 하라고 닦달을 할 것이기에 이십분은 더 가야 된다고 답을 했다. 매번 느끼는 사실이지만 재난현장은 인명구조와 사태수습이 최우선이 되어야 하는데 상황보고가 최우선이 된 게 작금의 현실이다.

현장은 혼잡했다. 폭발현장은 공장 후문 가까이에 있는 폐수처리조였는데 후문과 20여 미터 남짓 맞닿아 있었다. 주변이 크고 작은 공장 지역이다 보니 주변 사람들까지 어울려 소란하고 혼란스러웠다. 선착대인 여천대와 화학구조대원들이 분주하게 움직이고 있었다.

정해식 지휘팀장이 상황보고를 했다. H케미칼은 PVC파우더를 제조하는 회사인데 폐수처리 용량을 늘리기 위한 증설작업이 진행 중이었다. 폐수 처리조 상부에서 용접작업을 했는데 무슨 원인에서인지 폐수처리조가 폭발을 하며 작업인부들이 실종되었다. 관계자들은 작업인부가 10명이라고 했다가 6명이라고도 하는 등 정확치가 않았다. 1명은 이미 시신으로 발견이 되었다며 팀장이 가리키는 곳에는 하얀 시트로 덮어놓은 시신 1구가 보였다.

주변은 역한 가스 냄새가 강하게 났다. 가스 농도를 물었다. 화학구조대가 측정을 하니 폭발위험이나 단시간 흡입으로 인체의 위험이 있을 정도는 아니라고 했다. 머릿속이 복잡했다. 이 난국을 어디서부터 접근해야하나 현장은 무전기 소리, 고함소리, 사이렌소리 등으로 시끄러웠다. '침착해지자, 침착해지자.' 스스로를 다독였다.

가급적이면 혼자서 많은 판단을 내려야 되는 상황을 피해야했다. 짧은 시간에 많은 판단을 함으로써 잘못된 결정을 내리는 것을 방지하고 적절한 대응을 위해서 지휘를 분산해야 했다. 이장희 구조구급팀장에게 긴급구조 통제단 가동을 지시했다.

긴급구조 통제단이 가동되면 혼잡한 상황에서 각 분야별 팀장들이 재난정보, 작전지휘, 구조, 수색, 응급의료, 대원안전, 자원동원, 언론 등 담당별로 분담을 해서 보다 신속하고 효율적인 구조작전이 이루어질 수가 있기 때문이었다.

일단 작업인원과 작업내용을 파악토록 했다. 또 주변의 잔류가스농도를 실시간으로 측정해서 이상 징후 발생 시 즉시 보고토록 했다. 주변시설에 대한 전원차단도 요청했다. 경찰에 주변통제를 요청하고 공장관계자를 불렀다.

공장관계자와 지휘팀장과 함께 현장을 확인했다. 현장은 처참했다. 폐수처리조는 두께 30㎝의 철근콘크리트로 가로 13m, 세로7.5m, 깊이5m의 크기였다. 내부에서 1 · 2조 2칸으로 격실 구조인데 1.5m 가량이 지상으로 돌출되었고 나머지는 지하에 묻혀있었다. 두께 30㎝, 너비 100㎡의 철근콘크리트 윗부분이 폭발압력에 공중으로 치솟았다가 반으로 쪼개지며 2저장조에 비스듬히 기대어져 있었다. 벽체 윗부분에는 콘크리트가 떨어져나간 철근들이 엿가락처럼 휘어진 채 얼레빗살처럼 촘촘히 튀어나와 있었다.

폐수처리조는 마치 석회석을 풀어 놓은 듯한 우윳빛 폐수가 반 이상 고여 있었다. 시큼한 냄새가 역하게 코를 자극했다. 정보에 의하면 작업자들은 뚜껑이 붕괴되면서 처리조 안에 잠겨있을 가능성이 가장 크다고 했다. 여러 대의 배수펌프가 폐수를 뽑아 올리고 있었지만 펌프 용량이 적어 전혀 줄어들 기미가 보이지 않았다. 이대로라면 하루가 걸려도 배수가 안 될 것 같았다.

궁여책으로 소방차로 흡수를 하기로 했다. 점성이 있는 폐수지만 일반 펌프에서 배수가 되니 가능할 것 같았다. 펌프차 2대를 배치해서 흡수관을 담갔다. 흡수관을 너무 깊이 담그면 점성이 큰 침전물에 방해를 받을까 윗부분부터 흡수를 했다. 그제야 많은 양의 폐수가 뽑혀 나왔지만 수위변화는 미미했다.

긴급구조 통제단을 가동하였고 소방본부 상황실과 양방향소통이 가능한 무선인터넷이 설치되었다. 현장상황은 실시간 전송되었고 소방본부를 거쳐 국민안전처 상황실로 전송되었다.

그즈음 작업자들의 소속과 인원이 밝혀졌다. 작업자는 H케미칼의 협력업체인 H환경개발로 10명이 투입이 되었지만 폐수처리조 위에서는 6명이 작업을 했고 4명은 근처에 있었기에 화를 면했다. 6명 중 1명은 시신으로 발견이 되었기에 5명이 실종상태였다.

지휘팀장이 폐수처리조에 사람 같은 물체가 보인다는 보고를 했다. 팀장이 가리키는 곳을 보니 사람의 뒤통수 같은 물체가 보였다. 폐수가 빠질 때까지 마냥 기다릴 순 없었다. 그렇다고 깊이가 얼마나 될지 모르는 폐수구덩이에 대원들을 투입하기도 어려웠다. 저수조의 깊이가 5m인데 위로 드러난 부분을 가늠해보니 3m가 조금 넘었다.

송유용 구조대장에게 대원들을 투입하라고 했다. 대원들은 이미 건식 잠수 슈트에 공기호흡기를 착용하고 대기하고 있었다. 잠수복을 착용한 대원 두 명을 폐수조 안으로 진입하라고 했다. 대원들이 한발 한발 사다리를 내려가 바닥을 딛고 서자 목 바로 아래 부분까지 폐수가 찰랑거렸다. 그 곳에는 폐수뿐만 아니라 철근, 철판, 용접기구등 각종 잡동사니도 있어 발을 잘못 디디면 폐수 더미에 빠질 수가 있는 상황이었다. 탐침 막대를 지팡이 삼아 조심조심 접근했다. 대원이 사람이라는 사인을 보내왔다. 들것이 내려가고 인양을 위해 몸을 뒤집자 얼굴이 드러났다. 두 번째 실종자를 찾았다. 그 사이 육상수색을 하던 화학구조대원들이 폐수처리조에서 이십여 미터 떨어진 곳에서 실종자 1명을 더 발견했다. 실종자는 폭발압력에 이십여 미터를 날아 건너편 공장 지붕 위에 얹혀 있었다. 사망자들은 모두 연체동물처럼 흐느적거렸다. 폭발 압력에 전신의 뼈들이 부서진 때문이었다. 인양 즉시 병원으로 이송되었다.

배수는 계속되고 있었다. 목 부분까지이던 폐수가 가슴까지 내려갔다. 구조대원을 다시 투입하기로 했다. 실종자가 발견되면 인양하는 방법에서 실종자를 수색하는 방법으로 전환을 했다. 폐수가 조금은 줄어들었기에 가능한 작전이었다. 건식 슈트에 공기호흡기를 착용한 대원 4명을 투입했다. 그래도 대원들의 가슴 위까지 폐수가 찰랑거렸다. 탐침막대를 휘저으며 폐수를 더듬던 대원 1명이 신호를 보냈다. 뿌연 액체 속에 잠겨있는 실종자 1명을 찾았다. 그렇게 4명의 실종자가 인양되고서 수색이 중단되었다. 대원들이 이상증상을 호소했기 때문이었다. 수색을 하다 날카로운 이물질에 슈트가 찢어지면서 폐수가 몸에 닿은 것이었다. 피부에 발갛게 발진이 생기며 통증을 호소했다. 긴급히 샤워를 한 대원들을 병원으로 이송했다. 배수는 계속했지만 수색은 중단했다. 눈에 보이지 않는 철근과 철판조각 등이 너무 위험했다.

그렇게 1시간 가까이 배수를 하던 중 다섯 번째 실종자를 발견했다. 물이 빠지며 암죽처럼 빽빽해진 폐수에 옆으로 누운 듯 비스듬히 잠겨 있었는데 처음은 귀만 약간 보여 사람인지 분간이 되질 않았다. 다시 대원들이 투입되었고 확인 결과 사람이 맞았다. 이때가 12시, 어느새 사고가 발생한 지 3시간이 경과가 되었다. 1번 저장조는 거의 사람의 허리 높이까지 배수가 되었는데도 더 이상 실종자는 발견이 되지 않았다. 그렇다면 2번 저장조에 있을 확률이 높았다. 2번 저장조에는 반으로 접혀진 폐수조 윗부분이 비스듬히 폐수에 잠겨 있었다. 그곳에도 배수를 하고 있었으나 여전히 2m 가량의 폐수가 고여 있었다. 1번 저장조에 배수중인 소방차를 2번 저장조로 배치해서 집중 배수를 했다.

그날의 폭발원인은 폐수처리조 용량증설을 위해서 용접과 절단 등 화기작업을 하던 중 발생된 불티가 내부에 체류된 가스에 접촉되어 폭발된 것이었다. 이 사고로 6명의 사망자와 1명의 부상자 등 7명의 인명피해가 발생했다. 유증기나 가연성가스가 체류된 폐수처리조나 탱크 등에 화기 작업시 반드시 이행하여야 하는 가스배출과 잔류가스 측정을 태만히 한 결과였다. 소방관으로 근무하며 많은 폭발사고를 보고 수습을 했지만 이번에도 똑같은 원인으로 인한 안타까운 사고였다.

자식을 잃은 어미의 울음은 그 끝이 없었다. 말로 표현할 수 없는 통곡 앞에서 살아있는 우리 모두는 죄인이었다. 사고 난 곳을 보겠다고, 우리 아들을 내가 찾겠다고, 내 새끼 어디 있니. 엄마가 찾아줄게. 실성한 듯 혼잣말을 하며 통제선을 넘어오려 했다. 하지만 그곳으로 들여보낼 수는 없었다. 저지하는 경찰과 소방관들도 속으로 눈물을 흘렸다.

아버지와 어머니는 아들을 부르고, 아내는 남편을 부르고 사방이 울음 바다였다. 모두 되돌릴 수 없는 현실 앞에서 땅을 치고 목 놓아 울었다. 우리는 말이 없었다. 차마 그들의 눈을 쳐다볼 수 없어 묵묵히 구조작업만 할 수밖에 없었다. 주검이라도 찾은 유가족들은 모두 병원으로 달려갔다. 지루한 배수 작업이 40여분 더 진행이 된 12:43분 폐수처리조 윗부분과 벽면 사이에 잠겨있는 마지막 실종자를 발견하고 인양했다.

마지막 실종자는 천○○ 청년이었다. 통제단 천막이 찢어지는 듯 숨이 넘어가는 통곡소리가 들렸다. 뒤이어 도착해서 실성 직전인 어미를 달래던 아버지도 아들이 발견되자 이성의 끈을 놓치고 말았다. 한 마리의 맹수가 포효하듯 '아들아!' 하며 울부짖는 통곡은 현장에 있는 모든 이의 눈시울을 적셨다.

청년은 28세로 취업준비를 하는 아르바이트생이었는데 집이 대구 인근이라고 했다. 그날이 한 달간 아르바이트의 마지막 날이었는데 일이 끝나는 아들을 집으로 데려 가기 위해 울산으로 내려오다가 사고 소식을 접한 것이었다. '○○아!' '○○아!', 아들은 부르고 불러도 대답

없는 꽃무릇이 되어 구급차로 실려 가고 있었다. 청년의 어머니는 드러누워 두 손으로 땅바닥을 두들기고 악다구니를 했다. 다 지난 일이었다. 순식간에 지나간 일이었다. 청년의 어머니는 그날 아들을 위해 쇠고기 3근을 사 놓았다며 울었다.

(2016.1.20)

불산

침대머리맡 휴대전화 벨이 요란하게 울렸다. 이 시간에 사무실이 아니면 전화 올 데가 없는데……. 심야에 오는 전화는 대부분 다급한 경우다. 잠결에 전화를 받았다.

'서장님 방호과장입니다. 12:47경 석유화학단지 I화학에서 불산이 누출되었습니다. 화학구조대 하고 인근 119안전센터에서 출동 중인데 아마도 나가보셔야 될 것 같습니다.' 불길한 예측은 적중했다. 전화로 들려오는 방호과장의 목소리는 긴장이 역력했다. 시계를 보니 새벽 1시가 다 되어가는 시간이었다.

'누출량이 얼마입니까? 누출지점은요? 한 손에 전화기를 든 채 옷을 걸치며 묻는 물음에 현재까지 누출량과 누출 부위 등 파악된 것은 아무것도 없고, 상황실에서 정보를 파악 중이라고 했다.

지난 2012년 9월 경북 구미공단에 있는 '휴브글로벌' 이란 회사에서 불산이 누출되어 큰 사회적 문제를 일으킨 적이 있었다. 당시 5명의 사망자와 출동한 소방관과 주민 등 1,000여명이 불산 누출로 인한 검사와 치료를 받았고 인근 지역의 농산물과 가축이 큰 피해를 입었다. 주민들도 한 달 넘게 대피생활을 했고 사고지역은 특별재난지역으로 지정되기도 했다.

당시 나는 온산소방서장으로 재직 중이었고, 관내 한 기업에서 국내 최대 규모의 불산을 취급하는 곳이 있어 불산의 물성과 누출 시 대처 방법 등에 대해 관심이 많았다. 불산과 같은 유독가스 누출 시에는 바람 방향이 중요했다. 바람 부는 반대방향에서 진입해야하고 피난 역시 풍상으로 해야 했다. 바람이 바다로 불면 피해가 적을 것이고 시내로 불면 위험했다. 불산은 각종 광물의 제련이나 화학물질의 제조 등에 쓰였다. 특히 유리를 부식시킬 정도의 강한 독성 때문에 반도체 세정제로도 많이 사용되었다. 불산은 강한 부식성도 있어 인체에 닿으면 매우 치명적이었다.

차를 타고 가며 상황을 청취했다. I화학은 세제원료를 생산하는 회사였다. 2015년 11월 16일 12:47경 누출이 시작되었는데 농도 40%의 불산이라고 하며 작업자와 화학구조대원들이 누출부위확인과 차단을 위해 접근중이라고 했다. 새벽 한시가 조금 지난 도로는 한산했다.

여천고개를 지날 즈음 또 휴대전화가 울렸다. 국민안전처 상황실이었다. 벌써 세 번째 전화였다. 짜증이 발칵 솟았다. 전화기에 대고 고함을 질렀다. '지금 출동중이예요, 일단 현장에 도착해야 뭐든지 알게 아닙니까?' 안전처 상황반장은 내 소리를 듣는 둥 마는 둥 하며 '잠깐만요, 중앙소방본부장님을 바꿔드리겠습니다.' 했다. 중앙소방본부장은 빨리 출동하라는 소리와 함께 주민대피판단을 우선하라고 지시했다.

무전으로 지휘팀장을 찾아 대원안전을 확인했다. 현장에 접근 중인 대원들은 모두 레벨A 최고 등급의 화학보호복을 착용하고 진입했다는 답이 돌아왔지만 불안한 마음은 어쩔 수 없었다. 주변의 불산 농도 측정수치를 물었다. 누출되는 부근에서는 10ppm을 상회하지만 회사 정문에서는 이보다 낮은 수치가 불규칙하게 측정이 된다고 했다.

이윽고 차가 공장에 도착했다. 정문을 통과해서 회사 본관 앞에 내려 공장 쪽을 바라보니 뿌연 수증기가 뭉게뭉게 피어오르고 있었다. 지휘팀장이 정문 경비실 안에 있다가 뛰어 나왔다. 공장장과 안전상무도 황망한 얼굴로 나타났다. '지금상황은 어떻습니까? 어떻게 해야 합니까?' 내가 다급히 물었다.

안전상무가 현 상황에 대한 설명을 했다. 생산품인 알킬벤젠제조 공정의 드레인 밸브가 파손되면서 불산이 누출되었는데 기술진과 화학구조대원들이 조금 전 불산 탱크의 메인밸브를 잠갔다고 했다. 밸브는 차단되었지만 공정 내부에 들어있는 불산은 계속 누출이 되고 있는 상황이라고 했다.

대원 배치상황을 점검했다. 화학구조대원을 포함한 소방대원들은 누출된 불산이 미치지 않는 바람이 부는 방향의 위쪽에 차량을 부서하고 대기하고 있었다. 대기 중에도 보호복을 착용하고 있다가 무전지시에 따라 즉시 투입이나 대피가 될 수 있도록 조치했다. 풍향과 풍속을 측정하라고 했다. 풍향은 북북서에 풍속은 0.6m/s로 거의 무풍상태나 다름없었다. 다행이었다. 바람의 영향을 받지 않아 거의 확산이 되지 않았다. 누출된 불산은 분무방수로 포집을 했고 포집된 물은 폐수처리조로 보내어져 중화작업이 이루어지고 있었다.

합동방재센터 등 유관기관들이 속속 도착하고 있었다. 좁은 경비실이 북적였다. 본관 3층 회의실에 지휘본부를 설치했다. 3층이기에 불산이 체류할 위험성이 적고 비교적 넓은 공간이었기 때문이다. 그즈음 소방본부장도 도착했다. 이어서 고용노동부, 산업안전공단, 남구청 등도 지휘본부에 합류를 했고 01:50경 유관기관이 모두 참여한 상황판단회의를 개최했다.

먼저 회사에서 누출개요 등에 대해서 설명했다. 12:47경 공정 말단에 있는 드레인 밸브에 균열이 생기며 누출이 되었는데 회사관계자와 화학구조대에 의해서 1:20 매인밸브가 차단되었다고 했다. 당초 탱크에 5,000 *l* 의 불산이 있었는데 현재 4,000 *l* 가 남아있다고 했다. 1,000 *l* 가 누출되었거나 배관 내에 남아서 누출이 되고 있는 상황이었다. 긴급조치로 누설되는 밸브에 쐐기를 박고 밴딩으로 누설부위를 막는 작업이 진행 중이라고 했다.

다음은 환경부에 불산의 허용농도를 물었다. 공기 중에 농도가

10ppm 이상이면 주민대피령을 검토하여야 한다고 했다. 이미 누출장소 주변에서는 10ppm을 상회하고 있었다. 다만 바람이 무풍상태에 가까워 공장 내에 체류되어 있기에 공장 밖에서는 검출이 되지 않고 있었다. 석유화학단지는 남구에 있고 울산에서 가장 많은 인구가 살고 있다. 남구 전역은 아니더라도 선암, 야음, 장생포, 두왕, 청량 등 반경3㎞ 이내 4~5만 명의 주민이 살고 있다. 또 석유화학단지에도 이 시각 현재 수많은 근로자들이 조업 중이었다. 엄청난 중압감이 눌러왔다. 세월호 참사 이후 재난현장 지휘권 일원화 방안으로 재난관리법이 개정되면서 육상재난수습의 지휘는 긴급구조 통제단장인 소방서장에게 있었다. 잘못된 판단에 따른 결과와 비난은 오롯이 내가 져야 할 몫이었다.

각 기관별로 업무 분담을 했다. 먼저 소방에서는 회사 정문에서 농도측정을, 회사에서는 누설부위차단 외에도 누설 장소와 회사 외곽의 농도를 측정해서 10분 간격으로 지휘본부에 보고토록 했다. 환경부에서는 이동식 측정차량으로 누출지점 3㎞ 이내 지역을 운행하며 농도를 측정할 것과, 농도에 따라 주민대피령이 발령되어야할지 의견을 달라고 했다.

경찰에서는 공장 부근을 지나는 차량을 우회통과토록 하고 수습에 동원되는 장비 외에는 공단출입을 차단시켜 달라고 했다. 남구청에는 주민대피령이 발령되면 신속한 대피가 될 수 있도록 사전대비를 하라고 했다. 긴급차단작업이 빨리 완료되고, 그 사이 바람이 계속 잠잠하여 외부로 확산되지 않기를 바라는 마음이 간절했다.

시간을 보니 어느덧 2시가 다 되어 가고 있었다. 주요지점마다 배치된 측정요원들이 계속 수치를 알려왔다. 그러던 중 2시에 정문에서 7ppm이던 농도가 2:30분에는 1.7ppm까지 내려가더니 2시 50분에는 또 다시 9.0ppm으로, 세시에는 한계수치인 10ppm으로 갑자기 치솟았다.

가슴이 철렁 내려앉으며 긴장도가 최고조로 올랐다. 어떡하나! 모두 잠든 조용한 새벽 3시에 수많은 주민들의 대피결정을 내려야 한다는 것은 엄청난 부담이었다. 주민 대피결정은 늦어도 빨라도 안 된다. 만약에 대피령이 늦었을 때의 결과와 또는 너무 빠른 결정으로 과잉대응 등 어느 경우라도 결정권자는 비난의 중심에 설 수밖에 없었다. 짧은 시간 몇 번이나 자리에서 일어났다.

많은 생각들이 오갔다. 공장정문에서 10ppm까지 수치가 올랐지만 여러 가지 확인을 할 필요가 있었다. 먼저 현장의 누출상황을 확인했다. 누출양은 종전과 달라진 게 없다고 했다. 그렇다면 순간적인 바람의 영향으로 누출 부위의 주변에 체류된 불산이 정문으로 밀려왔을 공산이 컸다.

반경 3㎞ 지역을 차량으로 돌며 측정하는 환경부 측정차량의 데이터는 2.5㎞ 떨어진 태광산업 사거리에서 0.1ppm이 측정된 이후 측정이 되지 않았다. 다시 환경부 이동차량과 외곽을 도보로 측정중인 I화학에 재측정을 요청했다. 3시 10분 I화학에서 500m 떨어진 지점에서 불검출이라는 보고가 들어오고 이어서 3시 15분 정문의 수치가 다시 3ppm으로 내려갔다. 모두 안도의 한숨을 내쉬었다.

어느덧 시간은 3시 반이 되어가고 있었다. 3층 창문으로 내려다 본 누출현장은 불산이 공기와 만나 뭉게뭉게 피어오른 수증기와 이를 포집하려고 내뿜는 물줄기가 공장의 주황색 작업등 불빛을 받아 반짝반짝 거렸다. 그 시간에도 누출은 계속되고 있었다. 차단을 위한 작업은 번번이 실패를 했고 결국 기술진들은 쐐기를 박는 방법대신 파손된 밸브를 교체하는 것으로 계획을 바꾸었다.

3시 34분 공무팀이 밸브를 교체하러 투입되었다. 밸브교체에 따른 위험도를 묻자 교체할 때 일시적으로 많은 양의 불산이 나올 수가 있지만 우려할 만한 양은 아니라고 했다. 다만 밸브가 오래되고 부식이 되어 볼트가 풀리지 않을 수도 있는데다 지상 4m 높이에 있기 때문에 좁디좁은 배관 위에서 아래를 내려다보며 작업을 해야 했다. 무엇보다도 무거운 공기호흡기에 몸 전체를 감싼 화학보호복을 입고 작업을 해야했다.

불산은 기다란 혀로 허공을 휘감고 돌아가고 있었다. 불산은 닿기만 해도 물집이 생긴다. 화상의 위험성도 잠재하고 있다. 적은 양이 누출되었을 경우 최소 30m 이상의 이격 거리가 필요하지만 응급상황이라 보호복에 공기호흡기를 장착하여 현장에서 비지땀을 흘려야 했다.

다행이 바람은 잔잔했다. 바람이 숨죽일 때 빨리 밸브를 바꿔야 했다. 인근에서 작업진행 속도를 쳐다보는 내 심장이 까맣게 타들어갔다. 보호복으로 무장한 기술진이 허공에 매달려 볼트를 풀려고 했지만 결국 마지막 볼트 한 개는 풀지 못하고 절단을 해야 했다.

오매불망 작업완료를 기다렸지만 아무 소식이 없었다. 나는 멀리서 현장을 둘러보기도 하고 기술진의 의견을 듣기도 했다. 현장과 사무실을 오가면서 씩씩대고 있었다. 수소 하나와 불소 하나가 결합되어 기체이기도하고 액체이기도한 이 괴물의 명줄이 끈질겼다. 괜히 손을 만지작거리고 무전기 교신에 신경이 곤두서 있었다. 결국 아침 해가 떠오른 6시 30분이 되어서야 밸브교체가 완료되었다.

밸브가 교체되자 주변 농도는 급격히 떨어졌다. 불과 5분도 되지 않아 정문에서 2~3ppm이던 농도가 검출이 되지 않았다. 대류현상으로 자연히 아래에서 위로 수증기가 올라갔다. 시간이 좀 더 지나 7시에 공장내부의 주요거점별로 실시한 측정에서도 전혀 검출이 되지 않았다. 7시 10분에 공식적으로 지휘본부를 해산했다.

불산의 혓바닥은 그 위력이 대단했다. 그날 공장 현관 앞까지 타고 간 차량의 유리가 뿌옇게 부식이 되어있었다. 그렇게 풀기 빠진 몸을 이끌고 아침햇살을 등지며 철수했다.

(2016. 1. 22)

웬수같은 술

술이 문제였다. 참을 수 없는 요의(尿意)에 잠을 깼다. 어슴푸레 실눈으로 들어온 유리문에 달빛이 희미했다. 한밤중이었다. 깊은 숨소리만 새근새근 들렸다. 기온이 많이 내려갔는지 이불 밖으로 드러난 머리가 서늘했다. 자리에서 몸을 반쯤 빼내며 머리 위를 더듬더듬 하니 뭔가 동그랗고 매끈한 것이 손끝에 닿았다. 요강이었다. 보통 때는 저녁에 잠이 들면 화장실을 가는 일이 없는데 간밤에 과하게 마신 맥주 때문인 것 같았다. 술에 취하고 잠에 취한 채 기우뚱거리며 한참동안 무릎을 꿇고 오줌을 누었고 배설 뒤의 시원함을 느끼며 다시 잠속으로 빠져 들었다.

1983년에 결혼을 해서 신정동 구 방송국 앞 주택에 백만원의 전세방을 얻어 신접살림을 꾸렸다. 전세방은 재래식 화장실이 붙어 있는 대문을 지나면 오른쪽 본채 옆에 따로 달아낸 방 한 칸의 슬래브 집이었다. 말이 슬래브이지 지붕과 벽체가 얼마나 얇은지 방안에서도 옥상에 낙엽이 굴러가는 소리를 들을 수가 있었고, 실내와 기온 차이 때문에 겨울이면 벽에서 물방울이 흘러내렸다.

사람 엉덩이 하나 겨우 걸칠 수 있는 크기의 마루와 방 사이에는 유리 미닫이문이 있었는데 외겹 유리를 붙인 미닫이는 겨울이면 유리창에서 물방울로 흘러내리다 문틀에서 얼어붙어 문을 열지 못하는 때가 종종 있었다.

우리는 이집에서 아들 영민이가 다섯 살이 될 때까지 살았는데 무엇보다 가장 불편한 것은 화장실이었다. 추운 겨울 한밤중에 자다 일어나 마당을 가로질러 화장실을 가야하는 불편함은 고역이었다. 그래서 추운 날은 요강을 들여놓고 사용을 하기도 했다.

1984년 연말 즈음이었다. 당시 나는 울산소방서에서 예방계 서무로 근무를 했다. 소방서에서는 연말 같은 특정 시기나 기온이 많이 내려가는 날이면 화재특별경계근무를 실시했는데 계획수립이나 집행은 서무의 주요 업무 중 하나였다. 그날은 날씨도 몹시 추운데다 연말경계근무 기간이었다.

오후 6시. 2층 복도에 비번 직원들이 집결했다. 모두들 제복 위에 파커나 잠바로 단단히 무장을 하고 있었다. 직원들은 전날 24시간 근무를 마치고 아침에 교대를 했지만 검사 등으로 집에서 쉬는 시간은 몇 시간 되지 않았고 집에 들어가지 못한 직원들도 상당수였다.

내가 직원들에게 개인별 임무를 불러주었다. 주점이나 가라오케 같은 비교적 위험도가 낮은 업소들은 3~5개씩 묶어 순찰을 하도록 하였고, 나이트클럽 같은 사람이 많이 붐비고 위험도가 높은 곳은 영업이 끝날 때까지 아예 한 명을 고정배치했다.

순찰은 여러 업소를 담당하지만 한 장소에 있지 않고 이곳저곳을 다닐 수 있는데다 한 번 들러 보고는 집으로 갈 수가 있었다. 그러나 고정배치는 영업이 끝날 때까지 자리를 지키고 있어야 하기에 모두들 고정배치를 기피했다. 이러다 보니 고정배치를 피하고자하는 압력이나 청탁이 종종 있었기에 아무래도 근무연수가 적은 젊은 직원들 위주로 고정배치 명단을 작성했다. 임무를 부여받은 직원들의 희비가 엇갈렸다.

순찰을 잘하고 있는지 확인을 할 것이니 담당구역을 벗어나지 말라는 이보우 예방계장의 훈시를 끝으로 직원들이 모두들 흩어지고 난 뒤 얼마 지나지 않아서였다. 사무실 문이 빠끔히 열리며 입사 동기인 조각래가 내게 손짓을 했다. 무슨 일인가 싶어 따라 나가니 화장실 옆으로 잡아당기며 하소연을 했다.

오늘 신정동 기린회관에 고정배치를 명과 받았는데 피치 못할 사정이 있으니 순찰로 돌려 달라는 것이었다. 그런 사정이 있으면 미리 말을 해야지 이제 와서 그러면 어떻게 하냐며 핀잔을 주자, '야, 동기 좋다는 게 뭐냐, 함 봐주라.' 하며 통사정을 했다. 뭔가 중요한 일이 있긴 있는 모양이었다. 할 수 없이 9시 이후에는 내가 대신 근무를 하고 그

때까지만 조각래가 근무하기로 했다.

낮에 장모님이 다니러 오셨으니 가급적이면 일찍 퇴근을 하라는 아내의 전화를 받은 터여서 최대한 빨리 마치고 퇴근하려 했는데 난감했다. 예방계장을 수행해서 근무상황을 확인했다. 최대한 빨리 확인해도 사무실에 들어오니 8시 반이 지나고 있었다.

급히 오토바이를 운전해 집에 도착해서 장모님을 뵈었다. 장모님은 결혼하고는 처음 딸집에 오신 것이었다. 단칸방에 아내와 함께 있던 장모님이 활짝 웃으며 반겼다. 아들도 엉금엉금 기어서 내게 안겼다. 한겨울 칼바람 속을 달려오느라 얼었던 몸이 방안의 훈훈한 온기에 녹아내렸지만 그도 잠시 장모님을 뵌 후 다시 집을 나와 기린회관으로 향했다.

기린회관은 태화 로터리와 구 방송국 중간쯤에 있었는데 나이가 있는 사람들이 즐겨 찾는 곳으로 오히려 나이트클럽보다 더 붐비고 규모도 커서 특별 관리를 하는 곳이었다. 기린회관은 집에서 오토바이로 1~2분 거리에 있었는데 9시가 조금 지나 도착해보니 조각래는 이미 없었다.

회관 안으로 들어가자 지배인이 카운터에 있다가 '그렇잖아도 오신다는 이야기를 들었습니다. 안 나오셔도 되는데, 그냥 한 번 둘러보고 가시지요.' 하며 손을 잡았다. 지배인은 전직 보안대 부사관 출신이었는데 지난해 소방시설관리 불량으로 입건이 되고 이 건을 처리하는 과정에서 업무를 떠나 인간적으로 가깝게 지내고 있었다.

안으로 들어서자 음악과 조명이 온 정신을 빼 놓았다. 무대 위 5인조 밴드의 음악에 맞춰 플로어 한가득 취객들이 몸을 흔들고 있었다. 지배인이 손을 잡아끌며 테이블로 안내하는 것을 사양하고 조명실로 가자고 했다. 기린회관은 업무 차 몇 번을 다녔기에 내부를 잘 알고 있었다.

조명실은 입구 부근에 있었는데 약간 높은 곳에 위치에 있어 무대부와 홀 전체가 한 눈에 들어오는 곳이다. '아이고 그래도 그렇지 어떻게 조명실에 계시겠습니까?' 하고 만류하는 것을 무시하고 내가 앞서 조명실로 향했다. 종업원이 급히 의자를 가져오고 쌓여있는 맥주박스 두개를 포개어 테이블을 만들더니 순식간에 술상이 차려졌다. 지배인이 맥주를 부어 내게 권했다. 한잔을 받아 마시고 내가 한잔을 권하며 이제는 되었으니 일을 보라며 지배인을 돌려보냈다.

조명실은 유리창 너머로 홀 전체가 한눈에 보였고, 음악소리도 적게 들려 안성맞춤이었다. 그렇게 조명실에 있다가 수시로 홀 안을 돌아보기도 하고 화장실 쪽에 있는 비상구도 열려 있는지 확인을 하곤 했는데 내가 순찰을 나갔다가 조명실로 올 때마다 지배인이 따라와서는 술을 권했다.

잠바를 걸쳤지만 제복 표시가 났다. 손님들이 한창 흥이 나 있는데 제복을 입은 소방관이 홀 안을 돌아다니니 지배인으로서는 난감했을 것이다. 그래서 조명실 안에 오래 잡아두고자 계속 술을 권했고 인간적인 친분 때문에 거절을 못하고 한 잔 두 잔 받아 마시다 어느 순간 지배인과 마주앉아 대작을 하게 되었다. 얼마나 마셨을까 주변에 맥주병이 가득했다.

회관은 12시가 넘으면서 손님들이 빠져 나가고 음악이 꺼졌다. 나도 그제야 하루가 끝이 났다. 밖으로 나오니 붉게 오른 술기운 때문에 차가운 겨울바람이 시원하게 느껴졌다. 집으로 돌아오니 오토바이 소리에 아내가 밖으로 나오고 장모님도 자리에 누웠다가 몸을 일으켰다. 아들은 아랫목에서 새근새근 잠들어 있었다. 방안으로 들어오니 따뜻한 온기에 얼굴이 화끈거리며 취기가 확 올라왔다. 좁은 단칸방에 아들을 가운데에 두고 장모님과 아내가 누웠고 아내 옆에 내가 누웠다. 그리곤 눕자마자 깊은 잠에 빠져 들었다.

얼마나 잤을까. 아랫배가 뻐근한 요의에 잠을 깼다. 술에 취하고 잠에 취해서 혼몽한 상태였다. 자리에 누운 채 눈도 뜨지 않고 손을 뻗어 머리맡을 더듬었다. 손끝에 무언가 동그란 것이 닿았다. 표면이 매끈매끈한 익숙한 감촉이 느껴졌다. 요강이었다. 무릎을 꿇고 앉아 요강에 소변을 봤다. 따뜻한 이불속에서 나온 데다 몸속에서 더운 것이 빠져나가면서 몸이 부르르 떨렸다. 한참동안 무릎을 꿇고 요강이 가득 차도록 배설을 한 다음 요강을 내려놓고 이불속으로 몸을 밀어 넣었다.

잠결인 듯 꿈결인 듯 모녀간의 깔깔거리는 웃음소리에 어렴풋이 잠이 깨며 장모님의 목소리가 들렸다.

"야야! 내가 일어나 보니까 뭔가 찰랑찰랑 한기 가득 들어있능기라, 이기뭘꼬, 이기뭘꼬 하면서 한참을 쳐다봤능기라."

장모님의 말씀마다 아내는 깔깔대며 배를 잡았다.

"그래도 어째 냄새가 하나도 안 나노 참 이상도 하제!"

이야기를 들을수록 정신이 번쩍 들었다. 내 이야기였다.

"그래도 김서방이 참 용하제, 어째 바가지 밑에다가 걸레로 동그랗게 따배이를 받쳐가지고 쏟아지지 않게 해 놨노? 참 용하제!"

아내는 배를 잡고 웃다 못해 거의 넘어갈 지경이었다. 어른들의 웃음소리에 외할머니 품에 안긴 아들도 덩달아 껑충껑충 뛰며 같이 웃고 있었다. 간밤의 일이 생각나며 얼굴이 화끈거렸다. 어제 밤에 기린회관에서 과하게 마신 맥주가 문제였다.

잠을 자다 오줌이 마려워 깨어났고 그날은 장모님이 오셨기에 요강을 들여놓지 않았는데 술이 취하다보니 장모님이 계신 것을 까맣게 잊고 요강에다 오줌을 눈다는 것이 머리맡에 벗어둔 오토바이 헬멧에다 눈 것이었다. 그러고는 술이 취했음에도 헬멧이 바로 세워지지 않자 옆에 있든 걸레로 둥글게 똬리를 틀어 넘어지지 않게 해두고 다시 잠이든 것이었다.

이제 일어나야 되는데 일어날 수가 없었다. 이미 잠은 천리만리 도망가고 없었다. 근무를 대신 해달라던 조각래도, 사양을 하는데도 자꾸만 술을 권하던 지배인도 원망스러웠지만 그들을 원망하면 무얼 하나. 이미 사단은 벌어진 뒤였다.

말짱한 정신으로 자는 척 누워 있으려니 얼굴이 근질거리고 몸이 뒤틀렸다. 이 난국을 어찌하나 싶기도 했지만 다시 생각하니 웃음이 나왔다. 아내의 깔깔 거리는 소리에 나도 '킥킥' 하고 웃으며 몸을 일으켰다. 그날 나는 한겨울임에도 귀가 다 드러나는 여름 헬멧을 쓰고 출근을 했다.

(2016. 2. 11)

암과 반점 사이

"암이네! 척추전이암이예요!"

MRI 영상을 들여다보던 의사가 간호사실 카운터 너머에 서있는 나를 보고 큰소리로 말했다. '이게 무슨 소린가, 암이라니……. 내가 사형선고를 받은 것인가!' 의사의 판결이 저승사자 말과 같았다. 시방 내가 사형장에 끌려 온 것인가. 그러면 이게 마지막이란 말인가! 다시 한 번 더 물어 봤다. '암이 분명합니다.' 처음에는 까무러칠 듯 했지만, 내 생이 여기까지인가. 다리가 휘청거렸다.

괜찮다가도 한 번씩 아프기 시작하던 허리 통증이 보름여 동안 지속되던 2009년 5월 초순이었다. 그때는 물리치료를 받거나 단골 지압원에서 지압과 침을 병행하면 길어도 일주일 정도면 통증이 사라졌는데 이번에는 아니었다. 몸의 근력과 유연성을 길러 보겠다고 한 달 전부터 요가강습을 받았던 게 오히려 허리 통증을 더 유발시킨 것 같았다.

의사의 처방에 따라 입원을 해서 MRI 촬영을 하기로 했다. 금요일 사무실의 급한 일을 정리하고 1박 2일간 입원을 했다. 원통형 MRI 기계 안에 누워 삼십여 분간의 촬영을 마치고 병실로 올라갔다. 잠시 대기하는 임시 병실에서 1박을 하기로 했다. 촬영결과는 오후 회진 시 설명해 주기로 했다. 병원에서 자는 것 외에는 특별한 일이 없을 것이기에 모처럼 가족식사를 하기로 했다.

그동안 몇 사람의 환자가 임시병실에서 대기하다가 일반병실로 가곤했다. 처음은 팔십대 노부부였는데 그들의 소망은 고등학생인 작은 손자가 장가가는 것까지는 보고 싶다며 생에 강한 애착을 보였다. 잠시 후 사십대 초반의 남자환자가 가족들과 함께 들어왔다. 남자는 세파에 많이 시달린 듯 검게 탄 얼굴은 강팍했고 눈매가 사나웠다. 뒤따라 들어온 아주머니는 피곤하고 지쳐 보였다. 함께 온 아들은 중학생 정도였는데 노랗게 염색한 머리에 귀에는 피어싱을 하고 있었다.

새로운 환자의 등장에 자리에 누웠다가 일어서며 눈인사를 한 다음 다시 책을 보고 있는데 그들의 대화에 신경이 쓰였다. 아주머니가 남편에게 뭐라고 말을 한 것 같았다. 그러자 대뜸 남편의 입에서 거친 욕지거리와 함께 눈을 희번덕였다. 그녀와 아들은 이런 상황이 익숙한 듯 덤덤했다. 아들 모자와 함께 나간 남자는 한 시간쯤 있다 들어왔는데 알코올냄새가 역하게 풍겼다. 병실에 있기가 힘들어 밖으로 나오며 쳐다본 명패에는 알콜리즘이라고 적혀 있었다.

그렇게 무료한 듯 여유로운 듯 시간이 흘러 5시 반 오후 회진시간이 되었다. 아들과 함께 병원으로 출발했다며 전화기를 통해 들려오는 아내의 목소리는 가족식사 약속에 약간 상기되어 있었다.

의사와 간호사가 회진을 돌았다. 내 차례가 되었다. 또 보나마나 간단한 근육통이니 물리치료 정도의 처방일 것이라 생각하며 의사 앞으로 다가갔다. 의사는 간호사실 안에 서있었고 나는 카운터 밖에 서 있었다. 모니터를 살피던 의사의 눈이 커졌다.

"암이네, 김병호씨 척추전이암이예요!"

의사의 목소리가 귓전을 울렸다. 순간 이게 무슨 소린가.무슨 암이라고. 하며 정신이 멍해졌다. 의사가 '이리 들어 와보세요' 하며 나를 불렀다. 모니터에는 척추를 촬영한 희고 검은 색의 MRI 영상이 있었는데 의사가 가리키는 한 부분을 보니 척추와 척추 사이에 십 원짜리 동전크기만한 검은 반점 두 개가 있었다. 내가 보기에도 반점은 뚜렷이 구분되었다.

의사는 단호한 어투로 목소리를 높였다. '한시가 급합니다. 진료의뢰서를 떼어줄 테니 빨리 큰 병원으로 가세요'

간호사실을 나와 병실까지 어떻게 왔는지 모르겠다. 암이라니 척추전이암이라니 침대에 넋을 놓고 앉아 있는데 휴대전화가 울렸다. 아내였다. 이 상황을 어떻게 정리하나 머릿속이 혼미했다. '아직 안 끝났어요?' 하는 물음에 '으응, 아직 좀 남았어.' 얼떨결에 그렇게 대답했다.

'아들하고 주차장에 있으니 마치고 내려오세요' 라며 전화를 끊었다.

앞이 캄캄했다. 평소 알고 지내던 병원 원무과 박수용 부장에게 전화를 걸었다. 현재의 상황을 설명하고 어떻게 하면 좋겠느냐고 도움을 요청했다. 박부장은 서울강남삼성병원이 협진병원이니까 최대한 빠른 시일 내에 진료를 받을 수 있도록 하겠다는 답이 왔다. 원무과에 가서 MRI영상 CD와 진료소견서를 발급받았다.

기다림이 길어지자 아내에게서 전화가 왔다. 뭐 하느라고 안 오느냐며 병실로 올라오겠다는 전화였다. 나는 잠깐 기다리라고 했다. 당초 예정된 시간보다 30분이나 늦게 주차장으로 내려가니 뭐하고 이제 오냐는 목소리에 짜증이 묻어났다. '좀 오래 걸리네.' 라며 얼버무리고 핸들을 잡았다.

"어디로 갈까?"

밝은 목소리로 아내에게 물었다. 그날이 2009년 5월 8일 어버이날이었다. 부모님을 모신 가족단위의 손님들이 식당을 가득 채우고 있었다. 음식이 나오고 혼자서 소주 한 병을 마셨다. 술인지 물인지 맛을 몰랐다. 모처럼 가족 나들이에 아내는 고무되어 있었다. 저렇게 평화로운 분위기를 어떻게 깬단 말인가. 혼자 술 한 병을 다 마시도록 망설이다 '저기 오늘 검사 받은 거 있잖아.' 하며 어렵게 말을 꺼냈다.

"참, 어떻게 됐어요?"

아내도 잊고 있었다는 듯 대수롭잖게 물었다. '그게 있잖아.' 하며 드문드문 말을 이어나갔다. '척추에 암이 있다네, 척추전이암이라고 그러데, 나도 MRI영상을 봤는데 9번,10번 척추에 십 원짜리 만하게 동그란 반점이 두 개 있더라고, 빨리 큰 병원으로 가보라 하네.' 아내와 아들의 눈길을 피하며 남의 이야기를 하듯 말을 하고는 소주를 한 잔 더 들이켰다. 화기애애하고 평화롭던 분위기가 금세 얼음이 되었다. 아내와 아들 모두 넋을 잃은 표정이었다.

그 표정을 보며 또 한 잔 술을 들이켰다. 그렇게 가족들을 돌려보내고 병실로 돌아왔다. 알코올 환자가 떠나가라 코를 골고 있었다. 낮에만 해도 젊은 사람이 어쩌다 알코올중독이 되어가지고. 하며 측은한 마음이 들었는데 이제는 부럽기만 했다. 그래도 그는 살 수가 있기 때문이었다.

앞날이 캄캄했다. 다시 병실을 나왔다. 하릴없이 공업탑 로터리를 배회하다 호프집으로 들어갔다. 혼자서 맥주를 마셨다. 제법 마셨는데도 정신은 말똥말똥했다. 아무리 생각해도 이럴 수가 없었다. 내가 왜 암이어야 하나 억장이 무너져 내렸다. 내가 죽고 난 이후에 남겨질 가족들, 조그만 일에도 눈물부터 흘리는 순해 빠진 마누라, 내가 없으면 아무것도 못할 것 같은데.

이제 대학졸업반인 아들 녀석 장가는커녕 아직 취직도 못했는데, 낮에 만난 80대 노부부의 소원처럼 장가가는 것만이라도 보았으면, 아직은 내가 갈 때가 아닌데, 내가 책임져야 할 일이 아직 남아 있는데, 이렇게 끝을 내려고 그렇게 치열하게 살았나.

직장에서 도태되지 않으려 아등바등 했던 때와 머리 쥐어뜯으며 밤새워 승진시험 공부에 매달리곤 했는데 이게 뭐야. 바로 어제 저녁까지만 해도 사무실에서 눈치를 보며 수업시간에 늦을까 헐떡이며 강의실로 뛰던 일 등등 모든 것이 허무해서 속이 새까맣게 탔다. 밤늦도록 통음을 했다.

다음날 토요일 새벽 일찍 병원을 나섰다. 달리 갈 곳이 있는 것은 아니었다. 그냥 병실이 싫었다. 그렇다고 집으로 가서 가족들의 얼굴을 보는 것도 내키지 않았다. 무작정 공업탑 로터리를 돌다 역으로 향했다. 어디를 가겠다는 생각을 한 것은 아니었지만 걷다보니 버스정류장까지 왔고 버스가 오기에 올라탄 게 역으로 가는 버스였다.

종점에 내려서도 갈 곳이 없기는 마찬가지였다. 어슬렁어슬렁 광장을 가로질러 역사 안으로 들어가 표를 샀다. 그렇게 서울 가는 기차에 올라탔다. 그냥 멀리 떠나가고 싶었다. 기차는 5시간을 넘게 달려 서울역에 도착했다.

간밤에 마신 술로 속이 거북하며 욕지기가 나오려고 했다. 어제 점심 이후로 술만 마시고 아무것도 먹지 않았다. 서울이라고 딱히 갈 곳이 있는 게 아니었다. 무작정 걸었다. 지하로 걷다가 지상으로 걷다가 어딘지도 모르고 생소한 거리를 걷다보니 명동이 나오고 남대문 시장도 나왔다. 시장을 몇 바퀴 돌았다. 지나가는 사람들에게 어깨를 부딪치며 제자리에 멍하니 서있기도 했다. 모두 활기차고 생동감이 넘쳤다.

어디선가 구슬픈 찬송가 소리가 들렸다. 소리 나는 곳을 쳐다보니 하반신에 타이어 튜브를 칭칭 감은 장애인이 바닥에 엎드려 하반신을 질질 끌며 내 쪽으로 오고 있었다. 엎드린 채 밀고 있는 바퀴가 붙은 앰

프 위의 빨간색 플라스틱 소쿠리 속에는 동전과 지폐 몇 장이 들어있었다. 어느 시장엘 가든 볼 수 있는 풍경이다. 평소에 이런 장애인을 볼 때마다 측은하다는 생각이 들었는데 지금은 이 사람이 부러웠다. 저렇게라도 살 수가 있기 때문이다. 서울에서 몇 시간을 헤매다가 밤이 이슥해질 무렵 집으로 돌아왔다.

일반적으로 암환자들은 다섯 단계의 심리상태를 거친다고 했다. 부정 - 분노 - 타협 - 우울 - 수용. 서울을 다녀오는 기차 안에서 그나마 내가 암에 걸린 게 다행이지, 아들놈이나 아내가 몹쓸 병에 걸리지 않은 게 오히려 감사하다는 생각이 들었다. 나는 벌써 타협의 단계에 접어들고 있었다.

집에 도착해서 아내가 '어디 갔었어요?' 하며 묻는 말에 애써 밝은 목소리로 대답했다. '응, 서울에 좀 다녀왔어요.' 휴일이 끝나고 월요일이 되었다. 출근을 하려고 현관을 나서는데 문 앞에 배달된 신문기사가 눈을 잡았다. '장영희 교수, 척추전이암으로 8년간 투병 끝에 사망'이란 기사였다. 기사를 보는 눈이 확 띄었다. 장영희 교수가 8년간 투병을 했다면 나도 8년간은 살 수 있겠다는 뜻으로 생각이 들었다. 박부장을 독촉해서 일주일 후로 잡혀있는 진료일자를 내일로 당겼다.

강남 삼성병원은 규모가 크고 으리으리했다. 사전 안내받은 데로 영상의학과에 가져간 MRI 영상 CD를 접수시켰다. 그러고는 한 건물임에도 몇 번을 물어 척추종양센터에 도착했다. 접수를 하고 수납을 하며 사전 문진을 받는 일련의 과정을 거쳐 진료실 앞에서 차례를 기다렸다.

담당의사는 얼마나 바쁜 지 진료실이 2개였다. 한쪽 방에서 진료를 하는 사이 다른 방에서 간호사가 다음 환자의 사전문진과 영상을 띄워 놓고 환자를 대기시켰다.

드디어 내 차례가 왔다. 아내와 함께 의사 앞에 조심스레 앉아 머리를 꾸벅 숙였지만 의사는 눈길 한 번 주지 않은 채 모니터만 쳐다보았다. 사무적인 몇 마디의 말들이 오갔다. '언제부터 아팠어요?' 하는 물음에 내가 '삼십대 중반부터 간간이 허리가 아프기 시작했는데'를 시작으로 허리가 아프게 된 경위를 설명하려고 하자 의사가 말을 끊었다.

"그것 말고 최근에 언제부터 아팠는지만 말하세요!"

표정에 인간미라고는 전혀 없었다. 마치 진료로봇과 앉아있는 느낌이었다. 의사가 건조한 목소리로 말했다. '척추에 있는 게 뭔지 일단 검사를 해봅시다.' 의사는 그 말을 끝으로 다음환자를 보기 위해 다른 방으로 가버렸다. 의사와 마주한 지 3분이나 되었을까. 진료를 보기 위해 7시간을 달려왔는데 허무했다.

진료실을 나오니 진료결과를 설명하는 간호사가 따로 있었다. 오늘 혈액검사부터 시작해서 3일간에 걸쳐 검사를 할 것이라고 했다. 둘째 날은 PET-CT 라고 하는 전신 골스캔 검사가 있었다. 오전 10시경 병원에 들러 주사를 맞았다. 주사약은 인체에 들어가서 암세포를 만나면 흡착되었다가 사진을 찍으면 암세포가 드러나도록 하는 역할을 했다.

주사를 맞고 물질이 전신에 퍼지기까지 한 시간여를 기다려 사진을 찍었다. 전신 뼈의 사진은 표본실에 있는 뼈다귀와 똑같았다.

다음날은 척추생체조직검사가 있었다. 생체조직검사는 MRI에 나타난 암 부위에 주사기를 찔러 넣어 골수와 조직을 떼어내는 것이었다. 안내를 받아 간곳은 CT 촬영실이었다. 전신을 탈의하고 CT기에 엎드렸다. 손등에 꽂힌 주사바늘을 통해 몇 가지의 주사약도 주입이 되었다. 그렇게 엎드려 있는데 10분이 지나도 의사가 들어오지 않았다. 커다란 통유리 너머 제어실에는 의사인 듯 흰 가운을 입은 5~6명의 사람들이 모여서 머리를 맞대고 무언가를 의논하고 있었다.

으슬으슬 추워졌다. 또 10분이 지나갔다. 산소포화도 측정 장치를 부착한 엄지손가락이 아려왔다. 그렇게 30여분이 지나자 혹시나 하는 기대감이 슬며시 고개를 들었다.

이토록 오랫동안 검사를 하지 않는 것은 무엇인가. 혹시 울산 중앙병원에서 다른 사람의 MRI 사진을 내 것으로 잘못알고 오인을 한 것이 아닐까. 그것이 삼성병원에서 밝혀져서 이렇게 검사가 지연되는 것일까. 하는 생각을 하며 한 시간 가까이를 그 상태로 있었는데 문이 드르륵 하고 열리더니 여자의사가 나타났다.

"김병호씨지요?"

이름을 물었다. "예." 라고 대답을 하자 "오래 기다렸지요. 이제 시작할까요?" 하고 말했다. 채취를 하는 부위가 신경이 지나가는 곳이라 예민하기 때문에 의논을 하느라 늦었다는 말을 덧붙였다. 실낱같던 희망이 사라졌다. 등 쪽에 소독을 하는 느낌이 들었다. "이제 마취를 할 거예요, 피부만 마취가 되고 척추는 마취가 되지 않으니 좀 아플 거예요, 참아야 합니다." 라고 했다.

골수 채취 기구는 긴 바늘이 붙은 주사기와 흡사했다. 기다란 바늘에 가느다란 홈이 촘촘히 패여 있어서 이것을 암 조직까지 찔러 넣은 다음 회전을 시켜 홈 사이에 박힌 세포조직을 채취하는 것이었다. 마취를 해서 주사바늘의 통증은 없으나 바늘이 척추에 닿을 때는 척추를 무거운 추 같은 것으로 누르는 듯 했다. 통증에 엎드려 뻗은 손으로 기계 모서리를 잡으며 이를 악물었다.

의사들은 채취바늘을 꽂아 놓고는 모두 밖으로 나가서 CT기계를 동작시켜 목표물에 정확히 들어갔는지, 깊이는 적당한지 모니터를 보고 조직을 채취했다. 여섯 군데에서 조직을 떼어 내어내는 3시간 동안을 CT실 냉방기 아래 발가벗겨진 채 얼어 있었다. 검사는 끝이 났다. 결과는 일주일 후인 5월 22일이었다.

검사를 받고 울산으로 내려와서 결과를 기다리는 피를 말리는 시간이 시작되었다. 당시는 소방본부 소방행정담당을 할 때였다. 조직의 구성과 운영, 인사, 기획, 감찰을 총괄하기에 잠시도 긴장을 늦출 없는 자리였지만 일이 손에 잡히질 않았다.

상관에게 상황을 설명하고 조용한 보직으로 전보를 요청했다. 승낙을 받았다. 이때부터 주변 정리를 했다. 먼저 은행계좌와 잔액, 비밀번호 등을 적은 목록을 만들었다. 출력된 계좌 목록 위에 한숨이 묻어났다.

몸은 자꾸만 야위어 갔다. 광대는 더 튀어나오고 눈은 퀭하니 들어갔다. 초점 없는 눈동자는 힘없이 허공을 배회하고 얼굴은 시커멓게 타 들어갔다. 밥을 먹지 않아도 배고픔을 몰랐다. 아내의 성화에 못 이겨 겨우 한술을 뜨다가 숟가락을 내려놓았다. 겨우 물만 몇 모금 마실 뿐이었다. 무엇보다 잠을 잘 수가 없었다. 자리에 누우면 온갖 나쁜 생각들이 꼬리에 꼬리를 물었다. 왜소한 몸에 10kg이 줄었다.

인터넷으로 떠도는 정확, 부정확한 자료를 검색했다. 아마도 10여 일간 1,000건은 넘게 검색했을 게다. 암 관련 인터넷 카페에도 여러 군데 가입을 해서 자료를 살폈다.

검색을 하면서 실낱같은 희망을 가지게 되었는데 악성 종양이 아닌 양성의 경우는 치료가 가능하다는 것과 암이 척추로 전이가 되려면 다른 곳에 암이 있어야 되는데 이때까지 암을 앓은 적이 없었다는 사실이었다.

그렇게 피를 말리는 일주일이 지났다. 검사결과를 보기 위해 아내와 서울행 심야버스에 몸을 실었다. 밤 11시 45분에 울산을 출발한 고속버스는 시내를 벗어나자 막힘없이 달렸다. 창가 쪽에 앉아 머리를 기댄 아내가 살포시 잠이 들었는지 '고로롱' 하는 숨소리가 들리며 잡고 있는 손에 힘이 빠졌다. 얼굴을 돌리자 나보다 더 수심에 젖어 잠든 아내의 얼굴이 애처로웠다. 버스는 새벽 5시도 되지 않아 서울에 도착했다. 지하철이 운행되기를 기다리며 앉아있는 고속버스터미널의 을씨년스러운 분위기와 유리창에 비친 부스스한 내 몰골이 겹쳐지면서 왜 그리 비참하던지. 옆에 있는 아내에게 미안했다.

진료실 앞은 여전히 사람들로 넘쳐났다. 진료 차례가 다가올수록 긴장, 불안, 초조는 더해 갔다. 예약시간인 10시 15분이 되었는데도 내 앞에 3명이 더 남아 있었다.

내 차례가 다가오자 너무 긴장한 나머지 호흡이 불규칙해졌다. 후후 하며 숨을 고르는 게 맞닿은 어깨에서 고스란히 전해졌다. 진료실의 전광판에 내 이름이 뜨며 간호사가 나를 호명했다. 우리 부부는 형장으로 들어가는 사형수처럼 쭈뼛쭈뼛 의사 앞으로 다가가 앉았다. 머리를 꾸벅했지만 이번에도 의사는 쳐다보지도 않았다. 한참을 말없이 모니터를 쳐다보던 의사가 머리를 갸웃거렸다. 의사의 일거수일투족에 따라 가슴이 방망이질쳤다.

컴퓨터 모니터가 3개였다. MRI 사진과 전신 뼈가 다 나타난 골격영상, 그리고 영어로 잔뜩 적혀있는 그래프 같은 게 나와 있는 화면을 번갈아 가며 여러 번 쳐다보았다. 의사가 다시 머리를 젖히며 '그 이상하네.' 라고 혼잣말을 중얼거렸다. 가슴이 철렁 내려앉았다. 아내는 벌써 눈물이 그렁그렁했다.

의사가 머리를 갸우뚱거리면서 혼잣말을 하는 것은 불과 1~2분정도였을 것인데 그 시간이 너무 길게 느껴졌다. 그 이후에 의사의 입에서 나온 말을 나는 그대로 기억하고 있다.

"괜찮네, 나쁜 것은 아닙니다."

진료를 받고나서 처음으로 마주친 의사의 눈길이었다.

암으로 의심되는 부위의 조직검사결과와 PET-CT, 혈액검사에서도 나쁜 것이 발견되지 않았다고 했다. 의사는 암이라는 말을 쓰지 않고 나쁜 것이라고 표현을 했다. 그 말을 듣는 순간 그때의 심경을 뭐라 표현해야 할 지를 나는 아직까지 찾지 못하고 있다. 뭐라고 물어봐야 되는데 목이 메어 말이 나오지 않았다. 잠긴 목소리로 겨우 물었다.

"그러면 암이 아닙니까?"

"암이 아닙니다."

의사가 나를 쳐다보며 똑똑히 말했다. 조직검사 결과 종양성분이 발견되지 않았지만 혈액성분이 발견되었는데 척추에서 피가 발견이 된 이유는 알 수가 없다고 했다. 종양성분이 검출이 안 된 것은 워낙 소량을 채취했기 때문에 조직 채취가 잘못되었을 수도 있으니 3개월 후인 8월에 다시 MRI 촬영을 해보자고 했다.

그렇게 병원을 나왔다. 가슴속에 있는 암 덩이가 떨어져 나간 것 같았다. 병원 문을 나서며 심호흡을 크게 하고 하늘을 올려다봤다. 그러고 보니 근래 한 번도 하늘을 쳐다본 적이 없었다. 다시 쳐다본 하늘은 서정주 시인의 말처럼 눈이 부시게 푸르렀다.

그래도 불안함은 마음 한구석에 계속 남아있었다. 3개월 후의 MRI 검사에서도 검은 점은 변함이 없었다. 의사는 다시 1년 후에 검사를 한 번 더 해보자고 했다. 1년 후 촬영에서도 그 색도는 좀 옅어졌지만 계속 남아 있었다.

1년 후의 검사결과를 설명하며 담당의사인 김은상 교수가 말했다.

"검은 반점은 요가를 하며 허리를 무리하게 굽혀 모세혈관이 터졌을 수도 있고, 뼈에 칼슘더미가 과다하게 뭉쳐져 사진에 검게 나올 수도 있어 정확한 원인은 모르겠습니다. 하지만 이제는 괜찮으니 마음 놓고 있다가 통증이 있으면 그때 다시 오세요, 그런다고 진짜로 오시지는 말고요."

허허 웃었다. 나도 환하게 웃었다.

그 후로 1년에 한 번 정도는 허리가 아팠다. 그때마다 찜질이나 저주파 물리치료, 지압과 침으로 다스렸다. 그러다 어느 날 문득 검은 반점의 발생 원인을 알게 되었다. 지압원에서 맞은 침 때문이었다. 요가를 하며 평소와 달리 허리통증이 보름 여간 지속되자 소경인 지압사가 보통 때와 달리 경추에 가까운 10번 부근까지 침을 놓았던 것을 몇 년이 지나고 기억을 해낸 것이었다.

선무당이 사람을 잡은 꼴이었다. 처음 MRI 촬영결과를 들었을 때나 아니면 좀 더 일찍 기억을 불러냈더라면 하는 아쉬움이 밀려왔다. 그러나 모두 지나간 일. 암이 아니어서 얼마나 다행인가! 그 후 2013년 12월에 척추 MRI 촬영을 했는데 검은 반점은 사라지고 없었다.

(2016. 1.5)

아버지의 숨결을 찾아서

아버지는 1959년 10월 4일, 음력으로 9월 3일에 돌아가셨다. 내가 태어난 지 3년 10개월, 만 4년이 되지 않아 돌아가셨기에 아버지에 대한 기억은 짧고 흐릿하다. 심지어 어떤 것은 사실인지 꿈에서 본 내용인지도 불분명하다. 어릴 때 우리 집은 드럼통을 펴 프라이팬이나 튀김 솥을 만드는 일을 했기에 유년 시절의 기억 중에는 드럼통을 두드려 펴거나 자르는 장면과 규칙적으로 들려오던 쇠를 두드리는 망치소리가 남아있다. 집 옆 작업장에 들어갔을 때 아버지가 커다란 망치로 드럼통을 내려치던 모습과 본을 뜨고 남은 날카로운 양철조각에 다칠까봐 나를 번쩍 들어 밖으로 내려주던 기억도 간간이 난다. 내 기억속의 아버지는 세상에서 가장 키도 크고 힘도 세서 무엇이든지 할 수 있었던 영웅이었다.

지하에 계신 아버지 납골당을 찾는 중이다. 북망의 문패에는 '동지중추고령김공중태 이하세세지묘'(同知中樞高靈金公重泰以下世世之墓)로 글씨가 새겨져 있다. 자, 힘을 줘라, 하나, 둘, 셋! 구령소리에 맞춰서 화강암 상석 아래 조그만 틈 사이로 삽을 지렛대처럼 지그시 누르자 육중한 화강암 상석이 위로 살짝 들리며 조그만 틈새가 벌려졌다. 그 틈새로 얼른 삽날 한 개를 더 밀어 넣었다. 다시 한 번 삽자루를 누르자 상석이 반 뼘 가까이 위로 들렸다. 그 사이로 기다란 쇠 지렛대를 밀어 넣었고 주변에 서있던 조카들이 우르르 달려들어 상석을 옆으로 밀쳐내자 육중한 돌이 옆으로 비켜나며 벌겋게 녹슨 철판 덮개가 나타났다. 덮개의 녹이 선혈처럼 내 눈을 파고든다. 한이 맺힌 듯 내부를 굳게 잠그고 있었다. 엎치락뒤치락 철판을 들어내자 컴컴한 납골당 내부가 보인다. 어둠을 따라 가파른 계단을 내려갔다.

2012년 4월 29일 일요일, 음력으로 윤3월 9일. 그날은 납골묘에 위패를 봉안하기로 한 날이다. 일족들이 세세지묘에 모였다. 4월의 마지막 일요일은 맑고 쾌청했다. 산소 주변의 숲은 벌써 초록의 물결이었다. 현실(玄室)안으로 갔다. 채호형의 안내를 받아 아버지 유골함을 찾았다. 계단 맞은편에 모두 여섯 칸의 단위에 유골함이 나란히 놓여 있었다. 어른 주먹 두 개를 겹쳐놓은 크기의 검붉은 고동색의 간장종지 같은 항아리가 전지 불빛을 받아 반짝였다. 제일 위 중태 할아버지부터 차례로 내려오며 위패를 모셨다. 마지막 단 왼쪽에서 여섯 번째에 아버지가 계셨다. 좌측에 '고령김공재갑(高靈金公在甲)' 우측에 '배연안차씨(配延安車氏)' 라고 음각된 위패를 모셨다.

혼백은 항아리에 잠자고 있었다. 검은 색 뚜껑이 있고 아래는 뚝배기 크기의 그릇에 골분이 딱딱하게 굳어 있었다. 차가웠다. 조심스레 그 옛날 아버지가 막내를 안듯 내가 아버지를 안았다. 조그만 아버지가 가슴에 안겨왔다. 낮은 목소리로 아버지를 불렀다. 53년만의 부자상봉이었다. 저승에서 아들을 기다리느라고 속이 까맣게 탔는지 골분이 검게 눌러 붙어 있었다. 손으로 만져볼까 하다가 멈추었다. 사람이 죽으면 흙으로 돌아간다는 말이 있듯 흙이 되어 있었다. 저승에서 자리를 굳힌 아버지는 말이 없고 항아리에 눈부신 햇빛만 반사되었다. 사는 것이 무엇인가. 아버지는 지금 어디에 있는 것인가. 나는 하늘만 바라보았다.

저 세상이 있는지 생각을 해보았다. 이승의 삶은 순간이지만 저승의 삶은 영원한 게 아닌가. 그 곳에도 꽃이 피고 벌 나비가 있는지. 여기 납골당에 모신 조상들과 함께 있는지 물음표를 던진다. 아마 그곳에는 아버지의 젊은 시절에 겪은 가난은 없을 것이다. 꽃구름이 피고 새들이 노래하는 곳에서 잘 살았으면 하는 바램이다. 여기서 누리지 못했던 엄마와 웃음꽃 피는 날을 이루기를 기원했다.

나는 달력의 낱장을 뒤로 넘겨보았다. 국방색 야전잠바를 입은 아버지 무릎에 안겨 커다란 주머니를 들추며 땅콩봉지를 찾아낼 때마다 들리는 아버지의 호탕한 웃음소리와 땅콩을 입에 넣어주던 그 고소함이 꿈의 한 토막인 양 아련했다. 드럼통을 해머로 내려칠 때 꿈틀거리는 팔뚝의 근육과 작업장에 들어온 막내가 다칠세라 번쩍 들어 밖으로 내려놓던 그 기세도 세상에서 제일 키도 크고 힘도 센 아버지였다. 항상 마음속의 영웅이셨던 아버지는 어디 가고 조그만 간장종지 속에 한 줌 흙이었다. 가슴이 저미었다. 올망졸망한 여섯 개의 숟가락을 남겨두고 가실 때, 그 억울함과 안타까움이 항아리의 매끈하고 차가운 감촉을 통해서 53년의 세월을 건너 내게로 왔다.

(2016. 2. 4)

50년만의 졸업여행

중국 황산(黃山)을 오른다. 허공을 깎아지른 바위산이고 급경사가 내 발길을 휘감는다. 몇 걸음 가지 않아 숨도 가쁘고 아픈 허리도 못 간다고 안달이다. 헐거운 다리를 달달 떨며 한 발 또 한 발 올라가지만 머리마저 어질어질하다. 거칠게 내쉬는 숨소리가 마치 한바탕 드잡이를 치른 싸움소 숨소리마냥 씩씩 뿜어져 나온다. 등줄기는 땀과 비에 흥건하게 젖어 축축했고 연신 손수건으로 닦아내는데도 이마에서 땀이 쏟아진다.

등산로는 험하지만 중국인의 영산으로 추앙받는 산이다. 우리는 황산의 많은 봉우리 중에 제일 높은 주봉인 연화봉을 오르기로 계획되어 있었다. 산은 명성에 걸맞게 초입부터 벼랑이었다. 완만함이라고는 모르는 듯 가파른 오름이 계속되었다. 산 전체가 솟은 돌덩이였고 난간에 로프를 설치하여 마치 암벽등반을 하듯 줄을 잡고 올랐다.

널뛰기하는 심장을 달래기 위한 짧은 휴식이 끝나고 가기 싫다는 다리를 몸뚱이가 억지로 끌어당겼다. 쉬면서 회복되었던 기력도 잠시 또 다시 숨이 가빠왔다. 오르는 길 전체가 기암이고 절경이었지만 그것을 만끽할 여유가 없었다. 오로지 앞사람의 뒤축만 보고 걷는 게 흡사 이제까지 숨 가쁘게 앞만 보고 살아온 나의 인생과 닮아 있었다.

길이 없어 바위를 깎아낸 틈으로 몸을 옆으로 세워 겨우 통과하기도 했고 두 사람이 간신히 교행할 수 있는 좁은 선교 아래는 천길 낭떠러지였다. 3시간이 넘도록 헉헉대는 숨소리와 쿵쾅거리는 심장박동을 박자 삼아 오르다보니 어느 결에 연화봉 정상에 올랐다. 비스듬히 누운 미끄러운 바위에 로프를 잡고 엉금엉금 기다시피 겨우 정상을 밟았다. 정상은 한 사람도 제대로 서있을 수가 없었다. 발밑으로 천길 단애가 아가리를 벌리고 있었다. 눈을 들어 산 아래를 내려다보자 어지러웠다.

딩.동.댕! 차임벨이 울렸다. '이제 시작하셔도 됩니다.' 라는 감독관의 말이 떨어지자 모두들 덮어두었던 시험지를 펼쳤다. 모자를 깊숙이 눌러쓰고 교실 중간쯤에 앉아있던 나도 시험지를 펼쳤다. 첫 과목은 국어였다. 문제는 평이했다. 과목당 시험시간이 20분인데 대충 훑어만 봐도 알 수가 있는 문제였기에 다시 한 번 확인해도 10분이 넘지 않았다.

다음과목은 사회였다. 사회 역시 국어와 다를 바 없었다. 세 번째 과목인 수학을 풀고 있을 즈음 감독관이 다가오더니 모자를 벗어줄 것을 요구했다. 눌러쓴 모자를 애써 살짝 치켜들자 응시원서에 붙은 사진과 얼굴을 살펴보더니 확인란에 서명을 했다.

그렇다!. 이곳은 2004년 제1회 초등학교졸업학력인정 검정고시가 열리고 있는 태화동에 소재한 유곡중학교였다. 검정과목은 모두 아홉 과목이었다. 시험시작을 하고 30분이 지났을까 몇 대의 TV카메라가 나타났다. 촬영을 하는 사람을 보니 MBC 카메라기자를 포함해서 KBS, ubc 모두 아는 얼굴이었다. 행여 눈이 마주칠세라 황급히 시선을 돌리고 모자를 더 깊숙이 눌러쓰며 머리를 숙였다.

다섯 과목의 시험을 치고 10분간의 화장실 가는 시간이 있은 후 나머지 과목의 시험지가 주어졌다. 역시나 문제는 평이했다. 음악은 어려웠지만 그래도 시험의 합격은 문제가 없었다. 어림잡아도 평균 90점은 될 것 같았다. 그렇게 3시간에 걸친 시험이 끝나고 교실 밖으로 나왔다. 여전히 모자는 깊숙이 눌러쓰고 있었다.

옛날 마산완월초등학교 3학년 어느 날 기성회비를 못 내어 교실 앞에 불려나가 매를 맞으며 회비를 가져오지 않으면 학교에 나오지 말라는 선생님의 호통에 다음날은 학교대신 뒷산을 올랐다. 그날 저녁 큰형이 홧김에 찢어 던진 교과서가 아궁이 불길에 사그라지는 것을 끝으로 학교를 마감하였다. 그로부터 몇 년 만인가? 참으로 오랜 시간이 지났다. 그렇게 몇십 년 동안 잊고 있었던 학업이 그것도 50의 나이에 다시 생각난 건 무엇 때문일까? 지식을 쌓고 싶고, 배우고 싶다는 그런 것 때문은 분명 아니었다.

소방공무원시험 응시원서를 쓰며 학력 기재란에서 잠시 고민을 했다. 공무원시험은 학력제한이 없었다. 재건고등학교 졸업으로 적으려니 망설여졌다. 그렇다고 '초등학교 3년 중퇴'라고 적을 수도 없었다. 한참을 망설이다 그냥 공란으로 제출을 했다.

합격을 하고 채용후보자 등록을 하러 경남도청 소방과로 갔을 때였다. 후일 양산소방서 방호과장을 했던 박경표씨가 담당자였다. 신원진술서 등 임용서류를 검사하던 박경표씨가 '김병호씨 졸업증명서가 없잖아요.' 하며 앉은자리에서 나를 올려다봤다. '대학 나왔어요?' 하며 묻더니 내가 아무런 대답이 없자 '그럼 고등학교 졸업증명서를 가져오세요.' 하고 말했다. 나는 제출할 것이 아무것도 없었다.

"그게 저, 제가 고등학교를 안 다녔습니다."

내가 얼굴이 벌겋게 되어 말을 하자 "그럼 중학교 졸업증명서를 가져오세요." 라고 말하며 계속 서류를 뒤적였다. '그게 저' 하고 내가 말끝을 흐리자 "아니 중학교도 안 나왔단 말이에요? 그럼 최종학교 졸업증명서를 가져오세요." 박경표씨의 목소리에 짜증이 묻어났다. 모기소리만 하게 기어들어가는 목소리로 초등학교 3년 중퇴가 최종 학력이라고 했다.

임용이 되고부터는 학력이 문제되는 것은 아니었다. 20년이 지나며 여러 차례 승진도 했고 지위도 높아져 갔다. 지위가 올라감에 따라 외부기관에 강의라던가 또는 인사이동이 될 때 간간이 프로필을 제출할 때가 있었는데 그럴 때면 예전 응시원서를 쓰며 학력 란에서 가졌던 그런 망설임이 있었다. 이런 일이 여러 번 반복되다보니 점점 더 검정고시에 마음을 두게 되었다. 당직하던 날 인터넷에서 검정고시에 관한 자료와 전문 학원이 있다는 것을 알게 되었다. 마침 한 달 남짓 초등학교졸업 검정고시가 있었다.

다음날 허름한 옷에 모자를 눌러쓰고 반구동 로터리 주변에 있는 검정고시 학원을 찾았다. 원서접수도 대행해주고 있었다. 학원에 등록해서 수업을 받으라는 권유를 마다하고 그냥 교재만 구입했다. 과목은 아홉 과목이었다. 이날부터 아무도 모르게 공부를 했다.

사무실에서는 조기출근과 당직을 하며, 집에서는 작은방 문을 걸어 잠그고 책을 잡았다. 평소에도 사무실 일거리를 집으로 가져오곤 했기에 아내와 아들도 아무런 의심을 하지 않았다. 그렇게 한 달여가 지나 초등검정고시를 치르게 되었다. 합격 통지서가 배달되었다.

중학과정도 역시 책만 구입을 했다. 과목은 초등보다 3과목이 적은 6과목이었다. 영어, 수학이 기초가 약했지만 다른 방법이 없었다. 시험까지 두 달여가 남아 있었기에 몰입을 했다. 시험은 8월 초였다. 초등 검정 때의 경험을 살려 벙거지 모자에 마스크로 얼굴까지 가린 채 고사장으로 들어섰다. 준비기간이 짧았음에도 시험은 무난했다. 한 달쯤 지나자 집으로 합격 통지서가 도착되었다.

고등학교 검정고시는 내년 4월에나 있을 예정이었다. 다시 학원에서 교재를 구입했다. 고검은 여덟 과목이었다. 필수인 국어, 사회, 국사, 수학, 과학, 영어 외에 도덕과 한문을 선택과목으로 택했다. 소방본부에서 오랫동안 고시업무를 담당하였던 게 큰 도움이 되었다. 신규채용시험에 국어, 영어 등의 과목이 있어 편집이나 시험 집행을 하며 출제경향이나 난이도 등을 검토하였던 것이 많은 도움이 되었다.

국사는 승진시험과목에 포함되어 있고, 한문도 일상 업무에 쓰이는 것이라 어려움이 없었다. 이번에도 영어, 수학, 과학이 문제였지만 시험까지는 8개월이 남아있어 시간은 충분했다.

처음 시작할 때는 쉬울 것 같았는데 막상 시작해보니 만만찮았다. 특히 영어, 수학이 문제였다. 집에 와서 본격적으로 공부에 매달렸다. 매일 새벽 한두 시까지 책과 씨름을 했다. 학원교재만으로는 안 될 것 같았다. 서점에서 참고서와 문제집을 과목별로 구입했다. 과목별로 4회독 정도를 하니 어느덧 봄이 오고 시험 날자가 다가오고 있었다.

두 번의 시험 때마다 TV카메라에 잡히지 않을까, 혹 아는 사람을 만나지 않을까 걱정되어 이번에는 부산 연제구에 있는 부산교육청에 직접원서를 접수시켰다. 고사장은 해운대 신시가지에 있는 해운대여중이었다. 시험하루 전날 미리 해운대바닷가에 있는 여관에서 1박을 했다. 소방위 승진시험을 위해 천안 여관방에서 책을 붙들고 마무리 요점 정리를 했듯이 그렇게 마무리 점검을 했다.

다음날 고사장에 들어서니 울산보다는 우선 마음이 편했다. 첫 과목인 국어부터 문제를 풀었는데 어려움이 없었다. 역시 영어, 수학, 과학 외에는 별 어려움을 느끼지 못했다. 시험 종료시간을 많이 남기고 답안지 작성을 완료했다. 어림잡아 평균 80점대는 될 것 같았다. 시험을 마치고 24번 국도를 운전해 돌아오는 길이 가벼웠다. 아내가 제일 먼저 물었다.

"시험 어땠어요?"

"응, 잘 쳤어요."

시험일로부터 한 달 정도가 지난 2005년 8월 30일 합격증서가 도착했다. 검정고시를 마음에 두고 공부한 지 일 년 만에 초, 중, 고등검정을 모두 마쳤다.

이제 나도 고등학교 졸업자 대열에 들어서게 되었다. 내친김에 대학도 가야겠다고 생각을 하고 있던 차에 인터넷에서 영진사이버전문대학에서 계절학기 학생을 모집한다는 팝업광고를 보았다. 원서마감일자는 아직 며칠이 남아 있었다.

학교 교무처에 문의를 해보니 수업은 인터넷상에서 온라인 강의로 이루어진다고 했다. 주말에 출석 수업이 있지만 의무참석은 아니라고 했다. 직장을 다니며 학업을 해야 하는 내 경우에 안성맞춤이었다. 2년간 열심히 수업에 임했다. 출석 수업을 포함한 학교행사에도 빠짐없이 참석했다. 과제물도 성실히 제출했고 스터디도 꾸려 중간고사 기말고사에도 최선을 다했다. 직장일과 공부를 병행하며 무리를 했는지 대상포진으로 병원신세까지도 졌지만 2년간 성적우수 장학금에 전학년 평균 4.22점으로 졸업식 때 성적 최우수상을 받기도 했다.

전문대학을 마치고 영산대학교 행정학과 야간부 3학년에 편입을 했다. 근무를 마치면 헐레벌떡 교실로 달렸다. 수업시간을 맞추기 위해서는 저녁식사를 할 시간이 없었다. 수업을 듣는 내내 배고픔, 졸음과의 사투도 공부 못지않게 힘든 일이었다. 그러나 그런 시간을 견뎌냈기에 영원히 몰랐을 MT라던가 기말 시험이 끝난 후에 찾아오는 홀가분함, 방학기간의 여유로움을 알 수 있던 소중한 시간들이었다.

"자, 여기를 보시고, 아이고 좀 웃으시고 그래야 작품이 나오지요."

카메라 셔터를 누르는 김해용 학우의 너스레에 저절로 입 꼬리가 올라갔다. 꽃다발을 든 아내의 얼굴에도 함박꽃 같은 미소가 걸렸다. 교정 곳곳에 삼삼오오 졸업가운과 학사모를 쓴 젊은 학생들의 맑은 웃음소리가 천성산자락에 울려 퍼졌다.

내가 쓰고 있던 학사모를 벗어 '그래, 이 모자 쓰고 사진 함 찍어보소.' 하며 아내에게 씌워주었다. 그동안 애썼고 늦깎이 학업 뒷바라지에 고생이 많았다는 경상도 사내의 에두른 표현이다. 남들은 16년에 마치는 학업이 50년이 걸린 셈이다.

주봉을 호위하듯 빽빽이 둘러선 봉우리들에 눈길 둘 곳을 모르겠다. 비가 오다가다 하다 보니 산허리와 계곡 곳곳에 하얀 구름이 걸려 있어 마치 구름을 딛고 서 있는 듯 착각을 일으키게 했다. 황산은 봉우리가 72개라고 했다. 봉우리들이 마치 삐죽삐죽 돋아난 수정처럼 서로 어깨를 붙이고 있고 낭떠러지에 뿌리를 내린 소나무들의 수직은 견고했다. 비경 사이로 구름이 지나가는 게 마치 내가 구름에 실려 흘러

가는 듯 착각에 현기증이 일었다.

좀 더 주변 비경을 살피고 싶었지만 좁은 정상에서 지체할 수가 없었다. 정상을 뒷사람에게 내어주고 내려올 때쯤 잠시 맑았던 하늘에 구름이 밀려오며 빗방울을 뿌리기 시작했다. 점점 굵어지는 빗방울을 온몸으로 맞았으나 발걸음은 가벼웠다. 빗줄기 사이로 내려다보는 황산은 그자체로 한편의 수묵화였다.

등산 중 허리도 아프고 다리도 아파 포기를 할까 망설이기도 했지만 오르고 또 올랐고, 이제는 산을 내려가는 중이다. 하산 길은 다리가 더 떨렸지만 어려움을 넘었다는 성취감에 한껏 고무되어 황산, 황산을 부르며 내려왔다. 그날의 황산등정은 내 인생과도 흡사한 행진이었다.

아, 황산! 오십년만의 졸업 여행이었다.

(2015. 12. 24)

라면 맛에 대하여

1

아마도 열세 살인 1967년쯤이었을 게다. 두 누나들은 부산 교통부에 있는 삼화고무공장에서 나는 가야금속에서 옷걸이 연마 일을 할 때였다. 그때는 가야동 산동네에서 자취를 했었는데 누나들은 서로 주, 야간 맞교대를 하였기에 2주 만에 꼭 하루, 누나들의 근무가 바뀌는 날이면 형제 셋이 한자리에 모일 수가 있었다. 그날은 늦잠도 자고 목욕도 가곤 하는 여유가 있는 날이었다.

밀린 빨래와 집 청소를 마치고 나니 어스름 저녁이 되었다. 30촉짜리 백열등이 어둠을 밝히는 방안에 엎드려 저녁을 기다리고 있는데 부엌에서 아주 고소한 냄새가 났다. 곰국을 끓이는 냄새인가 싶으면 그

것도 아니고 도무지 짐작할 수 없는 처음 느껴보는 냄새였지만 식감을 자극하는 것만은 틀림없었다.

라면을 끓였던 것이다. 그때까지 난 라면이 있다는 것을 몰랐다. 누나들도 마찬가지였는데 모처럼 셋이 모이는 날, 누나가 큰 마음먹고 라면 한 개를 사왔다. 우리 집에서 제일 큰 냄비에다 물을 가득 붓고 펄펄 끓는 물에다 라면 한 개를 넣었다. 나는 난생처음 새로운 맛을 경험했는데 그 맛은 환상적이었다. 세 오누이는 냄비를 옆에 두고 동그란 밥상에 둘러앉았다. 큰 누나가 냄비 뚜껑을 열었다. 냄비 안에는 노란 기름이 동동 떠있는 뽀얀 라면국물이 가득 차 있었다.

큰 누나가 국그릇에다 라면을 담았다. 내 그릇에는 좀 많이, 누나들의 그릇에는 좀 적게, 그리곤 국자로 국물을 퍼 담았다. 라면의 꼬불꼬불한 면발은 신기했고 맛도 황홀했다. 아무리 아껴먹어도 몇 번의 젓가락질에 면은 없어졌지만 기름이 동동 떠있는 국물은 넉넉했다. 일년가도 고기 기름 한번 구경할 수 없던 시절, 백열등 불빛을 받아 뽀얀 국물 위를 떠다니는 매끈매끈한 기름이 혓바닥을 녹였다.

국물에 밥을 말았다. 소금으로 간을 맞추고 후루룩 퍼 먹었다. 어찌 보면 닭곰탕 국물 같기도 하고 진하게 우려낸 멸치 우린 물 같기도 했다가 뒤 끝에서는 감칠맛이 아지노모도 맛 같기도 했다. 라면 국물은 그날 우리 세 오누이가 두 그릇씩을 먹고도 남아 다음날 아침에도 든든하게 먹을 수가 있었다. 그게 내가 제일 처음 접한 라면의 맛이었다.

2

그로부터 몇 년이 지나 야간학교를 다닐 때였다. 학교 뒤에 조그만 매점이 있었다. 매점을 할머니가 운영하여 우리는 '할매집'이라고 불렀는데 야간학교 매점에 뭐 특별한 게 있었겠냐만 할머니가 끓여주던 라면만큼은 어디에도 비길 수가 없었다.

여기저기 찌그러진 노란 양은 냄비가 있었다. 정확히 라면 한 개를 끓일 수 있는 크기였다. 연탄불에 물이 끓는 짧은 듯 지루한 기다림 끝에 보글보글 끓는 라면 위에 굵은 고춧가루 반 숟가락을 뿌려주면 끝이었다. 단무지도 김치도 없었다. 김이 솔솔 나는 냄비를 끌어안고 겨울에는 할매집 부뚜막에서 여름에는 나무 그늘 밑 의자에 앉아 먹는 라면은 하루의 고단함을 한방에 날려주었다.

면을 먼저 건져먹고 아침에 싸온 도시락을 말아서 국물 한 방울까지 후루룩 다 마시면 늦은 수업시간이 끝날 때까지 뱃속이 든든했다. 학교를 간다기보다 할매 라면을 먹기 위해서 학교에 갔다.

3

군대에서 먹었던 라면 맛도 잊히질 않는다. 일병시절 유격을 받다 다쳐 후송을 다녀올 때였다. 병원에서 퇴원을 해서 사단 보충대에 도착한 날 오후였다. 예비군 200여명이 동원 훈련차 입소를 했는데 일손이 부족한 취사장에서 사역병을 뽑는다고 했다. 보충대 내무반에서 심심하게 앉아 있는 것보다 취사장에 있는 게 한결 나을 것 같아 선뜻 자원을 했다.

취사장에는 선임 취사병 김병장과 박일병 두 명이 있었다. 사병답지 않게 배가 볼록 나온 김병장이 시키는 대로 양파도 까고, 감자껍질도 벗기고, 무도 썰고, 바닥 청소도 했다. 일이 어느 정도 끝나갈 무렵이었다. 김 병장이 커다란 무쇠 솥 4개가 나란히 묻혀있는 부뚜막 위에 가부좌를 틀고 앉아 기다란 국자를 지팡이처럼 한쪽 팔로 짚으며 '야! 김 일병 오늘 고생했다. 너 뭐 먹고 싶은 것 없냐?' 하며 나를 쳐다봤다.

조금 전 박 일병과 쌀과 부식을 가지러 창고에 갔을 때 창고 한 면 가득 라면박스가 쌓여있는 것을 보았기에 '라면 한 개 먹을 수 있겠습니까?' 하고 물었다. 그러자 김 병장이 '겨우 라면이냐?' 하며 부뚜막에서 풀쩍 뛰어내려오더니 창고에서 라면 한 봉지를 들고 나왔다. 라면은 한 봉지에 두 개가 들어있었는데 김 병장은 비닐봉지 윗부분을 2㎝정도 찢더니 펄펄 끓고 있는 국솥에다 휙 던져 넣었다. 봉지 채 들어간 라면은 가라 앉기도 하고 위로 치솟기도 하며 국솥을 이리저리 떠 다녔다.

그렇게 몇 분이 지나자 튀김용 뜰채로 라면봉지를 건져 식판에 담았다. 봉지를 뜯자 적당하게 잘 익은 노란 면발이 보였다. 스프 봉지도 같이 나왔다. 김병장이 들고 있던 국자로 국물을 퍼서 라면에 부었다. '자 인자 알아서 스프를 넣고 먹어봐라!' 김병장의 말대로 스프를 넣고 후루룩 빨아 들였다.

난 그때 처음 알았다. 라면은 반드시 봉지를 뜯어서 끓이지 않아도 된다는 것을! 국물이 배어 탱글탱글한 면발에 봉지에서 금방 나온 휘발되지 않은 스프가 풍기는 짭조름하고 혀뿌리 저 아래까지 자극하는 맛은 한나절 주방사역의 노고를 보상하고도 남았다.

나는 사단보충대에 한 달 가까이 있었다. 보통 사단사령부에서 3일 정도를 대기하다 연대를 거쳐 자대 복귀를 하는데 김병장의 부탁을 받은 사단 인사계가 한 달 가까이 사단보충대에 머물게 했다. 한 달간 봉지라면을 원도 없이 먹었다.

4

라면에 대한 추억만큼이나 끓이는 방법 또한 다양하다. 결혼을 하고 아들 영민이가 아장아장 걷기 시작한 85년 햇볕 따뜻한 어느 날이었다. 우리 가족 3명이 서생 산소 나들이를 나섰다. 우유병과 기저귀 가방을 챙기며 점심은 어떻게 하냐고 묻는 아내에게 '산소에서 라면이나 끓여 먹지 뭐,' 하며 대수롭잖게 대답했다. '아니 불도 없고 그릇도 없는데' 하며 쳐다보는 아내의 눈길을 못 본 척 '아 그냥, 방법이 있어' 하며 무시했다.

사실 그 즈음 TV에서 방영된 서바이벌 프로그램에서 본 것을 실행해 보고픈 마음에 나서게 된 나들이였다. 두꺼운 책 한 권으로 물을 끓이고 볏짚 두어단으로 라면을 끓이는 프로였다. 보기에도 쉬워 보였고 자연에서 한 끼를 해결하는 재미가 있어보였다. 나도 한번 따라 해보고 싶었기에 토요일 오전 근무를 마친 후 서생에 있는 가족묘에 나들이를 하기로 한 것이었다.

미리 빈 분유 깡통과 두꺼운 어린이 전과 두 권도 준비해 두었다. 아들을 등 뒤에 업은 아내가 오토바이를 운전하는 내 허리를 꼭 껴안았다. 아들도 놀러 가는걸 아는지 포대기에 업혀서도 좋다고 발을 풀쩍 풀쩍 굴렀다.

산소주변에 돌멩이를 주워서 화덕이라고까지 할 수 없는 불판을 만들고 분유 깡통을 걸었다. 돌멩이 위에 얹힌 깡통이 흔들흔들 위태했다. 전과 속장을 한 장 뜯어 불을 붙였다. 그런데 불은 다음 장을 찢어서 넣기도 전에 금방 꺼져 버렸다. 또 한 장을 뜯어 붙여도 마찬가지였다. 종이에 붙은 불이 꺼지기 전에 또 다른 종이가 계속 불을 지속시키는 게 문제였다.

전과를 여러 장 뜯어서 불을 붙였다. 불은 좀 지속되는 것 같았지만 불길이 시름시름했다. 전과 반 권 정도를 태우자 이제는 좁은 아궁이 속이 종이를 태운 재로 가득차서 새로운 종이가 들어갈 틈이 없었고 이내 불은 꺼져 버렸다.

분유 깡통의 물은 책을 한권 다 태우도록 끓기는커녕 김도 나지 않고 시커먼 재 부스러기만 둥둥 떠다닐 뿐이었다. 역시 TV는 TV일 뿐이었다. 할 수없이 주변에서 마른나무가지들을 주워 불을 피웠다. 그제야 한참 만에 물이 끓었다.

늦은 오후의 따뜻한 햇살이 등줄기에 따끈따끈했다. 시커멓게 그을린 깡통 속에서 보글보글 끓는 라면냄새는 감미로웠다. 뜨거운 라면을 후후 불어 입에 넣어주자 두어 개 나기 시작하는 앞 이빨로 오물오물 받아먹는 아들을 흐뭇이 바라보며 먹었던 라면 맛을 생각하면 지금도 가슴이 따뜻해진다.

나는 요즘도 라면을 먹는다. 예전에 비해 종류도 많은 만큼 질도 더 좋아졌는데 그 맛이 없다. 오늘 아침도 라면을 끓였다. 아내는 형님 제사 준비로 어제부터 집을 비웠고, 아들은 오전 10시가 넘어도 한밤중이다. 휴일이라 분리수거에 운동까지 하고 왔는데도 일어날 기미가 없다.

아침 준비에 냉장고를 열어보다 '에이, 라면이나 끓여먹자.' 하며 물을 올렸다. 냉동실에 있는 떡국도 몇 개 넣고 어묵도 넣고, 계란도 넣어 보글보글 끓는 라면이 맛깔스러워 보인다. 냄비 째 식탁에 올려놓고 한입 후루룩 당겨봤지만 아니다! 그 맛이 아니다. 내가 기억하고 있던 그 옛날 세 오누이가 먹던 그 맛도, 매운 연기에 눈물을 흘리며 분유깡통에서 익어 나온 그 맛도 아니다. 혀는 한때 가난의 빗장을 살며시 열어 꼬들꼬들한 면발과 국물의 고소함을 기억하고 있었다. 끼니를 거르면서 주린 창자의 용트림을 나는 잊고 있었지만, 정작 혀는 오롯이 기억하고 있었다. 그 맛은 아마 추억 속에서 완성되었고 영영 찾을 수 없을 것이다.

(2016. 1.30)

발 도장

어디서 왔기에 손이 이렇게 작을까. 이 작은 손으로 산도를 헤매느라 얼마나 힘들었을까. 엄마의 바다에서 마음껏 발길질 하다 그만 천둥벌거숭이가 되었구나. 산도가 열렸다가 닫힐 때마다 머리가 얼얼했을 것이고 숨이 막혀 왔을 것이다. 매순간 엄마의 신호에 맞춰 아기는 몸을 밀어 내었으리라. 억겁의 인연이 닿아 도착한 지구라는 행성. 정작 세상 밖으로 나오니 모두가 낯설었을 것이다. 걱정마라, 걱정마라 엄마 품이 있다. 뱃속에서는 주먹으로 치고 발길질하더니 잠이 들었다.

어둠을 헤치고 달려왔다. 먼 곳을 돌고 돌아 어렵사리 왔다. 주위가 소란스럽지만 잠을 자는구나. 두 눈을 꼭 감고 있다. 떠나온 곳과 교신을 하는 듯 입을 오물거린다. 웃기도 한다. 그런데 눈을 뜨지 못했다. 아이는 빛을 본 후 바로 눈을 뜰 수 없다는 것을 몰랐다. 간호사에게 왜 눈을 뜨지 않는지 묻기도 했다. 으앙! 하고 울음을 터뜨린다. 소리가 너무 크다. 사내여서 그럴까. 나는 활짝 웃었다. 상관에게 출산시키려 간다고 꾸지람 들었던 것도 잊었다. 회사에서 쌓였던 스트레스도 일순간 날아갔다. 내가 아버지가 되는 순간이다. 가슴을 조이게 했던 아내의 고통도 끝이 났다. 순산이었다. 좀 늦게 찾아온 아이, 그런 초조함도 사라졌다. 우리는 가족이라는 이름을 갖게 되었다.

출산대기실문이 벌컥 열리며 "김정순씨 보호자분" 하고 간호사가 소리쳤다. 초조한 마음으로 복도에서 서성이다 "예!" 하며 한 달음에 달려가니 간호사가 "축하합니다. 아들입니다." 하며 포대기로 꽁꽁 둘러싼 아이를 안고 나왔다. "김정순씨 보호자세요?" 하며 한 번 더 확인을 하더니 신생아실로 데리고 갔다. 그곳에서 아이의 발바닥으로 청색 발 도장을 찍었다. 고추가 달려있었다. 스탬프잉크가 묻은 발은 예쁘게 빚은 송편마냥 앙증스러웠고 꽉 쥔 주먹은 내 엄지손가락만 했다. 포대기로 감싸자 아이는 울음을 그치며 숨을 새근새근 쉬었다.

아들 영민이는 1984년 8월 9일 우리가 결혼한 지 1년 4개월 만에 우리 곁으로 왔다. 아침에 만삭인 배를 보고 출근을 한지 얼마 지나지 않아 아내로부터 전화가 왔다. 배가 너무 아프니 병원으로 가야겠다고 했다. 전화를 끊고 옆자리 여직원에게 물었더니 출산이 임박한 것 같다며 빨리 병원으로 데려 가야된다고 했다. 상관 지차원 차석에게 아내가 출산을 할 것 같으니 조퇴해야겠다고 사정 설명을 하자 "야 인마, 너 마누라가 아(兒) 놓지, 니가 놓냐? 잠깐 나가서 병원에만 데려다 주고 빨리 돌아와라." 라며 불호령이 떨어졌다. 집에 도착하니 아내는 8월 삼복더위 단칸방에서 태산만한 배를 움켜잡고 옆으로 누워 끙끙 앓고 있었다. 산통이 잠시 가라 앉기를 기다려 택시를 타고 동강병원으로 향했다.

산통은 간헐적으로 왔다 갔다 하기를 반복했다. 몸을 못 가눌 정도로 괴로워하며 식은땀을 흘렸다. 아내는 배를 잡고 끙끙 앓고 있고 나는 쳐다보기만 했다. 숨을 헐떡이다가 악 소리를 냈다. 배는 아래로 처져 수 시간째 고통을 호소하고 있었다. 아내의 온몸이 땀에 절어 있었고 지쳐 갔다. 산통이 지나가면 언제 그랬냐는 듯 정신을 차렸다.

입원을 시키고 간호사에게 출산이 임박하면 전화를 달라며 신신당부를 했다. 떨어지지 않는 발걸음으로 사무실로 돌아왔다. 출산대기실 침대에 누워 내 뒤통수를 쳐다보는 아내의 불안한 눈길이 눈앞에 어른거렸다. 직장으로 돌아왔지만 일이 손에 잡히질 않았다. 퇴근시간을 기다려 병원으로 달렸다. 그때까지도 간헐적인 산통이 계속되었다. 산통이 시작되면 내 손과 침대난간을 잡고 괴로워하다가 그 순간이 지나면 나아지곤 했는데 시간이 지나며 산통의 주기가 짧아지긴 했지만 그때까지도 출산의 기미는 보이지 않았다.

고통에 괴로워하는 아내를 보다 못해 저렇게 힘들어 하는데 진통을 줄여줄 조치를 해달라고 간호사에게 사정을 했다. 내 말을 들은 간호사가 어이가 없다는 듯 "보세요, 아파야 아이를 낳지요, 배도 안 아프고 아이를 낳는 게 어디 있습니까, 아직 멀었습니다. 좀 더 아파야 되고 산통주기도 더 빨라져야 합니다." 라며 핀잔을 줬다. 여덟시가 지나며 산통주기가 짧아졌고 고통이 심해지며 아내는 출산실로 옮겨졌고 나는 복도에서 초조하게 기다렸다. 그러고도 두 시간이 훨씬 지난 10시 45분, 오랜 기다림 끝에 출산대기실 문이 열리며 간호사가 "축하 합니다. 3. 67㎏ 아들입니다" 라고 소식을 전했다.

아내가 태몽을 꾸었다. 시냇가에서 금붙이를 주웠는데 아내는 주인을 찾아줘야 된다고 말했고 친구는 네 것인데 가져야지 왜 남에게 주냐고 했다. 그런데 그때 뒤에서 두 마리의 말이 아내를 잡으려는 듯 달려오고 있었다. 그 중 한 마리가 아내의 머리 위로 날아올랐다. 말에 관한 태몽은 아들이라는 이야기가 있듯이 영민이가 태어난 것이다.

출산 후 산모와 아이 모두 건강했다. 3일 만에 퇴원을 해서 작은누나 집에서 몸조리를 했다. 주택보다는 아파트가 온도변화가 적고 무엇보다도 작은 누나가 산후구완을 해 줄 수 있었기 때문이었다. 이름은 출생신고 마지막 날까지 고심을 거듭한 끝에 항렬 돌림자인 영(泳)에 총명할 민(慜)으로 했다.

영민이는 단칸방에서도 잘 자랐다. 5개월이 조금 지난 1985년 1월 25일 처음으로 몸을 뒤집었고 분홍빛 잇몸에서 쌀알 같은 앞니가 올라오더니 돌이 안 된 그해 6월 20일 첫걸음을 떼었다. 주인집 유치원생 화랑이를 친누나처럼 따랐고 걷기 시작하면서는 골목에서 귀여움을 독차지했다. 우리가 집을 사서 방어진으로 이사를 갈 때까지 영민이는 다섯 살이 되도록 아무 탈이 없었다.

내가 양산으로 전근을 가면서 두 번의 전학에도 초등시절을 잘 견뎌주었다. 주변 여러 아이들과 달리 질풍노도의 시기도 잘 넘겨주었고 고등학교 방학 때는 친구들과 이틀간 전단지를 돌리는 아르바이트를 해서 생전처음 제 노력으로 번 돈으로 담배 두 갑을 포장해서 아빠 선물이라며 쑥스러운 듯 내밀던 아이였다.

영민이를 논산훈련소에 입소시키고 가슴에 구멍이 뚫린 듯 휑한 마음에 한마디도 할 수가 없어 우리 부부는 울산에 도착할 때까지 앞만 보며 내려왔다. 1년 계획으로 영국으로 떠나는 날 비행기가 점으로 사라질 때까지 마음을 아리게 했고 리먼 사태의 여파로 어려운 상황에서도 대기업 입사시험에 합격을 해서 우리부부에게 기쁨을 준 아이였다.

아내와 나는 설레는 마음으로 영민이를 기다리고 있었다. 오늘은 아들이 결혼할 처녀를 인사시키기 위해 데려오고 있었고, 우리 부부는 약속장소에서 기다리고 있는 중이었다. 내가 조급한 마음에 몇 차례나 밖으로 왔다 갔다 했다. 한참 후 주차장에서 손을 잡고 오는 남녀 한 쌍이 보였다. 내가 문 앞에서 그들을 맞았다. "먼 길 오느라 고생했다." 서울아가씨였고 이름이 현수였다. 벌써부터 이야기를 들었고 또 사진으로 얼굴을 본 터여서 낯설지도 않았다. 반가웠다. 우리 앞에 둘이 나란히 앉은 모습이 예뻤고 대견했다.

그 옛날 발바닥으로 스탬프 발 도장을 뜨던 그 조그만 아이, 유치원 학예발표회에 인디언 복장으로 춤을 추고 선생님 결혼식 화동을 하던 아이, 그 아이가 장성해서 결혼을 앞두고 있다. 둘을 바라보는 우리부부의 얼굴에 웃음꽃이 활짝 피었다.

(2016. 3. 2)

아름다운 한잎

부산 피닉스 호텔 커피숍 문을 열고 들어갔다. 창가 쪽에 앉아있던 형수가 손을 들었다. 맞은편에 그녀의 이종사촌 언니가 있었고 그 옆에 수줍은 듯 다소곳이 그녀가 앉아 있었다. 인사를 했다. 그녀는 자리에서 반쯤 일어나 쑥스러운 듯 미소를 지었다. 아담한 체구였고 착해 보였다. 처음 본 그녀의 얼굴은 무난했다.

소방공무원이 된 지 1년 정도가 지나자 여러 곳에서 선을 보라는 권유가 있었다. 직장선배들도 아가씨 사진을 가져와서 선을 보라고 했지만 모아둔 돈도 없고 결혼이 시급한 것도 아니라서 모두 웃음으로 얼버무렸다. 그러던 중 둘째 형수로부터 참한 아가씨가 있으니 선을 보라는 연락이 왔다. 10대부터 둘째 형수 집에서 생활을 해서 형수의 말을 거역할 수 없었다. 형수도 아가씨를 본 것은 아니었다. 형수의 친구가 자기 사촌여동생이 혼기가 되었으니 선을 한 번 보자는 권유가 있었던 것이다. 그때 나는 여천파출소에 근무할 때였다. 전날 24시간의 근무를 마치고 부산으로 내려갔다.

잠시 후 형수와 사촌언니는 자리를 비켰고 둘만 남게 되었다. 내가 주로 말을 했고 그녀는 듣기만 했다. 간간이 우스갯소리도 했고 그때마다 그녀는 입을 가리며 조용히 웃었다. 고향이 경남 하동으로 그곳에서 여고를 나왔고 나보다 두 살 아래인 스물여섯 살이었다. 6남 2녀의 여섯째로 남포동에 있는 사진관에서 일하고 있었다. 나도 10대부터 카메라를 메고 다녔고, 소방서에 입사하기 전에는 친구 아버지가 운영하는 사진관에서 얼마간 일을 했기에 우리는 주로 사진이야기를 했다. 그렇게 얼마동안 이야기를 나누다 자리에서 일어섰다. 그제야 상대방의 옷이 눈에 들어왔다. 보라색계통 무늬의 실크 원피스를 입었고 검은색 하이힐을 신었는데 원피스와 신발이 전체적인 분위기와 잘 어울렸다.

어차피 결혼할 생각이 없었기에 가벼운 마음으로 헤어졌다. 형수가 만나본 소감이 어떠냐고 물었을 때도 '그냥 뭐 그렇지요, 준비도 안 되었고 아직 결혼생각이 없습니다.' 하고는 끝이었다. 한 달이 지났을 때였다. 형수로부터 다시 연락이 왔다. 아가씨 쪽에서 '총각이 괜찮아 보이니까 한 번 더 만나 봤으면 한다.'는 것이었다. 나중에 안 일이지만 아내는 '내가 아가씨를 마음에 들어 하니까 한 번 더 만나봤으면 한다.'고 들었다고 했다. 우리는 또 다시 만났다. 이름이 '김정순'이라는 것을 알게 되었다.

정순이라는 이름이 정감이 갔다. 다소 촌티가 나지만 부르기 좋고 쉬이 잊혀질 것 같지 않았다. 이후 우리는 수차례 더 만났다. 주로 정순씨의 직장이 있는 남포동 주변 커피숍과 밥집, 술집에서 만났다.

교대근무를 마치고 부산으로 가서 미화당백화점 옆에 있던 커피숍 April에서 성냥개비를 쌓으며 그녀의 퇴근시간을 기다렸고 남포동 뒷골목에서 밥을 먹고 호프를 마셨다. 몇 차례 그런 만남이 지속되어 상대방을 더 깊이 알게 되었다. 정순씨는 한결같이 조용했다. 술을 전혀 입에 대지도 않으면서 술집을 잘 따라와 주었고 내 이야기에 공감하는 것 같았다. 그녀의 가족사도 자연스레 알게 되었다. 아버지는 돌아가셨고 육순의 어머니가 고향 하동에서 농사를 짓고 있었다. 내 처지도 자연스레 알려주었다.

어느 날 자주 가던 남포동 맥주 집에서 청혼을 했다.

'나는 벌어놓은 돈도 없고 앞으로도 고만고만할 것입니다. 많이 배우지도 못했고 직장에서 직책도 높지 않습니다. 앞으로 노력하면 지금보다 나아질 것입니다. 무엇보다 내 울타리 안에 있는 사람은 내가 지킬 자신이 있습니다. 우리 결혼해요.'

요즘처럼 낭만도 없고 이벤트 또한 없었다. 생맥주 한 잔을 앞에 놓고 진심을 담은 눈빛으로 청혼을 했고 그녀 역시 수줍은 듯 고개를 숙이며 눈빛으로 답했다. 처음 만났을 때처럼 고운 여자가 내 앞에 있었다. 그렇게 맞선을 본 지 6개월이 지난 1983년 4월 26일 결혼식을 올렸다.

4월에 결혼 날짜를 받아놓은 아들이 어느 날 가족여행을 제안했다. 인근 경주 현대호텔에서 1박을 하며 와인 파티도 하고 다음날 새벽등산과 바닷가에서 회도 먹고 돌아오는 일정이었다. 한 달 전부터 예약을 해 두었는데 출발 당일 돌발사건이 발생하고 말았다. 그날 낮에 아내가 갑자기 복통을 호소했고 병원진료결과 급성 담낭염이라는 진단과 약을 처방받았다. 약을 먹어보고 상태가 호전되지 않으면 수술을 해야 한다는 의사의 소견이었다.

나도 한 시간 정도 일찍 퇴근을 해서 가족여행을 하기로 되어 있었는데 공교롭게도 그날 오후 2시경 용연공단에서 폭발화재가 발생되었고 사고 수습이 지연되었다. 어쩔 수 없이 여행을 다음으로 미루자고 했지만 아내는 모처럼 아들과의 여행인데 취소를 할 수 없다며 둘이서 경주로 출발을 했다.

그날 화재는 밤 9시가 지나서야 종료되었다. 사무실에 들러 마무리를 하고 10시가 다 되어서 혼자 경주로 향했다. 밤 11시가 지난 늦은 시각 호텔부근 편의점에서 막걸리 한 병과 컵라면, 약간의 간식을 사서 호텔로 올라갔다. 뷔페의 와인파티는 아닐지라도 호텔방에서 술 한 잔 해야 될 것 같았다. 테이블에 앉아 컵라면에 술을 한잔 마셨다. 두 시간 가까이 운전을 해왔기에 몸은 물먹은 솜처럼 무거웠지만 마음은 가벼웠다. 내가 합류를 해서 완전한 가족여행이 이루어지자 핼쑥한 아내의 얼굴에도 잔잔한 미소가 피어올랐다.

옆에 누운 아내의 새근새근하는 숨소리가 평온했다. 바뀐 잠자리와 안 좋은 컨디션 때문인지 밤새 뒤척이는 것 같더니 새벽이 되어서야 깊은 잠이 들었다. 바로 옆 침대에서 아들의 콧소리도 고로롱거렸다. 행여 아내를 깨울세라 조심조심 침대에서 빠져나와 발코니 옆 소파에 앉았다. 아침 여섯시가 조금 지나 여명이 밝아 오고 있었다. 커튼을 살며시 열어젖히니 창문 밖으로 골프장의 푸른 그린이 눈에 들어왔다.

잠자는 아내의 얼굴을 내려다 봤다. 머릿결은 푸른 나뭇잎처럼 싱그러웠고, 얼굴은 복숭아 빛 같았다. 어느덧 우리가 결혼을 한 지 33년이 되었다. 참 많은 세월의 강을 같이 건너왔다. 백만원 단칸 전세방에서 처음 살림을 꾸리고, 아들을 낳고 눈물짓던 일, 처음으로 집을 사서 우리 집으로 이사할 때의 설렘과 가계에 도움이 되고자 속옷가게를 열었던 일, 가까운 형제와 장모님을 떠나보내며 같이 울고 웃던 여인이 아닌가. 그 옛날 남포동 맥주 집에서 내가 청혼했던 여인이었다. 내 울타리 안에 있는 사람은 내가 지키겠다던 말도 생각났다.

그 동안 잊어버릴 때도 있었지만 그 언약을 실천하려고 노력했다. 아내도 잘 따라주었다. 간밤에 잠을 설쳐서인지 약기운 때문인지 깊은 단잠을 자는 아내의 얼굴이 오규원 시인의 한 잎의 여자와 같았다.

'나는 한 여자를 사랑했네. 물푸레나무 한 잎같이 쬐그만 여자, 그 한 잎의 여자를 사랑했네. 물푸레나무 그 한 잎의 솜털, 그 한 잎의 맑음,

그 한 잎의 영혼 그 한 잎의 눈, 그리고 바람이 불면 보일 듯 보일 듯한 그 한 잎의 순결과 자유를 사랑했네. 정말로 나는 한 여자를 사랑했네. 여자만을 가진 여자, 여자 아닌 것은 아무것도 안 가진 여자, 눈물같은 여자, 슬픔같은 여자…….

가만히 옆에 앉아 살며시 손을 잡아 보았다. 예전 청혼을 하며 잡았던 그 손이다. 얼굴 또한 청혼할 때처럼 아름다움을 간직하고 있었다.

(2016. 2. 27)

글을 마치며

스물일곱에, 소방에 첫발을 들여놓고 불과 연기의 벼랑을 걸어온 지도 35년이 되었습니다. 이제 떠나야 할 시간이 다가왔습니다. 119의 사람 사는 이야기는 집을 항상 비워야 했습니다. 비번 날에도 불이라는 짐승의 반란을 진압하느라 파김치가 되었고 재래시장이 파한 뒤 철야를 했습니다. 소방검사나 비상근무 등으로 밤을 낮으로 산 시간이 더 많았습니다. 아들과 함께할 시간이 적었습니다.

이 글은 아들 영민이에게 아버지의 이야기를 전하기 위해 시작했습니다.

일찍이 부모님을 여위어 기억이 나지 않았고 사진조차 없으니 막막하기도 했습니다. 누나, 형님들에게 물어서 한 자 한 자 적었습니다. 추회에 젖어 눈두덩이 붉어질 때가 많았습니다. 아픔을 되새김질하는 일이 감옥이었습니다. 과거를 회상하면서 가난이 죄였지만 내게도 유년시절이 있었습니다. 그늘진 기억의 낱장을 넘길 때마다 슬픔이 기쁨이 되기도 했습니다.

며칠 전 태화강 상류 선바위에 간 적이 있습니다. 바위 위에 매달린 소나무의 수직이 견고했습니다. 허방에 자리를 잡은 소나무를 보며 그때 알았습니다. 저 나무가 견디어 낸 것은 나무를 품어준 바위의 포용과 바람의 관용, 햇볕이 있었던 게지요.

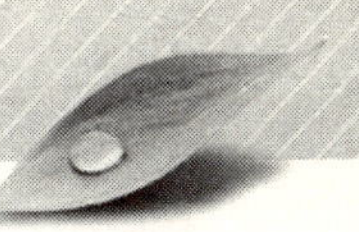

지나온 날을 반추해볼 때 나에게 도움을 준 이들이 많습니다. 갈 곳 없는 몸을 거두어준 외가식구들, 공부의 길을 함께한 김부태, 공무원의 길을 쳐다보게 먼저 길을 걸어간 야간학교친구들, 천둥벌거숭이를 사람이 되도록 기다려준 누나와 형님, 형수님들이 있었습니다.

누구보다 힘들고 지칠 때마다 힘을 보태어준 아내 김정순과 아들 영민이, 이 글이 책이 되어 나올 쯤이면 한 가족이 되어있을 예비며느리 이현수의 응원이 큰 힘이 되었습니다. 이야기를 모두 풀어놓고 나면 후련할 줄 알았는데 아직까지 목에 가시가 걸려있는 느낌입니다. 좀 더 토해 내어야 하나봅니다.

넋두리를 마름질해 준 소방본부 이성호 과장님의 도움이 있었습니다. 김정묵 주임도 교정에 힘을 보태었습니다. 모두 감사합니다.

글을 마치고 나니 발가벗겨진 느낌입니다. 문장이 울퉁불퉁합니다. 얼굴이 붉어집니다. 내 부끄러움을 여러분께 보냅니다.

2016년 3월 9일

김 병 호

홍시

김병호 에세이

발 행 일 | 2016년 5월 20일
지 은 이 | 김병호
발 행 인 | 李憲錫
발 행 처 | 오늘의문학사
출판등록 | 제55호(1993년 6월 23일)
주 소 | 대전광역시 동구 대전로 867번길 52(한발오피스텔 401호)
전화번호 | (042)624-2980
팩시밀리 | (042)628-2983
홈페이지 | http://www.lito77.co.kr(홈페이지)
전자우편 | hs2980@hanmail.net

공 급 처 | 한국출판협동조합
주문전화 | (070)7119-1752
팩시밀리 | (031)944-8234~6

ISBN 978-89-5669-750-5
값 12,000원

* 이 책은 ㈜교보문고에서 E-Book(전자책)으로 제작 · 판매합니다.
* 잘못 제작된 책은 바꾸어 드립니다.